浙江省哲学社会科学规划
后期资助课题成果文库

资本市场错误定价对公司投资行为的影响研究

Ziben Shichang Cuowu Dingjia Dui
Gongsi Touzi Xingwei De Yingxiang Yanjiu

夏冠军　著

中国社会科学出版社

图书在版编目（CIP）数据

资本市场错误定价对公司投资行为的影响研究／夏冠军著. —北京：中国社会科学出版社，2016.6

ISBN 978 - 7 - 5161 - 8122 - 5

Ⅰ.①资…　Ⅱ.①夏…　Ⅲ.①资本市场 - 定价 - 影响 - 公司 - 投资行为 - 研究　Ⅳ.①F276.6

中国版本图书馆 CIP 数据核字（2016）第 099795 号

出 版 人	赵剑英
责任编辑	宫京蕾
特约编辑	高川生
责任校对	王　影
责任印制	何　艳

出　　版	中国社会科学出版社
社　　址	北京鼓楼西大街甲 158 号
邮　　编	100720
网　　址	http：//www.csspw.cn
发 行 部	010 - 84083685
门 市 部	010 - 84029450
经　　销	新华书店及其他书店

印刷装订	北京市兴怀印刷厂
版　　次	2016 年 6 月第 1 版
印　　次	2016 年 6 月第 1 次印刷

开　　本	710×1000　1/16
印　　张	12.25
插　　页	2
字　　数	201 千字
定　　价	48.00 元

目　　录

第一章

导　　论

第一节　问题提出与研究意义

一　选题背景及问题的提出

从国际上看，20 世纪以来美国历经数次股市泡沫引发经济危机，甚至引发世界经济危机，尤其是 1929 年股市泡沫的破灭让美国和全球进入了长达 10 年的经济大萧条。众多宏观经济学理论流派提出了各种理论解释大萧条形成的原因，尽管争论很大，但是普遍认为投资者非理性的乐观情绪是导致经济大萧条的原因之一。2007 年美国次贷危机引发的全球金融危机不仅重创了各国金融业，引起投资者情绪和资产价格大幅波动，而且蔓延到实体经济，世界经济陷入持续性的衰退，再次凸显了虚拟经济对实体经济影响的重要性。世界和美国股市泡沫的史实表明，证券市场不只是被动地反映实体经济活动，而且已经成为一种独立因素或主导因素影响实体经济。

作为新兴加转轨的中国证券市场，沪深证券市场总市值与 GDP 之比从 2003 年的 0.6 上升到 2011 年 6 月的 1.3，中国股市对国民经济的重要性和影响力随着股市扩容与日俱增，并且这一趋势在加速①（胡永刚和郭长林，2012）。从中国证券市场发展历程来看，中国证券市场是从计划经济向市场经济转轨过程中由政府主导下发展起来的，带有强烈的行政管制

---

① 股市波动可能影响消费和投资，从而对经济波动产生影响。国内外大量文献从宏观层面研究了股市波动对私人消费的影响，从而对经济波动产生影响。国内比较新的文献参见胡永刚和郭长林发表在《经济研究》2012 年第 3 期的文章，研究结果表明：反映经济基本面变化的股价变动对中国居民消费具有长期影响，投机因素引起的股价变动对中国居民消费的影响甚微。本文研究股市波动对公司投资行为的影响，从而为经济波动提供微观公司层面的解释视角。

和干预特征，证监会执行比较严格的证券发行管制，由此决定了中国证券市场法律制度、诚信水平、运行的市场机制、监管体系和市场主体（投资者、上市公司和政府监管部门等）成熟程度与成熟市场还存在较大的差距，股价暴涨与暴跌现象频繁发生。1997 年以来，中国股市发生了几次大的暴跌和暴涨现象，上证收盘综合指数在两年多的时间内从 998.23 点飙升至 6124 点，上涨了 5.13 倍，在此后一年时间内股票指数快速下跌至 1664.93 点，跌幅达 73%。股票价格频繁大起大落，对上市公司的财务决策产生了重大影响。不少上市公司热衷投资市场热点项目，脱离传统主业投资网络、生物医药、太阳能和新能源电池等热点行业，结果导致投资效率和效益低下，1999—2004 年中国上市公司的资本投资回报率仅为 2.6%，远低于资本成本（辛清泉、林斌和杨德明，2007）。

大量文献已经证明，股票价格频繁大幅波动不但造成证券市场个体间财富的转移，影响金融和社会稳定，而且还可能对上市公司的融资（如市场择时理论）、投资（如股权融资机制和迎合机制理论）、资本结构和并购活动等财务决策产生重大影响[①]，进而可能通过多种传导机制影响资源配置效率和金融稳定。因此，中国股票市场的大幅波动，一方面为研究资本市场错误定价是否影响公司投资行为提供了难得的研究契机，另一方面也说明，在投资者普遍非理性以及股票价格指数暴涨与暴跌现象频繁发生的中国资本市场，探讨资本市场错误定价是否以及如何作用公司投资行为具有突出的现实意义。

大量文献从微观公司层面，利用不同国家的研究样本进行了深入的研究，产生了丰富的学术成果，形成了投资者非理性和管理者非理性两条研究路径[②]贝克、斯坦和沃格勒（Baker, Stein and Wurgler, 2008, 2012），从而极大地丰富和发展了行为公司金融理论。在投资者非理性分析框架下，如下问题已

[①]　贝克和沃格勒（2008，2012）在《Forthcoming in Handbook of the Economics of Finance：Volume2》中的《Behavioral Corporate Finance：An upated Survey》对经济主体非理性影响公司融资、投资、资本结构、股利政策、盈余管理、IPO 和收购兼并等公司财务决策的文献做了一个权威的研究综述。

[②]　这两条研究路径形成了三种组合：一是假设投资者非理性和管理者理性，将公司投资决策看作管理者对于资本市场错误定价的理性反应；二是假设投资者理性和管理者非理性，研究证券市场有效条件下管理者非理性对公司投资决策的影响；三是投资者和管理者非理性纳入同一个分析框架下，研究公司的投融资决策行为。

经受到学术界的广泛关注①：投资者情绪或错误定价的大幅波动是否会对公司投资行为产生影响？如果产生影响，其作用的机制或渠道是什么？影响的程度与公司哪些异质性特征有关？进一步地，股票价格大幅波动是否就会导致非效率投资和实体经济资源配置非效率？但是对于上述问题的研究并没有得出一致的结论。比如，与大多数文献得出的结论不同，巴克和怀特（Bakke and Whited，2010，1942）研究了 S & P500 指数和样本公司总投资在 25 年之间的关系，发现总投资和 S & P500 指数在有些年份是相关的，在有些年份不相关；反映私人信息部分的股票价格影响公司投资，但是反映错误定价部分的信息不影响公司投资行为。我们在第二章对这一领域国内外的研究文献进行梳理可以看出，现有文献有几个明显的不足。

其一，在研究方法上，尽管有大量文献研究了资本市场供给条件的冲击对公司决策的影响，但是已有的文献无论在理论建模还是实证研究方面，采用的均是比较静态分析方法，很少有文献研究外部融资成本的变化对公司投资和融资决策的动态影响（BCW，2012）②。因此，不同实证研究所获得的结果有较大差距。

其二，在研究内容上，现有文献主要从微观公司层面进行了研究，考虑了公司异质性特征（如企业融资约束程度、错误定价持续时间长久、投资者短视程度以及企业信息不对称程度等）对错误定价与公司投资行为关系可能产生的影响，但是对行业特征与宏观经济周期、经济政策的影响，都是通过加入虚拟变量进行控制，鲜有文献考虑行业特征和宏观经济周期、经济政策对股票错误定价与公司投资行为可能产生的影响。

其三，在研究视角方面，投资者非理性分析方法的理论贡献主要体现在放宽新古典投资理论的假定，即引入经济主体非理性，开辟了研究证券市场影响实体经济的新途径。但是现有文献都把金融市场摩擦当作一个"黑箱"，"黑箱"当中一些有助于解释错误定价与公司投资行为关系的重要信息可能被忽视了。比如，已有的文献基本上隐含假定管理者在权衡 3 个冲突的目标中做出投资决策：最大化公司基础价值、迎合短线投资者和市场择时，没有考虑

---

① 施莱佛（Shleifer，2003，p. 191）指出，"证券市场非有效是否就一定会引起公司非效率，是未来值得研究的 20 个行为金融理论问题之一。""The Revies of Financial Studies"主编 Bhattacharya & Yu（2008，pp. 8—9）也认为股市泡沫是否影响投资、消费和就业是值得研究的重要问题。

② 从笔者能够收集到的文献来看，只有博尔顿、陈和王（Bolton，Chen and Wang，2011）在投资者非理性框架下建立了企业动态投资模型，还没有发现基于动态模型的实证研究。

税收、财务困境成本、代理问题和信息不对称问题等传统资本市场不完美问题。如何将公司治理问题纳入投资者非理性分析框架，以及是否有新的发现，这方面的理论和实证研究仍然非常薄弱贝克和沃格勒（2012）。

其四，较少有文献区分哪种类型企业的资本配置绩效更容易受错误定价的影响。不同企业的代理问题和融资约束程度不同，投资者非理性对其资本配置绩效的影响可能也不同。贝克和沃格勒（2012）在《金融经济学手册》（第2卷）中的《行为公司金融研究综述》文末指出，如果由于代理问题或信息不对称引起公司投资不足，股市泡沫是否会让投资水平接近有效率的投资水平，或者超调（overshoot）呢？这方面的问题目前尚未得到深入的研究。

正是基于上述国际国内的现实背景与现有文献研究进展，本书第四章在公司投资行为与金融摩擦的理论模型基础上，建立了基于投资的欧拉方程的实证模型，然后在第五章第四节利用中国上市公司2003—2010年的面板数据，试图回答如下两个互为联系的问题：（1）中国企业面临着诸如国有银行控制了绝大部分金融资源、证券发行管制以及大部分股份不能自由流通等制度因素所导致的金融市场摩擦，中国金融市场特有制度环境是如何对偏离基本面股价作用于公司投资行为的机制产生影响的。（2）中国金融市场存在股权融资渠道假说、迎合渠道假说发挥作用的潜在条件吗？此外，由于企业异质性特征（如融资约束程度、公司治理差异）有关的因素可能影响到错误定价与公司投资行为动态调整之间的关系。因此，本书第五章第五节按企业融资约束程度分类进行，试图研究本书第三个问题：（3）实证检验错误定价对公司投资行为的影响，是否与企业融资约束程度有关。如果不相关，其背后的原因是什么？最后，近些年来，从制度背景、国家宏观经济状况研究企业微观行为的文献越来越多。因此，本书继续深入研究如下两个重要问题：（4）公司动态投资调整行为对错误定价的敏感性，是否与行业特征和公司治理差异有关。（5）宏观经济环境和宏观经济政策是否会影响公司动态投资调整行为对错误定价的敏感性。

二　选题意义

（一）理论意义

有关错误定价或投资者情绪与公司投资行为关系的研究，最早可以追溯到凯恩斯（Keynes，1936）。随着相关研究的逐步深入，大量文献沿用法扎里、哈伯德和彼得森（Fazzari，Hubbard and Petersen，1988，以下简称 FHP）的托宾 Q 投资模型在微观公司层面，从静态角度进行了研究。与已有文献有几点不同：

首先，本书没有把企业面临的金融市场看作"黑箱"，而是尝试对中国金融市场的"黑箱"结构加以剖析，把中国金融市场特殊制度背景纳入市场择时理论和迎合理论分析框架，从动态角度深入探讨投资者情绪与公司投资行为动态调整之间的关系。本书的研究拓展和丰富了经济主体有限理性影响公司财务决策的研究视角和研究路径。

其次，从 20 世纪 80 年代开始，现代金融理论分别把制度因素和行为因素纳入了传统金融理论。引入制度因素的现代金融理论着重研究金融契约的性质和边界、金融契约选择与产品设计、金融契约的治理与金融系统演化、法律和习俗等制度因素对金融活动的影响。引入心理行为因素的现代金融理论逐渐形成了行为公司金融学。基于中国资本市场特殊制度背景的研究，不仅有助于深入理解行为因素作用于公司投资行为的制度条件（制度因素），而且有利于我们深入理解社会因素（资本市场投机行为）影响制度因素（如公司治理机制）的基本理论问题。

（二）现实意义

2007 年美国次贷危机引发的全球金融危机不仅重创了各国金融业，而且蔓延到实体经济，世界经济陷入了持续性的衰退。如何防止资产价格大幅波动和设计制度减少资本市场非完美性对实体经济的不利影响，提高资本市场资源配置效率，成为金融监管层关注的重大现实问题。因此，研究资本市场非完美性影响实体经济的机理具有重要的现实意义和实际价值。本书研究中国资本市场制度摩擦对股价错误定价与公司投资行为关系的影响。如果偏离基本面的股价显著影响公司投资行为，那就意味着这是资产价格波动或资本市场影响实体经济和资源配置效率的一种微观机理与作用渠道，为经济波动问题的研究提供一个来自于金融资产价格冲击的公司层面视角。如果偏离基本面的股价不显著影响公司投资行为，那就意味着资产价格波动不是通过影响公司投资行为来影响实体经济①。如果资本市场错误定价缓解了一些好

---

① 偏离基本面的股价不显著影响公司投资行为，并不意味资本市场错误定价不对实体经济产生影响，即并不意味着央行的货币政策不应该关注资产价格目标。事实上，国内外大量文献的研究表明，股价波动影响私人消费，从而对经济波动产生影响。胡永刚和郭长林（2012）的研究表明：反映经济基本面变化的股价变动对中国居民消费具有长期影响，投机因素引起的股价变动对中国居民消费的影响甚微。

项目的融资约束，那么金融监管部门采取"善意忽视"的策略是恰当的。因此，深入探讨制度背景、错误定价与公司投资行为之间的关系，能够为金融监管部门的决策提供理论依据，这对于在资产价格波动剧烈的现代经济中，如何改革和完善金融监管体系，减少资产价格波动对实体经济的影响，提高资本市场的资源配置效率无疑具有重要的现实意义和实际价值，也有助于我们理解公司投资行为对资本市场效率的影响。

三　主要概念界定

因为本书后面涉及资本市场错误定价（stock mispricing or misvaluation）和公司投资行为这几个概念，而现有文献对这几个公司金融学专业术语有不同的定义和理解，因此下面对这些概念的含义进行界定，为本书以后各章节的理论分析和实证检验提供研究基础。

根据资本资产定价原理，股票价格是由企业未来现金流和贴现率决定的。因此，股票价格应该反映未来现金流贴现值所决定的公司价值，学界一般将这个价值称为真实价值、基础价值或内在价值。在资本市场完美的假定条件下，所有的信息对每个市场参与者来说都是相同的，股票价格会迅速对市场出现的新信息做出变化，以反映企业的真实价值。在强势有效市场，股价的暂时偏离都会被套利机制所纠正，股票价格偏离企业内在价值的情况不会持续长久。但是在非有效市场，股价并不能反映过去、现在和将来的信息，而且投资者的预期受投资者有限理性的影响，因而会导致股票价格高于真实价值或低于真实价值，并且由于套利限制使股价泡沫并不能消失。本书将股票实际价格偏离基础价值的部分界定为错误定价（stock mispricing or misvaluation），表现为"高估或股价泡沫（stock bubble）"和"低估"，股票市场价格高于真实价值或基础价值称为股市泡沫（stock bubble）。在相关文献中，错误定价被作为公司层面投资者情绪的代理变量，投资者情绪、股票误定价和错误定价是混用的。但是实际上，在经济主体理性和非理性的假设下，公司股票价格都有可能被错误定价。在理性人假设下，信息不对称、投资者的异质信念和套利限制能够导致股票价格偏离真实价值米勒（Miller，1977）①。在经济主体有限理性假设

---

① 吉尔克利斯特等人（Gilchris et al.，2005）在经济主体有限理性假设下，研究了投资者异质信念和套利限制引起的股价泡沫对公司投资行为的影响。

下，投资者非理性、噪声交易者的存在和套利限制会导致股票价格偏离其真实价值德朗等人（De Long, et al., 1990）[①]。因此，在不引起混淆的情况下，为表达方便，本书交替使用偏离基本面股价、错误定价、股票误定价和投资者情绪。

《新帕尔格雷夫经济学大辞典》对投资的定义是："投资就是资本形成、获得或创造用于生产的资源。"按照投资对象的不同，投资可以分为实体投资和证券投资。其中，实体投资是指投资于厂房、机器设备等具有实物形态的资产，而证券投资则是指投资于证券投资及其衍生品（如债券、股票、基金、贷款证券化产品等）。本书的公司投资主要是指："以追求公司未来价值增值和预期报酬为目标，预先垫付一定量的资金用于增加或维持资本存量的经济行为"，投资对象主要是指实体资产投资，特别是固定资产、无形资产与其他长期资产的投资。

从公司金融学的角度，公司投资决策是指对可选择的投资项目进行评估、遴选、决策，从而实现贴现后的净现金流量 NPVs 最大化或企业预期利润最大化目标。公司投资行为是公司投资决策的过程和表现形式，公司投资决策与公司投资行为这两个概念在外延和内涵上有重叠的地方，因此本书交替使用。

第二节　研究思路、主要研究内容和研究方法

一　研究思路

本书首先基于投资者情绪或错误定价与公司投资行为关系的文献，以及反映公司投资行为的理论分析框架，在公司投资行为与金融摩擦的理论模型基础上，建立本书的实证分析模型。然后，本书尝试对中国金融市场的"黑箱"结构加以剖析，把中国金融市场特殊制度背景纳入市场择时理论和迎合理论分析框架，从动态角度深入探讨投资者情绪与公司投资行为动态调整之间的关系，利用中国上市公司 2003—2010 年的动态面板数据从总量层面进行经验分析。

[①]　沿着投资者有限理性的文献研究了投资者有限理性、噪声交易者的存在和套利限制导致的股价泡沫对公司投资行为的影响。本文不研究导致错误定价的原因，同主流文献的做法一样，本文假定错误定价是外生给定的。

　　考虑到总样本和子样本的回归结果可能不同，一些与企业特质有关的因素可能影响到错误定价与公司投资行为动态调整之间的关系。因此，我们接下来在企业异质性特征方面进行拓展，主要研究了企业融资约束程度和公司治理差异对错误定价和公司投资行为之间关系的影响。考虑了企业研发投入更容易受到融资约束，因此我们在第六章专门研究了错误定价对高新技术企业研发投入的影响。最后，我们分析宏观经济环境和经济政策对错误定价和公司投资行为可能产生的影响（关于这部分的初步框架，请参见图 1 - 1）。

二　研究内容与研究框架

　　根据上述研究思路，全书共分为九章，结构和主要内容如下。

　　第一章，导论。基于上述国际国内的现实背景、现有文献研究进展以及中国资本市场特殊的制度背景，提出本书所要研究的问题，以及本书选题的理论意义和现实意义；在对本书所涉及的主要概念进行界定和分析的基础上，介绍本书的研究思路、主要研究内容和研究框架、研究方法以及研究的技术路线图；最后，指出本书的主要结论与创新之处。

　　第二章，国内外相关文献及述评。本章遵循 MM 理论假设条件放宽的理论发展脉络，沿着放松经济主体理性假设的研究路径对相关文献研究进行梳理。我们从投资者情绪影响公司投资行为的渠道或机制、错误定价代理变量，以及投资者情绪影响公司投资行为的经济后果三个方面对现有文献进行了综述，在此基础上，结合中国资本市场的制度背景及最新研究进展，对现有文献进行评述。

　　第三章，错误定价的测度与分析。尽管错误定价或股价泡沫的定义是很明确的，但是对于如何度量错误定价存在较大的争议。鉴于测度错误定价的困难和争议，选取的错误定价代理变量不同，得到的研究结论可能存在较大的差异。因此，本章首先介绍了中国上市公司行业分类标准及样本的选择，然后介绍了错误定价三种测度方法的计算过程及理论依据。

　　第四章，公司投资行为与金融摩擦的理论模型。本章对反映金融因素影响企业投资行为的四种理论模型进行介绍，即托宾 Q 模型、销售加速模型、误差修正模型和投资欧拉方程模型，为后文计量模型设计提供理论依据。另外，由于本书采用的是动态面板数据模型，为了有效处理内生性问题和非平衡面板数据带来的数据缺失问题，本章介绍了处理变量内生性问题和数据缺失问题的方法，即本书将用正交离差转换消除不随时变的个体效应，采用广义矩估计方法。

第五章，制度背景、错误定价与公司动态投资行为。本章基于反映公司投资行为的相关理论，建立了检验错误定价与公司投资行为动态调整关系的基准计量模型。利用沪深股票市场 2003—2010 年 A 股上市公司的经验数据，从中国上市公司总量层面、按年分段和按企业规模分类层面，实证研究了制度背景、错误定价与公司投资行为动态调整之间的关系。从中国资本市场特殊制度背景视角，对错误定价与公司投资行为之间不存在显著关系的原因提出了竞争性的解释理论。最后本章研究了资本市场错误定价对公司资本配置效率的影响。

第六章，股票错误定价对高新技术企业研发投资的影响。考虑到总样本与子样本的回归结果不同，本章在第五章的基础上，继续对中国上市公司进行分类层面的研究。本章从行业层面研究错误定价与企业研发投资的关系。与一般企业资本投资不同，高新技术企业的研发投资需要大量的长期持续性的资金投入，外部股权融资的获取是影响企业研发投入的关键因素。本章从理论上分析错误定价缓解了融资约束，进而可能推动企业研发投资。然后基于中国高新技术上市公司 2002—2010 年的动态面板数据，实证检验错误定价对企业研发投资的影响。

第七章，错误定价与公司投资：高管薪酬和背景特征视角。本章基于中国上市公司经理激励契约安排的制度背景，把经理激励契约纳入市场择时和迎合理论分析框架，实证检验经理薪酬契约是否会对错误定价与公司投资行为调整之间的关系产生影响。从高管背景特征差异角度研究了外部资本市场错误定价对高管投资决策的影响。

第八章，宏观经济因素、市场择时与公司投资行为。第五章、第六章和第七章主要从公司微观层面和行业层面进行了研究，忽略了对企业投资行为和融资行为有重大影响的宏观经济周期和宏观经济政策环境。本章尝试对中国宏观经济政策影响企业微观行为的"黑箱"结构加以剖析，将宏观经济因素与企业微观数据相结合，研究宏观经济因素、市场择时对公司投资行为的研究，为宏观经济因素和资本市场供给条件变化如何影响企业投资行为提供经验证据。

第九章，结论、启示及研究展望。在前文理论分析和实证检验的基础上，对全文的主要研究结论进行了总结和归纳，并且指出了研究不足和未来的研究方向。

三　研究方法与技术路线

1. 研究方法

本书采用实证分析与规范分析相结合、定性分析与定量分析相结合等方法进行研究。具体而言，主要的研究方法有以下几种。

（1）本书将在问题的提出、文献综述以及理论分析与假说提出部分采用归纳、演绎等规范研究方法。本书首先从理论逻辑上分析了资本市场错误定价可能作用于公司投资行为的机理。

（2）定量研究。对理论分析假定将采用描述性统计分析、单因素分析、固定效应估计模型、混合 OLS 估计模型和动态面板模型等实证研究模型。为了减少非平衡面板数据一阶差分可能造成的数据缺失问题，本书不使用一阶差分消除不随时变的个体效应，而是使用正向离差转换消除个体效应。同时，为了尽量能够处理实证模型的内生性问题，本书将主要使用广义矩估计（差分 GMM 和系统 GMM 估计方法）。

2. 本书研究技术路线如下图所示

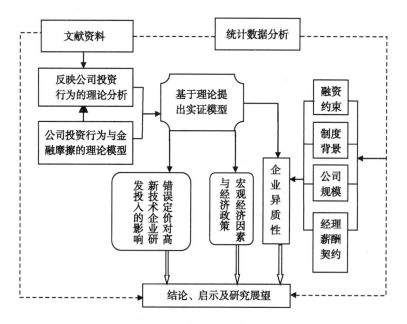

图 1 - 1　本书研究的技术路线

第三节　主要研究结论与创新点

一　主要研究结论

本书对中国上市企业面临的金融市场的"黑箱"结构加以剖析,把中国金融市场特殊制度背景纳入市场择时理论和迎合理论分析框架。在理论分析基础上,利用中国上市公司2003—2010年的动态面板数据,从动态角度深入探讨了投资者情绪与公司投资行为动态调整之间的关系。考虑到错误定价对公司投资行为的影响可能与企业异质性特征有关,因此本书对中国上市公司按企业异质性特征做进一步分类回归。本书的主要研究结论如下。

第一,在2003—2010年全样本期内,本书发现偏离基本面的股价对中国上市公司的投资行为没有产生显著影响。在控制宏观经济因素和经济政策的内生性影响,以及观察股权分置改革的制度性影响后,实证结果发现,除了2009—2010年时间段外,其他时间段并没有发现偏离基本面的股价显著影响中国上市公司投资行为的证据。在2009—2010年,偏离基本面股价显著影响了上市公司投资行为,这和证监会配合中国政府4万亿投资有关。

第二,考虑到偏离基本面股价是否影响公司投资行为与企业融资约束程度有关,本书按融资约束程度对中国上市公司进行分类回归,结果在低融资约束组企业和高融资约束组企业,本书并没有发现偏离基本面股价影响公司投资行为的稳健证据。

上述两个研究结论与已有相关文献得到的结论不完全相同,我们认为出现这种现象的原因与中国上市企业面临的金融市场的特有制度环境有关。本书从以下几个角度提出了与现有相关文献不同的解释:其一,股权融资渠道发挥作用的潜在条件是企业存在股权融资约束。如何度量企业融资约束程度,一直是公司金融领域争论的问题。股权融资渠道假说采用KZ指数作为企业股权融资依赖程度的代理变量,但是大量文献研究表明,KZ指数识别的是企业对外部资金需求程度,而不是企业融资约束程度汉尼斯和怀特(Hennessy和Whited,2007)。如果KZ指数并没有识别公司的股权融资依赖程度,那就说明股权融资渠道假说高估了偏离基本面股价对公司投资行为的影响。其二，企业择时发行股票并不是为了给投资项目融资，首要原因是为了管理风险和储备现金，次要原因才是考虑股票发行时机和企业生命周期基姆和魏斯巴赫；安杰罗、迪安杰洛和斯图兹（Kim and Weisbach，2008；Harry DeAngelo，Linda DeAngelo & Rene'M. Stulz，2010）。企业的投资决策、融资决策（择时）和风险管理（现有持有策略）是相互作用的，而不是独立的。只有当企业面临低成本融资的"机会窗口"时，市场择时效应才会出现，而且这种效应是以一种复杂方式与企业谨慎现金管理和投资决策相互作用的（BCW，2011，2012）。其三，中国上市公司的股权再融资不但受到股票市场估值的影响，而且还受到再融资管制政策的限制。再融资节奏由中国证监会发行部控制，再融资公司数量反映的并不是上市公司自身对市场时机的把握，而是中国证监会对市场时机的把握，融资规模更大的原因并不是完全出于增长性导致的实际投资需要，基于股票市场估值的"市场时机"并不是影响上市公司再融资规模的显著因素。而证监会发行部对股票再融资审核批准的择时，会配合政府的宏观调控和产业政策，限制或鼓励一些行业和企业的股权再融资。因此，即使管理层察觉到股票价格高估，但是股权再融资能否成功还取决于证监会审批。在2009—2010年，偏离基本面股价显著影响了上市公司投资行为，这和证监会择时配合中国政府4万亿元投资有关。在中国上市公司总量层面和按融资约束程度分类企业的回归中，我们都发现上市公司投资现金流关系不敏感。这个经验事实可能恰恰反映了，如果上市公司有较强的投资意愿，即使存在股权融资约束，也有能力从银行融入所需要的资金。证券发行管制、利率管制和银行垄断了中国绝大部分金融资源等中国金融市场特有的制度环境，是造成中国上市公司投资现金流关系悖异的原因，也必然使得上市公司投资项目资金的主要来源不是依赖股权融资，而是主要来自银行信贷等债权融资方式，从而使得偏离基本面股价并不显著影响公司投资行为。其四，从上市公司的股权结构来看，尽管已经完成了股权分置改革，但是大部分股份仍然不能自由流通，对小非和大非的减持有严格的管制政策，具有控制权的股东很难从股价短期泡沫中获取利益。如果管理者不通过投资安排来迎合短线投资者，企业并不存在被二级市场收购兼并的威胁，而且中国并没有形成有效的职业经理人市场。理性管理者可能最大化具有控制权股东的利益，而不是迎合短线投资者利益。因此，理性管理者通过投资安排来迎合短线投资者的动机可能并不存在。

第三，高新技术企业技术的研发投资面临的融资约束与一般企业资本投资受到的融资约束不同。这是因为企业研发投入的回报和收益具有不确定性、高风险性和波动性，容易出现道德风险和逆向选择问题。因此，高新技术企业研发投入的这种特征不适合债务合约的结构斯蒂格利茨（Stiglitz，1985，p. 146），研发投资较难获得外源负债资金的支持，因而容易受到融资约束。本书研究发现，偏离基本面股价缓解了研发投资所需要的股权融资资金约束，从而促进了高新技术上市公司的研发投入，并且这种正向影响对规模小的研发密集型企业更为明显。

第四，偏离基本面的股价对公司投资行为的影响与中国上市公司经理薪酬契约制度设计差异有关，即与企业异质性特征有关。主要表现在：（1）错误定价对公司投资行为的影响并没有受到高管货币薪酬差异的显著影响，但是高管货币薪酬和错误定价对公司投资行为存在交互效应，这一关系在实际控制人性质不同的企业中具有一定的差异性，这种差异来自于民营企业具有更有效的公司治理机制。（2）高管持股与股价高估对公司投资的影响存在交互效应，证券市场的投机行为会诱使高管为增加从股权激励中得到的收入，而致力于更多的投资，这种关系在不同性质的企业中具有一定差异，这种差异源自国有企业高管持有微乎其微的股票以及关注政治升迁的结果。这种交互效应的产生是证券市场摩擦（资本市场错误定价）与其他市场摩擦共同作用于公司投资行为的结果。

第五，考虑到宏观经济周期和政策是微观企业行为的先行指标，第八章实证检验了偏离基本面股价对公司投资行为的影响是否与宏观经济环境有关。结果发现：（1）宏观经济上行加强了错误定价对公司投资行为的影响，宏观经济冲击与错误定价之间存在替代效应；（2）在不同的政策区间，融资"机会窗口"的变化显著影响了公司投资行为，再融资条件管制政策减弱了错误定价对公司投资行为的影响；（3）偏离基本面股价对公司投资行为的影响与实际基准贷款利率水平变化无关。

二 本书对现有文献的贡献和特色之处

根据现有文献研究进展来看，本书的特色之处主要体现在如下方面。

1. 已有相关文献均着眼于企业自身特征，假设企业融资约束源自金融市场信息不对称，或把企业面临的金融市场看作黑箱。黑箱当中存在的一些或许有助于解释资本市场错误定价对公司投资行为影响的特殊信息被忽略，忽视了金融市场特殊制度背景对公司投资行为的影响。与已有文献不同，本书对中国金融市场的"黑箱"结构加以剖析，把中国金融市场特有的制度环境导致的市场摩擦纳入市场择时和迎合理论分析框架，研究了宏观背景下和资本市场特殊制度背景下中国上市公司的投资决策。本书的研究在拓展公司金融研究领域和视角上做出了探索。

2. 贝克和沃格勒（2008，2012）提出的市场择时和迎合理论静态分析框架只考虑了企业的投资和融资决策，没有考虑税收、财务困境、代理问题和信息不对称问题。波尔顿、陈和王（2011，2012，以下简称BCW）考虑了企业可能面临的财务困境，构建了市场择时、投资和风险管理的动态分析框架，模型结果表明企业的投资、融资和风险管理（财务困境）决策是相互作用的，择时融资的首要动因不是为投资项目融资。本书的研究为BCW的动态分析框架提供了来自转轨国家的经验证据，拓展了市场择时理论的分析视角。

3. 关于偏离基本面股价与公司投资行为关系的文献，大都是沿用法扎里、哈伯德和彼得森（1988，以下简称FHP）的托宾Q投资模型，从微观公司层面，运用比较静态分析方法进行了研究，现有文献也考虑了企业异质性特征（融资约束程度、投资者短视程度、企业信息不对称程度和股价偏离基本面持续时间的长短）。本书的研究与现有研究文献不同：一是本书从公司特质、行业层面和宏观经济环境多个方面进行了研究，建立的实证模型基于企业价值最大化与企业最优跨期投资行为，考虑了投资动态滞后特征和投资的调整成本；二是本书建立了反映投资决策行为的动态调整计量模型，用系统GMM方法进行了估计，规避了变量内生性所引起的模型估计偏差，使实证结果具有更高的可信度；本书的研究内容和研究方法有所创新。

4. 本书把经理薪酬契约制度背景差异纳入了市场择时和迎合理论分析框架中，为社会因素（资本市场的投机行为）影响制度因素（高管薪酬契约）的经济后果提供了新证据，也为高管薪酬契约在投资决策中的治理效应提供了来自转轨国家的经验证据，从而深化和补充了公司治理领域的文献。

第二章

国内外相关文献及述评

在由莫迪里尼和米勒（Modigliani 和 Miller，1958）开创性提出的 MM 理论框架下，投资和融资是相互分离的，融资方式不会影响公司投资行为。企业投资水平是在最优资本配置的目标下，由具有完全信息的理性经理依据项目的现金流净现值是否超过资本支出（NPV）时决定的，而企业股票价格完全反映了投资者理性预期下的未来现金流，股价的高低则由企业基本面所决定，只是企业价值的一种外在反映。因此，股票价格是被决定的，不会反过来影响到公司投资水平。但是，现实世界并不满足 MM 理论的资本市场完美的假设条件。学者们逐步放松 MM 理论框架的假设条件，提出了许多开创性理论。在将所得税、破产成本、信息不对称和代理问题假设纳入 MM 理论框架的约束条件下，学界提出了权衡理论克劳斯（Krause，1973）、斯科特（Scott，1976）、迈尔斯（Myers，1984）、信息不对称理论罗斯（Ross，1977）、迈尔斯和梅吉拉夫（Myers & Majluf，1984）、代理成本理论詹森和梅克林（Jensen & Meckling，1976）、公司控制权理论阿奇翁和博尔顿（Aghion & Bolton，1992）、哈特和莫尔（Hart & Moore，1986）及公司治理理论贝利和米恩斯（Berle & Means，1932）、詹森和梅克林（1976）、哈特和莫尔（1998）。在委托代理理论和信息非对称理论的基础上，形成了广泛存在的三类代理冲突下的企业投资理论：第一类代理冲突是指所有权和经营权分离衍生出来的管理层和股东之间的利益冲突[1]。第二类代理冲突是指大股东和外部中小股东的利益冲突施莱佛和维什尼（Shleifer & Vishny，1997）。大股东通过金字塔式的股权投资和非公司价值目标的资源性投资扩张，借助隧道行为实现资源的转移，侵害中小股东的利益。第三类代理冲突是指股东和债权人的利益冲突。股东主

---

[1] 斯坦（2003，pp. 117—130）对这方面的文献进行了一个权威的综述。

要关注如何使其财富最大化，即股票市场价格最大化，而债权人则主要关注其债权（包括利息）能否到期按时得到足额的清偿。股东与经理代理冲突下的公司资本配置行为研究主要是围绕着经理私人收益和私人成本两条线索展开的，这个范式和框架下的代理冲突隐含假定股东是同质的，公司财务决策之所以不同，是由于公司治理机制所起的作用不同而导致的，而不是由经理异质性所引起的。经理除了具有获取私有收益的自利动机外，还存在人力资本声誉、职业安全偏好和享受平静生活偏好等方面的个人动机。这些动机亦会引发股东与经理之间的代理冲突，进而影响公司的投资行为。部分文献考虑了经理异质性对公司投资行为的影响。

代理冲突框架下的公司投资行为研究文献都隐含假定证券市场是有效的，即使由于经理过度自信或过度乐观做出了错误的投资决策，证券价格完全反映了公司基本面。然而，大量行为金融文献已经证明，证券市场并不是有效的（施莱佛，2000）。当放松 MM 理论的诸多假设条件，比如资本市场的完美性、经济个体的完全理性以及信息的完全性时，就会发现不但股价会出现泡沫，而且股票价格也可能会影响到公司财务决策。因此，学者们转而聚焦研究经济主体非理性对公司资本配置行为和绩效的影响，形成了投资者有限理性和管理者有限理性两条研究路径（施莱佛，2001；贝克、斯坦和沃格勒，2008）。在投资者有限理性分析框架下，研究的主题主要涉及以下三个方面的问题：一是研究投资者情绪是否影响公司投资，以及发生这种作用的机制或渠道是什么；二是从微观企业层面，研究上述影响程度是否与企业异质性因素有关，以及由此对资源配置效率可能产生的影响；三是寻找能够有效度量投资者情绪或股价错误定价的代理变量。企业投资行为可能是由于基本面因素引起的，也可能是由股价错误定价引起的，因此区分企业投资多少到底是由基本面引起的还是由错误定价所引起的，这是经验研究中的关键问题。接下来我们根据上述逻辑线索对已有研究文献进行系统的梳理和述评，在此基础上，结合中国证券市场特殊的制度背景及最新研究进展，对现有文献进行评述并提出论文的研究视角和研究主题。

第一节　错误定价影响公司投资行为的作用机理

从已有文献来看，投资者非理性导致的错误定价至少可以通过四个渠道影响公司投资行为：一是错误定价会影响公司的股权融资数量和成本，管理者在股价高估时发行股票，从而影响公司投资行为，形成股权融资渠道（斯坦，1996；奇林科和沙勒，2001；贝克等人，2003）。二是公司管理者会理性地利用投资安排迎合短线投机者，从而导致公司投资行为随股价偏离基本面程度而改变，形成迎合渠道（catering channel）波尔克和萨皮恩泽尔（Polk and Sapienza，2009）。三是投资者情绪通过感染管理层情绪，间接影响公司投资行为，从而形成管理者乐观主义的中介效应渠道（花贵如、刘志远，2010）。四是金融中介渠道［施莱佛和维什尼，2010）、汤森特（Townsend，2011）、巴贝里斯（Barberis，2011）贝克等人（2012）］。金融中介在公司（资金需求方）和投资者（资金供给方）之间起了关键作用，因此会影响公司证券的发行以及投资方式。这方面的文献主要起源于学界对 2007 年次贷危机原因的研究。施莱佛和维什尼（2010）建立了一个模型分析银行是如何利用投资者情绪创造和出售高估资产的，银行创造了一个投资者情绪影响实体经济的渠道。由于投资者情绪通过金融中介渠道影响公司投资行为的文献还没有形成系统，因此我们主要对前 3 个理论假说进行分析评述。

一　股权融资渠道

1929—1933 年的经济大萧条后，凯恩斯在 1936 年的《通论》中提到，股票价格中包含了非理性因素，这些非理性因素会影响企业的股权融资成本和方式发生变化，从而进一步影响到公司投融资行为，这种解释后来逐渐发展形成了市场择时理论［斯坦（1996）、贝克和沃格勒（2002）、威尔奇（Welch，2004）、黄和里特（Huang and Ritter，2005）］。但是，在考虑股价中包含有非基本面因素后，现有文献对股票价格和公司投资之间的关系并没有得出一致的结论，两种不同的结论都有经验事实支持。莫克、施莱佛和维什尼（Mork，Shleifer and Vishny，1990）对公司层面的微观数据的检验发现，虽然股票价格的回报能够预测投资，但是控制基本面因素后，这种预测能力消失。类似地，布兰查德、瑞伊和萨默（Blanchard，Rhee and Summers，1993）利用总量层面的数据，将托宾 Q 分解成基本面部分和市场估值部分，与公司利润一起对投资进行回归估计。结果显示，基本 Q 和市场估值部分显著影响公司投资行为，但是影响的程度小于利润对公司投资行为的影响。巴克和怀特（2010，p. 1942）先研究了

S & P500指数和样本公司总投资在 25 年之间的关系，发现总投资和 S & P500 指数在有些年份是相关的，在有些年份不相关，然后用埃里克森和怀特（Erickson & Whited，2000，2002）提出的一种计量方法把股票价格分成反映投资者私人信息的部分和错误定价部分，结果发现股票价格反映投资者私人信息的部分影响公司投资，但是错误定价部分对公司投资没有影响，这个结论明显与另外一些学者得出的结论矛盾。巴罗（Barro，1990）利用总量层面的数据进行检验的结果为，即使在检验方程中加入现金流变量以及同期和滞后一期的公司税后利润后，股价对公司投资仍然有显著的影响作用。而莫克等人（Mock，1990）则进一步提出"融资假说"，当股票市场受到投资者情绪等影响不是完全有效时，公司经理可以选择融资时机，在高估时进行融资，降低资本成本，增加投资支出。奇林科和沙勒（Chirinko and Schaller，1996，2001）采用了不同于上述经验研究方法，他先检验资本市场是无效的，然后用投资的欧拉方程，检验投资是否和这种无效定价有关，结果发现 1987—1989 年日本股票市场的泡沫推动了公司投资的增长。

一些学者认为，股票价格的作用不应局限于托宾 Q 和投资多少之间的关系上，应该延伸到资本市场其他非完美性上，比如把股票市场的非有效和代理冲突下的融资摩擦结合。斯坦（1996）把证券市场的无效与信息不对称引起的融资摩擦纳入一个静态分析框架，从理论上证明了在资本市场投资者非理性的情况下，上市公司的股价往往会被错误定价。投资者非理性所导致的股价错误定价是否影响企业投资行为和两个因素有关：一是经理人的眼光长短；二是企业是否存在融资约束。在不存在融资约束的条件下，投资者有限理性能否影响经理投资决策取决于管理者是眼光长远还是短视。具有长远眼光的经理会以市场风险的补偿作为贴现率（资本成本），从而计算投资项目的净现金流。因此，股价不影响具有长远眼光经理对投资项目计算的贴现率。低估的股价不会影响股权融资依赖型企业的投资，因为具有长远眼光的管理者不愿意为投资项目融资而低价发行股票。目光短浅的管理者会以股票市场价格作为贴现率的一部分，从而高估投资项目带来的净现金流，投资项目本身就被错误定价。贝克、斯坦和沃格勒（2003）在斯坦提出的模型基础上推导出一个简化的模型，发现错误定价对公司投资行为的影响与企业股权融资依赖程度有关，股权依赖型公司对偏离基本面的股价变动更为敏感。然后他们改进了卡普兰和津加莱斯（Kaplan and Zingales，1997）提出的 KZ 指标，根据改进的 KZ 指数对企业按股权融资依赖程度进行分组，构建具有显著股权融资机制作用特征的组合以及非基本面股价指标，从公司层面数据直接考察非基本面股价变动对公司投资的影响。经验研究发现，投资水平与非基本面股价（托宾 Q 和未来 3 年股票收益率）之间存在正向关系，而且股权融资依赖程度越高，公司投资对非基本面股价波动就越敏感，从而首次证实了证券市场的无效率影响实体经济的股权融资渠道。他们的研究开创了股权融资渠道研究的新方法，这种研究方法成了后续文献研究这个问题的主流方法。沿着贝克，斯坦和沃格勒（2003）的研究思路和方法，吉尔克里斯特等人（2005）[1] 在假设管理者目光长远的基础上，提出了基于投资者信念分散的价值高估模型，这个模型同时考虑了泡沫生成、股票发行和真实投资。在他们的模型中，投资者信念的差异以及卖空限制导致了向下倾斜的股票需求曲线。理性的经理是知道需求曲线特征的，并且能够据此做出合适的股权变动和投资决策，若泡沫为正，公司发行新股并过度投资。模型的另一个特征是认为泡沫大小本身并不足以决定投资的扭曲程度。他们以分析师盈利预测方差作为投资者信念分散的代理变量，用面板自回归模型（PVAR）的实证结果表明，在投资者情绪高涨时，企业发行新股能够降低融资成本，从而扩大企业投资规模，证实了错误定价影响企业投资行为的股权融资渠道假设。张、塔姆和王（Chang、Tam & Wong，2007）采用类似于贝克、斯坦和沃格勒（2003）的研究设计，运用澳大利亚资本市场的数据，研究发现股价泡沫[2]显著影响公司投资，股价被高估的企业倾向于投资过度，股价被低估的企业倾向投资不足，证实了错误定价通过股权融资渠道影响公司投资行为。Panageas（2005）建立了一个投机性交易和公司投资行为的分析框架，模型假定代理人有异质信念和短线套利限制，即投机行为是内生的。如果公司最大化股票价格，投机行为导致的误定价会影响公司投资，而且代理人的异质信念越大，对公司投资的影响就越大。

---

① 不同于投资者非理性分析方法，Gilchrist、Himmelberg & Huberman（2005）是经济主体有限理性框架下研究股份泡沫对公司投资行为的影响。在他们的模型里，投资者的异质信念和套利限制导致了股价泡沫，股价泡沫不是由投资者非理性引起的。

② 他们分别采用托宾 Q、可操纵应计利润（DACC）和综合股票发行指标（CSI）作为资本市场错误定价的代理变量。

奇林科和沙勒（2001）对日本上市企业的研究发现，股价泡沫降低了企业股权融资成本，从而使得用于评价投资项目的贴现率被降低，进而使得投资项目为负的净现值变成为正的净现值（NPV > 0）。因此，股价泡沫导致了日本上市企业投资增加。2007 年，奇林科和沙勒（2007）用显示偏好的方法，研究了美国 1998—2004 年期间的数据，结果发现错误定价显著影响公司的投资行为，股价泡沫增加一个标准差 1% 会带来公司投资增加 30% 以上。他们的研究进一步证实了股价泡沫会显著降低融资约束型公司的融资成本，从而影响公司投资行为。

对于错误定价是否通过股权融资渠道影响公司投资行为，贝克和怀特（2010）提出了一种不同的看法，并且采用了一种新的计量方法论证错误定价是否影响投资。他们检验了如下两个相关的问题，即股票价格中的错误定价和私人信息是否影响公司的投资行为。因为，股票价格中包含投资者的私人信息，管理者通过从股票价格中观察投资者私人信息做出投资决策。他们用变量误差修正方法（errors-in-variables remedy）（埃里克森和怀特，2000，2002）把股票价格分解为反映私人信息和错误定价两部分。他们用公司规模和 KZ 来衡量公司融资约束程度，用分析师盈利预测方差、分析师盈利预测值与实际每股收益之差和累积异常收益率 3 个代理变量来衡量错误定价程度。结果发现：（1）高 KZ 指数（高融资约束）的公司比低 KZ 指数（低融资约束）的公司使用更多的债权融资，而股权融资相对较少。汉尼斯和怀特（2007）的研究也发现，KZ 指数识别的是外部资金需求程度，而不是融资约束程度。因此，如果 KZ 指数不能完全反映公司的股权依赖程度。这就说明贝克、斯坦和沃格勒（2003）的研究结论高估了股票价格对公司投资的影响，没有揭示出投资对 Q 的敏感程度与公司过度投资倾向之间的关系，以及投资对 Q 的敏感程度与公司偏好债权融资的关系。（2）Q 对投资的 OLS 估计系数随公司规模变化呈现出很小的变化，而 GMM 估计系数随公司规模增加而逐渐减少，这说明贝克、斯坦和沃格勒（2003）用 OLS 估计得出的结论是不可靠的，即股权依赖型公司的投资并不一定对 Q 更敏感。投资对 Q 的敏感程度不只取决于外部股权融资成本，还与其他因素有关。（3）反映私人信息部分的价格确实影响公司投资，而错误定价部分并不影响公司投资，尤其是大企业和容易定价错误的公司投资不受错误定价的影响，只有小企业的投资行为受错误定价的影响。

国内学者检验了错误定价影响公司投资行为的"股权融资渠道假说"。刘瑞和陈收（2006）的研究发现，股票价格显著影响公司长期投资行为，股权融资依赖性越大[1]，公司长期投资对股价泡沫的敏感性就越大。当企业股价被显著高估时，股市泡沫显著影响企业短期投资行为，但是不显著影响企业长期投资行为。郝颖和刘星（2009）发现在再融资管制政策的背景下，对于未成功进行股权融资的企业，股价不影响公司投资行为；而对于成功进行了股权融资的企业，股价显著影响公司投资行为，股权融资依赖程度越大，股价对企业投资水平的影响就越大。郝颖等（2010）发现错误定价对公司投资的影响程度不仅与公司股权依赖程度有关，而且还与企业所有权控制特征和治理效率有关。在股权融资依赖度相同的情况下，地方政府所辖上市公司的投资规模对股票市价的敏感性大于民营产权控制和中央企业控制的上市公司。中国资本市场有几点明显不同于发达国家：一是中国证监会对证券发行和再融资进行管制。股价高估时企业能否成功进行股权融资，还取决于证监会的审批。二是中国上市公司存在国有企业、地方政府控制的企业和民营企业。在这种制度背景下，股权融资渠道与成熟资本市场国家存在较大的差异。另外，以市值账面比或市盈率衡量错误定价，得出的结论并不一定可靠。

二 迎合渠道

股权融资渠道通过证券发行的市场择时对公司投资行为产生影响，前提条件之一是投资资金来源依赖股权融资。股权融资渠道假说无法解释企业的投资资金主要来自银行贷款、企业新债券的发行和公司自有资金的现象[2]。如果企业由于拥有大量的内部资金和较强的借债能力而不必通过股票市场为投资筹集资金的话，那么是否就意味着投资不会受投资者情绪的影响呢？波尔克和萨皮恩泽尔（2009）基于管理层最大化短期投资者利益的假定前提，在斯坦（1996）的短期模型以及贝克和沃格勒（2004）的股利迎合理论（a catering theory of dividends）基础上，从理论模型上分

---

① 他们运用因子分析法界定股权融资依赖程度。

② Mayer（1988）、Rajan & Zingales（1995）、Froot, Scharfstein & 斯坦（1994）发现，企业投资资金的来源有不到 2% 是来自股票发行。本文表 5 - 9 统计的 2003—2010 年股权再融资（SEO）占银行信贷的比例在 0.14%—1.14% 之间，即企业资金主要来自于银行贷款。

析了股票市场的错误定价影响企业投资行为的理性迎合渠道（rational catering channel）。这里的迎合指的是管理者做出一些投资安排迎合短线投机者。迎合程度与投资者的短视程度、企业信息不对称程度或透明程度、预期的错误定价持续时间长短正相关。由于信息不对称，潜在投资者只能通过观察企业投资行为来判断企业价值，其信念更新并不服从贝叶斯过程。当投资者对企业未来持过分乐观的态度时，即便企业管理者致力于最大化企业内在价值，但是如果经理拒绝对市场投资者追求的项目进行投资，短线投机者会抛售股票，导致股票价格下降，增加企业被接管或经理被解雇的危险。经理预期错误定价过高（或过低）持续的时间越长，或投资者越短视（换手率越高意味投资者越短视），经理可能通过投资安排迎合投资者高涨或悲观的情绪，从而出现过度投资或投资不足。企业资产越难以估价，错误定价的持续时间就会越长，错误定价对公司投资行为的影响就越敏感。但是贝克和怀特（2010）用 OLS 和 GMM 估计发现，错误定价对公司投资的影响与错误定价程度无关，也与错误定价持续的时间长短无关。

与波尔克和萨皮恩泽尔（2009）把股票发行当作外生变量控制不同，Dong et al.，（2007）[①] 把股票发行当作内生变量，采用 2SLS 估计方法检验错误定价对公司投资行为的影响。结果发现，错误定价对资本性支出和研发投入都有显著正影响，而且企业研发投入比资本性支出更容易受到错误定价的影响。错误定价对公司投资行为的影响与公司融资约束程度、规模、股票换手率和错误定价程度有关。公司融资约束程度越严重，错误定价对公司资本性支出的影响就越大，但是对企业研发投入的影响反而越小。他们的研究表明，错误定价既通过股权融资渠道，也通过迎合渠道影响公司投资行为，而且股权融资渠道会增强迎合渠道对企业投资行为的影响。

但是波尔克和萨皮恩泽尔（2009）的迎合渠道假说没有考虑融资问题，而且代理问题也能够导致迎合行为和公司非效率投资，无法区分这种迎合是投资者情绪引起的还是代理问题引起的。比如，看重人才市场声誉的管理者会投资于那些短期绩效好、同时牺牲公司的长期价值的项目［纳

---

① Dong et al.，（2007）采用一个分离了公司盈利增长机会因素的变量 V/P 作为错误定价的代理变量。

拉亚南（Narayanan，1985）]；关注未来职业生涯的管理者偏向于选择安全的项目［而非高风险的项目海什里弗和塞克尔（Hirshleifer and Thakor，1992）]，或对开启新项目和生产线犹豫不定［伯特兰和穆莱纳桑（Bertrand & Mullainathan，2003）]。

中国学者刘端、陈收（2006）将管理者视野因素引入投资者情绪与企业投资行为的分析框架中，采用市值账面价值比和非均衡估价指标衡量错误定价，用股票交易的换手率代表管理者眼光长短。研究发现，错误定价通过股权融资渠道和迎合渠道影响公司投资行为，而且影响的程度与管理者短视程度有关。管理者短视程度越大，则错误定价对公司短期投资行为的影响就越大，对企业长期投资行为的影响相对较小。但是用市值账面价值比和非均衡估价指标衡量值得商榷，股票换手率表示的是投资者短视程度，用来衡量管理者短视程度可能问题更大，因此得出的结论可信度令人质疑。

李捷瑜和王美今（2006）采用吉尔克里斯特和希默尔贝格（1998）提出的单位资本边际收益（MPK）指标度量公司基本价值，用年均日换手率来衡量投机泡沫。然后基于1992—2003年中国上市公司的数据，运用面板数据结合向量自回归（PVAR）的方法，建立了一个公司基本价值、投资泡沫和公司投资三因素的PVAR模型。考察在流通股比例不同的两个样本之间股价泡沫与实际投资的相关性是否有显著差异，以此证明"实际投资是否会受股价泡沫影响"取决于股东的持股期限，然后用正交脉冲响应函数分析泡沫、投资与公司基本价值的相互影响程度。结果发现：其一，股东的持股期限影响股价泡沫与实际投资之间的关系，不同的持股期限意味着不同的价值取向，在流通股比例大的样本中，股价泡沫通过迎合渠道影响企业实际投资。其二，股价泡沫是导致企业IPO后业绩下降的原因之一。

张戈和王美今（2007）用分解托宾Q方法，将股价中基本面因素和错误估计因素分离开来。他们基于市场反转时期的融资约束和投资者情绪的环境特征，分析了融资机制和迎合机制的作用及各自作用条件。实证发现，在中国股票市场反转时期迎合机制起着主导作用，而且上市公司迎合的目的更多是出于操纵而非为了流通股东的短期收益。此外，实证结果表明，虽然主动融资机制不是主导机制，但是在高流通市值公司仍然存在主动融资机制，并且表现出滞后的特征。这种特征与中国股改前的投融资审批制度流程多、进程慢的特征一致。但是，他们的研究以货币政策情况判断融资约束、以股市牛熊周期来判断投资者情绪，这种方法缺乏理论依据，所得到的结论并不可靠。

黄伟彬（2008）通过一个面板 VAR 系统概括了基本因素（以销售增长率和净利润对期初账面资产总额之比来衡量）、托宾 Q、净股票发行和企业投资之间的互动关系，利用正交脉冲响应函数分析与基本因素不相关的托宾 Q 冲击对投资的影响，进而从量上评估资本配置受股价非理性变化影响的程度，同时还考察了托宾 Q、净股票发行和投资之间的互动关系。他们基于中国上市公司 1998—2004 年数据，运用系统 GMM 估计方法，结果发现：在控制了企业固定效应和时间效应之后，对于高流通股比例的企业，非理性的股价变化只对实际投资产生微弱影响；偏离基本面的股价主要通过迎合机制，而不是股权融资机制影响企业投资行为；在全样本和子样本中，基本因素对投资的解释能力也很差。他们认为，中国上市公司的投资行为主要受经理个人风格和国家宏观调控的影响，但是这需要更多的直接证据来证明。因此，他们认为央行货币政策目标不应当包括资产价格，因为股价泡沫并不一定影响企业资本配置效率。

吴世农和汪强（2009）以 1998—2005 年所有 A 股上市公司为样本，采用半年期动量作为投资者情绪的度量指标，对公司投资迎合投资者情绪的理论进行了实证检验。发现偏离基本面股价显著影响公司投资行为，而且投资情绪高涨时比投资者情绪低落时影响更明显。经过进一步对投资结构分解发现，企业经理主要是通过固定资产投资（长期投资）安排来迎合短线投机者。刘松（2010）的博士学位论文将错误定价因素融入公司融资、代理问题与公司投资、投资效率的关系体系中，发现错误定价是现阶段中国上市公司投资和非效率投资决策较为重要的因素。潘敏和朱迪星（2010，2011）的研究表明，错误定价会通过迎合渠道对管理者的投资决策产生影响，迎合程度与企业异质性特征和股市周期有关。

综上所述，股权融资渠道假说反映了错误定价通过影响公司择时发行股票，进而间接影响公司投资决策，但是在该渠道下只有存在融资约束的公司其投资才有可能受到错误定价的影响，这一影响机制在美国、日本和澳大利亚等成熟资本市场都得到实证支持。迎合渠道假说揭示了错误定价可能从直接途径影响公司投资，即使公司的内部资金充裕，不需要从股市为投资项目融资，其投资决策仍然有可能被投资者情绪所影响。

三 管理者乐观主义的中介效应渠道

经济主体有限理性影响公司投资决策的现有研究，主要是沿着上述投资者情绪和管理者非理性两条路径独立展开的。一是以贝克等人（2003）和波尔克和萨皮恩泽尔（2009）为代表的文献着重强调投资者情绪，将投资决策看作理性管理者对于资本市场错误定价的反应。二是以希顿（Heaton，2002）及马尔门里尔和泰特（Malnendier & Tate，2005）为代表的文献假定投资者理性和管理者非理性，研究管理者过度自信对公司投资行为的影响。花贵如（2010）延续上述文献的分析逻辑及研究展望，将管理乐观主义纳入投资者情绪与公司投资行为的关系中。情绪感染理论认为，个体在交互过程中都具有情绪受感染的特征，这个感染过程有可能是有意识的，也有可能是无意识的，但是最终的结果就是情绪感染会影响个体的情绪体验。情绪协调理论表明，当个体处在积极的情绪状态时，他对事物的判断多为肯定的结果；而当个体处在消极的情绪状态时，他对事物的判断多为否定的结果。因此，公司管理者的情绪会受到投资者情绪的感染，那么受到投资者情绪影响的公司管理者在做出公司的投资决策时必然会受到影响，所以公司的投资行为和投资水平也会无意识地受到投资者情绪的影响。巴贝里斯和泰勒（Barberis & Thaler，2003）认为，即便是理性的管理者，在他们缺乏准确信息时，也会在一定程度上考虑和相信投资者的意见，在投资者情绪呈乐观态度时，管理者常常会做出负 NPV 的决策，从而导致过度投资，即管理者会迎合投资者情绪进行投资。他们在控制了"股权融资"和"理性迎合"等作用渠道之后，通过理论分析和实证检验方法，研究发现投资者情绪还可能通过塑造企业管理者的乐观或悲观情绪，间接影响企业投资行为，提出并初步证实了投资者情绪影响企业投资行为的第三条路径，即"管理者乐观主义的中介效应渠道"。但是，很少有文献涉足经济主体其他常见非理性心理，比如框架依赖、自我归因、锚定效应等，对公司投资决策的影响。

四 市场择时和迎合方法的理论分析框架

基于股权融资机制和迎合机制的文献，贝克和沃格勒（2008，2012）在投资者非理性和管理者理性的假设下，建立了一个投资者非理性方法下的静态分析框架，分析了公司的投资、融资、股利、收购兼并、回购、多元化决策，既能够解释股权融资机制，又能够解释理性迎合机制。市场择时和迎合方法假定证券市场的套利是有限的，结果导致股价偏离基础价格，理性的管理者知道这种错误定价。管理者在平衡 3 个冲突的目标中做出融资和投资决策。管理者要考虑平衡的 3 个冲突目标：一是最大化基础价值；二是最大化当前股票价格，即迎合短线投资者情绪；三是通过市场择时（market timing）最大化长期股东利益，即在股票价格高估时发行股票，股票价格低估时回购股票。在不考虑税收、财务困境成本、代理问题和信息不对称条件下，管理者选择的投资和融资水平由下式给出：

$$\max_{i,e} \lambda \left[f(I, \cdot) - I + e\delta(\beta, \cdot) \right] + (1 + \lambda)\delta(\beta, \cdot) \qquad (2-1)$$

其中 $\lambda \epsilon [0, 1]$ 表示管理者眼光长远程度，$\lambda = 1$ 表示管理者只关心长期股东的利益，不关心短期错误定价的影响。该模型中假定 λ 是外生给定的，由管理者的个人特性、职业安全的关注和薪酬契约决定的。如果管理者计划发行股票或行使期权，或职业生涯的关注、公司控制权的争夺，这些因素都会引起管理者考虑降低 λ。因为，如果管理者不关心短期股价，公司会被收购或管理者被解聘。$\delta(\beta, \cdot)$ 表示错误定价程度，与投资者情绪和投资等因素有关，e 表示新增股权融资的股份数占总股本的比例。在这个市场择时和迎合的分析框架下，股票错误定价通过两种方式影响公司投资：一是投资本身容易被错误定价，投资者高估了投资项目所带来的现金流；二是融资约束公司在股价被低估时，可能放弃现金流为正的投资项目。

上述股权融资机制和迎合机制的文献没有考虑管理者和股东的利益冲突，博洛廷等人（2006）则在投机的股票市场背景下，构建了一个基于经理薪酬契约的多期代理模型。在这个模型里，投资者的异质信念引起股价偏离基础价值，同时假定管理者薪酬与近期股价和长期价值挂钩，管理者最大化自己的薪酬。模型结果表明，最优薪酬契约是管理者最大化短期股票价格，损害企业长期基础价值；投机的股票市场会诱使最大化自己薪酬的管理者做出投资过度的决策。格伦迪和李慧（Grundy and Hui Li, 2010）和夏冠军（2012）把经理薪酬契约纳入了投资者有限理性引起错误定价的分析框架 [德朗（Delong 等人，1990）]，构建了一个二期模型，并且分别用美国上市公司 1992—2005 年和中国上市公司的数据进行了实证检验，结果发现：如果管理者薪酬与股价相关，错误定价会通过影响管理者股权激励收入，从而间接影响公司投资。为了最大化自己从股权激励中得到的财富，管理者有动机选择过度投资迎合股市中的短线投机行为。而且不同形式的股权激励对企业投资决策的影响是不同的，股票期权激励对错误定价和公司投资的关系不产生影响，但是经理持股比例诱发经理利用股票市场的投机行为进行过度投资。

第二节　错误定价及其衡量方法

如何测量错误定价或投资者情绪，是行为公司金融实证研究中的难点。在经济主体理性、无套利均衡假设和有效市场假设下，证券价格完全反映了公司基本面，证券的横截面收益变动只取决于系统性风险。心理学实验表明，投资者的信念并不完全是正确的和同质的，所做出的选择也并非是完全理性的，同时套利是受限的。投资者的异质信念和套利限制能够导致证券价格被高估或低估（米勒，1977）。在经济主体有限理性假设下，投资者非理性、噪声交易者的存在和套利限制会导致股票价格偏离其真实价值（德朗等，1990）。学界将投资者对未来预期的系统性偏差称为投资者情绪（斯坦，1996；舍夫林，2007）。要想直接衡量投资者情绪十分困难，因此实证研究通常采用投资者非理性行为引起的股价偏离基本面的程度来衡量投资者情绪①。从现有文献来看，对错误定价的测度主要有如下方法。

第一种是早期研究主要研究企业投资与托宾 Q 值的关系，如费希尔和默顿（Fischer and Merton，1984）和巴罗（1990）的研究表明 Q 值对企业投资具有显著影响，而 Morck、施莱佛和维什尼（1990）和布兰恰德、拉伊和萨默（1993）发现 Q 对企业投资只有微弱影响。后来有学者从托宾 Q 值中分离出错误定价的部分。戈亚尔和山田（Goyal and Yamada，2004）在控制行业因素的前提下，分行业按年将托宾 Q 值对代表公司基本面的财务指标（主要采用净资产收益率、资产负债率、主营业务收入增长率等来衡量）进行回归，以回归得到的拟合值作为反映企业未来投资机会，回归后的残差衡量股价中包含的投资者非理性导致的错误定价部分。罗德·罗

---

① 学界把投资者有限理性引起的系统性偏差叫作投资者情绪、错误定价（stock mispricing，奇林科和沙勒，2007）、股价泡沫（Chirnko and Sehalle，2001）或资产价格震荡（戈亚尔和山田，2004）。

宾逊和维斯王娜森（Rhodes-Kropf，Robinson & Viswannathan，2005，以下简称 RKV 模型）提出了另一种分解托宾 Q 方法，将股票价格偏离基本面的部分直接分离出来①。

第二种是采用动量指标（Momentum）。贝克等人（2003）最早用公司将来实现的股票收益率（Future realized stock return）作为错误定价的代理变量。若将来实现的股票回报率低，则意味着目前股份高估，也说明投资者情绪高涨，反之亦然［法码（Fama，1998）、米切尔和斯塔福德（Mitchell and Stafford，2000）］。吴世农和汪强（2009）及花贵如、刘志远和许骞（2010）用过去 6 个月的累积收益作为投资者情绪或错误定价的代理变量。

第三种是用可操控性应计利润（Discretionary accruals）作为错误定价的代理变量。大量实证文献表明，操控性应计利润与未来股票回报率成反比，即具有相对较高操控性应计利润的公司其股票在未来将获得相对较低的回报率，反之亦然，说明这些具有较高操控性应计利润的公司股价被相对高估［斯隆（Sloan，1996）、谢（Xie，2001）、陈等人（Chan et al.，2006）］。

第四种是权益账面价值比市值比率（B/P）或累计剩余收入价值与权益市值比率（V/P）。巴尔贝里斯和黄（2001）发现 B/P 可以作为错误定价的代理变量去预测未来的超额收益。佛兰克尔和李（Frankel & Lee，1998）则发现 V/P 相比于 B/P 能够更好地预测未来的股票收益率。

第五种是用分析师盈利预测方差（吉尔克里斯特等人，2005）间接衡量错误定价程度。

纵观上述文献，随着人们越来越多地关注错误定价对公司决策的影响，如何正确刻画错误定价成为该领域研究的关键所在。基于各种理论及实证研究，现有文献已经寻求多种方法去衡量错误定价，但是无论用事前指标，还是用事后指标来度量错误定价或投资者情绪，目前仍然没有一种方法是完美无缺的（贝克、鲁拜克和沃格勒，2012）。

---

① 这个方法的推导过程与理论依据可参看罗德·罗宾逊和维斯王娜森（2005）及本书第三章第二节。

第三节　错误定价对公司资本配置效率的影响

如果证券市场是非有效的，错误定价可能导致投资不足或投资过度，或者错误配置资本和宏观层面经济的无谓损失，但是一定就会导致公司非效率投资吗？股票价格高估是鼓励了一些浪费项目的开工，还是有助于一些无法获得投资的好项目获得融资？施莱佛（2003）认为这是未来值得研究的 20 个行为金融理论问题之一，但是只有少部分文献研究了投资者情绪影响公司投资行为对资源配置效率带来的经济后果。斯坦（1996）从理论上证明了，短视的管理者会因为证券市场的非效率扭曲公司投资决策，从而造成资源配置低效率。贝克、斯坦和沃格勒（2003）认为，在错误定价影响公司投资行为的股权融资渠道下，由于股权依赖型公司对非基本面因素股价的波动更为敏感，因而其投资波动更大，但是并不能由此认为股权依赖型公司的投资效率比非股权依赖型公司的投资效率低。这是因为，如果考虑到融资约束和代理冲突，若代理问题导致公司非效率投资，非股权依赖型公司对股价反应不足，而股权依赖性公司对股价反应敏感，从而其投资效率反而更接近于最优投资水平。然而，他们只是在其文末提出了这种想法，并没有从理论逻辑和经验事实进行证明。

法尔希和帕累（Farhi & Panageas，2004）放松了无融资约束假设，建立了融资约束型公司投资行为的动态契约模型，发现错误定价一方面扭曲了投资决策，导致资源配置低效率；另一方面错误定价缓解了投资不足的问题，使得一些有效率的项目得以实施。这两种效应到底哪个占优，目前从理论上还不能提供一个明确的结论。因此，评估投资者非理性对资源配置的总体影响，实际上是一个经验研究问题。法尔希和帕累（2004）采用面板向量自回归模型对美国的上市公司进行了实证检验，结果发现投资者情绪冲击在长期导致了实际投资增加，总利润减少，因而错误定价更多的是导致资源配置低效率。

卡巴雷罗、法尔希和哈穆尔（Caballero，Farhi & Hammour，2006）建立了一个经济总量模型，发现投资性泡沫缓解了融资约束。法尔希和泰勒（Farhi & Tirole，2008）在世代交叠模型下分析了流动性和投资之间的关系，发现情绪的变化通过流动性（Liquidity Dry-ups）扩大了对投资的影响。杰曼和夸德瑞因（Jermann & Quadrini，2007）发现乐观情绪引起的资产泡沫缓解了融资约束从而提高了生产率。亨特利和夏勒（Huntley Schaller，2011）用差分法估计了投资者情绪的宏观经济后果，发现投资者情绪影响必要收益率（hurdle rate），低落的投资者情绪导致必要收益率提高了590个基点。当投资者情绪高涨时，缺乏投资机会的公司的必要收益率被错误地定价过低，从而导致这类公司出现过度投资，但是没有证据表明具有相对好投资机会的公司的必要收益率被错误定价；当投资者情绪低落时，具有相对好投资机会的公司的必要收益率被错误地定价过高，从而导致这类公司投资不足，但是同样没有证据表明缺乏好投资机会的公司的必要收益率被错误地定价过低。

蒂特曼、伟和谢（Titman，Wei & Xie，2004）发现高投资伴随着未来股票收益率低。但是投资伴随的股票低回报并不意味着投资事前是无效率的，因为投资者情绪与基本面是相关的。波尔克和萨皮恩泽尔（2009）在证明了错误定价影响公司投资的迎合渠道后，认为误定价之所以与投资正相关，是由于股票高估的公司会选择净现金流为负的投资项目，而股票低估的公司会放弃净现金流为正的投资项目，结果导致资源配置低效率。他们在控制投资机会等因素基础上，检验了股票回报率与投资的关系，发现过度投资（投资不足）的公司未来股票收益率低（高），而且这种关系与企业资产信息不对称程度、投资者短视程度和融资约束程度有关。企业资产越难以估价，投资者越短视，错误定价导致的资金配置效率就越低。

花贵如（2010）基于法尔希和帕累（2004）的研究思路，利用中国资本市场的经验数据发现，投资者情绪对公司过度投资具有显著的恶化效应，对投资不足有显著的校正效应；投资者情绪的冲击对公司当前和未来绩效表现为"正向影响—负向影响—逐渐消退"的过程。这意味着中国资本市场中投资者情绪对资源配置效率具有"恶化效应"与"校正效应"，其总效应表现为资源配置低效率，而且相对非政府控制的企业，政府控制的企业中这种恶化效应和校正效应相对较弱。

第四节　基于中国资本市场特有制度背景的文献评述

纵观"错误定价与公司投资"关系的文献可以看出，错误定价对公司投资行为影响的研究文献主要起源于斯坦（1996）提出的静态分析模型，贝克等人（2003）放松了融资约束假设，建立了错误定价影响公司投资行为的股权融资渠道假说，波尔克和萨皮恩泽尔（2009）建立了迎合机制分析框架。股权融资渠道和迎合渠道假说不能解释两种渠道同时起作用的经验事实，贝克和沃格勒（2008，2012）把市场择时和迎合方法纳入一个分析框架，建立了投资者有限理性分析框架。随后，许多学者在上述理论分析框架下进行了一系列实证研究，但是至今没有达成一致的看法。现有文献主要有4个发展趋势：一是2007年次贷危机以来，学术界开始关注投资者情绪通过金融中介机构（银行、风险投资公司）渠道影响公司投资行为（施莱佛和维什尼，2010）；二是把投资者和管理者非理性纳入同一个分析框架（花贵如，2010）；三是数理模型分析从静态模型转向动态模型（怀特，2010；博洛廷、陈和王，2011）；四是国内外一些研究关注到经济周期、货币政策和制度环境会影响微观企业资本配置行为。目前，还存在以下几个突出的问题值得进一步拓展研究[①]，也是本书尝试要解决的问题。

其一，沿着斯坦（1996）的理论分析框架采用的都是比较静态分析方法，用投资的托宾 Q 模型进行实证检验。投资的托宾 Q 模型存在固定公司效应和解释变量的内生性问题，但是大部分文献仍然采用的是 OLS 估计方法。贝克和怀特（2010）同时用 OLS 估计方法和 GMM 估计方法进行比较，发现 OLS 估计得到的参数估计值是一个有偏向的、非一致的估计量。最近的文献博洛廷、陈和王（2011，2012）建立了市场择时、投资和风险管理的动态分析框架。企业投资行为本质上是一个动态调整过程，投资的调整成本是投资的凸函数（Bond and Meghir，1994）。静态框架下的分析模型不能够反映企业投资行为的动态调整特征，投资托宾 Q 模型不能够对企业投资行为的动态调整提供结构解释。李捷瑜、王美今（2006）和黄伟彬（2008）建立了面板 VAR 模型，尝试利用动态调整模型和面板模型广义矩估计方法进行了研究。虽然 VAR 模型解决了解释变量的内生性问题，但是同时把所有变量都作为系统的内生变量，缺少控制变量，而且标准的 VAR 模型只考虑变量间的滞后影响，在没有限制条件下，不能够估计当期的影响。因此，论文在欧拉方程模型基础上建立了本

---

① 贝克和沃格勒（2008，2012）在《Forthcoming in Handbook of the Economics of Finance：Volume2》中的《Behavioral Corporate Finance：An upated Survey》文末对这方面的文献提出了研究展望。

书基准计量模型，解决可能存在的实证模型误设的问题，用 GMM 估计解决可能存在的变量的内生性问题。

其二，现有相关文献主要从微观公司层面的视角，在单个公司框架下进行的，用时间虚拟变量和固定公司效应虚拟来控制经济周期、宏观经济政策和个体效应对公司投资融资行为的影响，并且都假设公司间的投融资决策是彼此独立的。贝克和沃格勒（2008，2012）提出的市场择时和迎合理论分析框架只考虑了企业的投资和融资决策，没有考虑税收、财务困境、代理问题和信息不对称问题，显然存在很大的局限性。这是因为，市场竞争的存在会促使行业内的单个公司在制定财务决策时必须考虑其竞争对手的行为，公司的股利政策、投资决策、现金持有政策和再融资决策不是相互独立的，而是相互联系在一起的，利用市场择时机会为投资项目融资并不是企业融资的首要动因。黄伟彬（2008）利用面板 VAR 发现，在控制了企业固定效应和时间效应之后，错误定价和基本因素对投资的解释能力很差，他猜想这可能是因为中国上市公司的投资行为主要受到经理个人风格和国家宏观调控的影响，但是没有提供经验证据。国内外一些研究也关注到经济周期、货币政策等宏观经济政策对微观企业资本配置行为的影响[①]。本书在第五章把企业的投资、融资、现有持有（或风险管理）纳入了市场择时和迎合理论分析框架，在第八章研究了错误定价对公司投资行为的影响是否与宏观经济政策和宏观经济环境有关。

其三，现有的市场择时理论和迎合理论都以西方发达资本市场的制度安排为背景，但是不同国家的资本市场发育程度和制度背景之间存在巨大的差异，因此新兴加转轨的中国资本市场不一定存在这两个渠道发生作用的潜在条件。作为新兴加转轨背景的中国资本市场，其市场环境和制度背景完全不同于国外发达国家。主要表现在：第一，中国资本市场是政府主导发展起来的，具有相对较高的投机性和政策性，对股权融资的管制和再融资审批制度限制了公司管理者择机发行股票。中国上市公司普遍具有股权融资偏好，股票价格高低并不是企业进行股权融资的重要因素。第二，即使股权分置改革已经完成，中国上市公司的大部分股份仍然不能自由流通，对公司具有控制权的仍然是非流通股股东，非流通股东并不能从股价

---

① 姜国华和饶品贵（2011）在综述国内外文献基础上，提出了一个宏观经济政策与微观企业行为互动为基础的研究框架。

泡沫中获取利益。因此，理性管理者可能最大化大股东的利益，而不是迎合短线投资者利益。第三，在中国资本市场，如果管理者不迎合短线投资者，企业并不存在被二级市场收购兼并的威胁，而且中国并没有形成有效的职业经理人市场，这说明理性管理者通过投资迎合短线投资者的动机可能并不存在。因此，现有文献给出的股权融资渠道和迎合渠道可能解释不了中国上市公司的资本配置行为。李捷瑜、王美今（2006）和黄伟彬（2008）的研究发现，在流通股比例大的样本中，公司迎合短期投机者的需求，投机泡沫对真实投资有显著正影响。而流通股比例小的企业并不存在这种效应。既然如此，管理者为什么还要迎合短线投机者呢？到底是被投资者情绪感染的，还是与管理层的个性特征有关呢？第四，经理薪酬契约安排的制度背景存在差异，国有企业和民营企业的薪酬契约安排存在制度差异。本书在第五章和第七章把中国资本市场特殊制度因素所导致的市场摩擦纳入了市场择时理论与迎合理论分析框架。

其四，相关文献研究表明，错误定价对公司投资行为的影响与企业异质性特征有关。国外有文献研究了股市泡沫对企业研发投入和资本支出的影响是不相同的，为资本市场影响经济增长提供了新的证据。但是，国内相关文献主要研究了错误定价对企业资本支出的影响，鲜有文献研究错误定价对高新技术企业研发投入的影响。鉴于以上不足，本书在第六章手工查出了高新技术企业研发投入的数据，研究了错误定价对高新技术企业研发投入的影响。

第三章

错误定价的测度与分析

　　由于投资者情绪能够导致错误定价现象的发生，因此错误定价也被用来作为投资者情绪的代理变量。在行为公司金融的研究中，投资者情绪是指投资者基于对资产未来现金流和投资风险的认知和评估而形成的对资产未来价值的预期或信念，这一信念并不能够完全反映当前已有事实（贝克和沃格勒，2006）。也就是说，投资者情绪是一种主观信念，与投资者所拥有的经验知识，以及自身个性、知识、能力、偏好、社会情景和宏观经济因素等密切相关。因此，对于同一资产不同的人会有不同的主观预期或信念，即"情绪"。从已有的研究文献中可以看到，衡量投资者的情绪是一个难点，目前没有一种度量方法是完美的（贝克等人，2012）。学界用市场层面和企业微观层面指标来度量投资者情绪。从市场层面衡量投资者情绪的代理变量常见的有封闭式基金折价率、市场换手率、IPO 发行数量、IPO 首日超额收益率、封闭式基金发行数量和开放式基金发行的净赎回、消费者信心指数费希尔和斯塔特罗（Fisher and Statman，2000）、邱和韦尔奇（Qiu and Welch，2004），以及在上述指标基础上构建的投资者情绪指数（贝克和沃格勒，2006；易志高，2009）。

　　实际上，错误定价是一种在经济主体理性和有限理性环境下都能发生的现象。在经济主体非理性框架下，信息不对称导致股价偏离真实价值；噪声交易者的存在和套利限制可导致错误定价现象发生（德朗等，1990）。在经济主体理性假设下，投资者的异质信念和套利限制也能够导致发生错误定价现象（米勒，1977）。因此，本书使用错误定价概念，而不是投资者情绪概念。

　　尽管错误定价或股价泡沫的定义是很明确的，但是正如我们在第二章文献评述里提到的，度量错误定价的方法有很多，然而由于企业真实价值是不可能观测的，因此对错误定价的测度存在较大的争议。鉴于测度错误定价的困难和争议，错误定价代理变量的选取将对本书的研究结论产生重大影响，因此本书使用三个代理变量来测度错误定价。

第一个代理变量是个股当年累积异常收益率，这个代理变量的最初思想来自贝克、费利和沃格勒（2009），他们认为公司被错误定价只是一种短暂的现象，当错误定价被纠正后，被高估股票的收益率应当为负。贝克和怀特（2010）在此基础上进行了拓展，他们用累积异常收益率而不是个股累积收益率作为错误定价的代理变量，因为累积异常收益率考虑了不同公司风险的差异，因此比累积个股收益率更能够反映公司被错误定价的程度。在计算个股累积异常收益率时，我们把考虑红利的个股月度累积收益率和深成指累积月度收益率相加，得到考虑红利的个股月度累积收益率和深成指累积月度收益率，然后把考虑现金红利再投资的个股月度累积收益率减去深成指累积月度收益率。我们之所以没有用上证综合指数，主要普遍认为上证综合指数失真现象严重，而深成指近几年样本变化比较小。

第二个代理变量是用分解托宾 Q 方法（RKV 模型，2004；RKV 模型，2005）。

第三个代理变量是可操控性利润（波尔克和萨皮恩泽尔，2009）。我们之所以没有采用分析师盈利预测方差和分析师盈利预测与真实每股收益的差作为错误定价的代理变量，主要因为中国近几年才有这方面的数据，而且覆盖的样本公司比较少。如果采用这个指标，会导致观测样本大幅减少。我们也没有采用换手率作为错误定价的代理变量，这是因为投资者越短视的公司，股价越容易被错误定价（斯坦，1996）。然而，如果考虑到流动性大的股票比流动性小的股票更容易被纠正错误定价的话，换手率的解释就模棱两可（贝克和怀特，2010）。接下来的部分我们首先介绍了中国上市公司行业分类标准及样本的选择，然后详细介绍分解托宾 Q 方法和可操控性利润（DCCA）的计算过程及理论依据，最后我们对 3 种方法得到的错误定价代理变量分行业进行了描述性统计与分析。

第一节　中国上市公司的行业分类标准及样本选择

RKV 模型分解托宾 Q 方法和测度可操控性利润都需要对上市公司按行业特征进行分类回归，上市公司的行业分类必然会影响对错误定价的测度，从而对实证研究结果产生重大的影响。目前，世界上比较通用的几种行业划分标准主要有联合国国际标准行业分类、北美行业分类标准和摩根斯丹利全球行业分类等。国内和国外不同数据库根据北美标准行业分类SIC对企业行业分类的结果是有明显差异的，国内不同数据库对中国上市公司的行业分类有很多种标准。中国证券业监督管理委员会以国家统计局《国民经济行业分类与代码》为主要依据，借鉴联合国国际标准行业分类和北美行业分类，于2001年4月4日颁布了《上市公司行业分类指引》（以下简称《指引》）。相关研究表明，《指引》的总体分类效果比其他行业分类标准适合中国产业结构的现状。因此，本书采用中国证监会2001年4月颁布的《指引》作为行业分类标准。

《指引》将上市公司划分为3级分类，包括13个门类、91个大类和288个中类。资本市场作为国民经济的缩影，处于工业化初期后半阶段的中国经济中，制造业在中国上市公司中占主导地位。因此，中国证监会在制造业的门类和大类之间增设了9个辅助性分类。考虑到行业门类的划分过于宽泛[①]，因此我们对制造业进行了行业大分类。由于对企业进行去规模化处理，需要用到年初的总资产数据，而证监会行业分类从2001年才开始，因此我们把2002年至2010年的沪深两市所有上市公司作为初选样本。我们进一步对这些公司执行如下筛选程序：（1）按照一般文献的做法，剔除ST和PT类上市公司。（2）剔除离年度会计报表报告日上市时间不足1年的公司。剔除这些公司的原因是，本书需要用到上年财务指标以计算公司操纵性应计利润，而新上市公司由于上市融资，公司规模和股本结构发生较大变化，而这会引起操纵性应计利润计算的误差。（3）剔除金融保险行业的上市公司。由于金融保险行业公司运营不同于其他行业，而且投资与其他行业相比具有独特性，因此我们剔除金融保险行业公司样本。（4）剔除缺少营业收入、营业利润、经营活动现金流量、购买固定资产、长期资产和无形资产支付的现金和固定资产增加数等财务数据的公司[②]。（5）剔除运营行业特征不明显的综合类行业，以及样本数据太少的传播文化产业和社会服务业，经过上述程序，我们把中国上市公司分类到12个行业，各行业各年度的样本公司和年度观察值见表3-1。另外，由

---

① 例如，对于同属于制造业门类的金属非金属（C6）和医药、生物制品制造业（C8）两个行业大类，二者在面临市场结构、产品特性方面显然有很大的差异，继而影响其行业错误定价的差异。如果以行业门类为基准进行划分，这两个行业大类同属一个行业（门类）。

② 上述样本选择过程参考了张国清、夏立军和方轶强（2006）的方法。

于 2003 年财政部印发了《企业会计准则—资产负债表日后事项》的通知，固定资产增加数在财务报表附注详细披露。如果要计算 2002 年可操控性应计利润，就需要用到 2001 年的数据。因此，我们的样本区间为 2003—2010 年。本书研究中使用的公司财务指标、股票价格、行业分类、上市时间等数据均来自于 CSMAR 中国股票市场研究和中国上市公司财务报表数据库，数据处理使用 Stata 12.0 统计软件进行。

表 3-1 揭示了如下信息：第一，电煤水、批发零售业和农林牧行业在不同样本年份的观测值数目变化较小；第二，其他行业在不同样本年份的观测值数目均有所变化，但是不同行业变化的程度却有相当大的差异，这种差异应当主要与国家的产业支持政策有关。例如，房地产行业观测值从 2003 年的 107 到 2010 年的 141，尤其是从 2006 年开始，房地产企业数量大量增加，这主要是由于房地产热引发大量房地产企业上市或借壳上市。根据 2008 年科技部、财政部、国家税务总局联合制订的《国家重点支持的高新技术领域》，高新技术企业主要分布在生物与新医药技术、航空航天技术、电子信息技术、高技术服务业、新能源及节能技术、新材料技术、资源与环境技术和高新技术改造传统产业，这些产业主要分布在信息技术（行业代码 G）和制造业大类行业中的机器设备仪表（C7）、电子（C5）和医药生物制品（C8）子类行业中。因此，高新技术企业上市公司数量变化比较大，如信息行业则从 91 增加到 203，机械设备行业从 158 增加到 290。观测值随着年份的推移不断增加，在进行实证分析时，要小心自由度或观测信息的损失。

表 3-1　　　　　　　　　研究样本的年度及行业分布

年度 行业	2003	2004	2005	2006	2007	2008	2009	2010
采掘业	21	24	25	27	34	39	39	42
电煤水	53	59	61	62	62	63	64	66
房地产	107	111	109	115	118	124	134	141
交储	49	52	52	57	60	60	63	71
信息	91	100	101	112	136	148	159	203
批发零售	86	88	88	89	90	95	96	104
纺织服装	104	116	117	124	135	142	150	176
机械设备	158	173	174	182	204	219	231	290
金属非金属	91	97	98	107	117	122	125	147

续表

年度 行业	2003	2004	2005	2006	2007	2008	2009	2010
石油化学	105	113	113	121	130	145	146	179
医药	68	81	82	83	87	89	89	102
农林牧	17	22	23	25	25	27	30	34
观测数	950	1036	1043	1104	1198	1273	1326	1555

注：（1）行业按照证监会 2001 年颁布的分类标准，对制造业按照二级明细划分为小类，剔除运营不同于其他行业的金融保险业、行业特征不明显的综合类行业，以及样本数据太少的传播文化产业和社会服务业。（2）考虑到行业门类的划分过于宽泛，因此我们对制造业进行了行业大类划分。

第二节　基于分解托宾 Q 的错误定价

之所以要对托宾 Q 进行分解，这是因为我们能够观测到的托宾 Q 是平均 Q，而不是边际 Q。根据传统的托宾 Q 理论［托宾（Tobin，1969）、哈亚斯（Hayasi，1982）］，能够合理衡量投资机会的是边际 Q，而不是平均 Q。只有当生产函数方程和投资成本调整方程均是一阶齐次线性，并且股市是强式有效市场时，边际 Q 值才和可观测的平均 Q 值相关联，否则平均 Q 就不能作为未来投资机会的代理变量（哈亚斯，1982）。贝克、斯坦和沃格勒（2003）认为，可观测的平均 Q 包含 3 个部分的信息：错误定价（mispricing）、潜在投资机会和测量误差。RKV 模型（2005）认为，Q 包含公司层面错误定价、行业层面错误定价和未来成长机会 3 部分信息。

对中国经济实际情况而言，平均 Q 等于边际 Q 的条件无疑是不可能成立的。大量研究表明，中国股市尚未达到弱式有效市场的条件，中国资本市场的政策性和投机性使得我们可观测的托宾 Q 值包含有错误定价和未来成长机会，股票价格只能反映历史信息，不能反映现在的信息，更不用说具有前瞻性了。加上中国上市公司大量股份是不能流通的，非流通股份的市场价值难以衡量。尽管在许多经济金融数据库（如国泰安 CSMAR 数据库）和研究文献用每股净资产近似估算非流通股份的市场价值，但是仍然不可避免地引起托宾 Q 的测量误差[①]。连玉君和程建（2007）基于面板

---

① 关于托宾 Q 的测量误差可参见 Erickson 和 Whited（2000），国内托宾 Q 的测量偏误可参见连玉君等人（2007，2008）。

VAR 模型构造了一个新的衡量投资机会的指标——基准 Q，但是没有构造衡量错误定价部分的 Q，因此我们借鉴相关研究对托宾 Q 进行分解。

一　基于托宾 Q 值分解的理论基础

分解托宾 Q 得到错误定价主要有两种方法：一种是 Goyal & Yamada（2004）提出的，将每年的托宾 Q 对代表基本面的变量组（净资产收益率、资产负债率和销售收入等变量）进行回归，然后以回归得到的拟合值作为反映投资机会的部分，以残差作为公司错误定价的部分。这种方法缺乏严格的理论基础。另一种是 RKV（2005）提出的，这种方法有较严格的理论依据，因此下面我们借鉴 RKV 模型进行分解，具体过程如下。

以 M、V、B 分别代表公司市场价值，内在价值和账面价值（重置成本），将平均 Q 值分解成偏离基本面的市场错误定价部分和反映基本面的未来投资机会部分。具体如下：

$$Q = \frac{M}{B} \tag{3-1}$$

$$Q = \frac{M}{V} \times \frac{V}{B} \tag{3-2}$$

将式子两边取对数，则有：

$$\ln Q = (\ln M - \ln V) + (\ln V - \ln B) \tag{3-3}$$

企业市场价值、账面价值和内在价值的对数形式分别用 m、b 和 v 表示。式（3-3）变成：

$$m - b = (m - v) + (v - b) \tag{3-4}$$

其中，$m-b$ 为公司市场价值的自然对数与公司内在价值的自然对数之差，作为股价偏离基本面程度的代理变量；$v-b$ 为公司内在价值的自然对数与公司账面价值的自然对数之差，是公司未来成长机会的代理变量。显然，关键是要求出公司的内在价值 v。RKV 模型中 Q 值分解成 3 部分：公司层面的错误定价部分、行业层面的定价错误部分以及未来投资机会部分。把公司内在价值 v 表示成在某个时点公司会计信息和条件会计倍数的函数（vector of conditional accounting multiples），因此把式（3-4）变成：

$$m_{it} - b_{it} = \underbrace{m_{it} - v(\theta_{it}; \alpha_{jt})}_{firm} + \underbrace{v(\theta_{it}; \alpha_{jt}) - v(\theta_{it}; \alpha_j)}_{sector} + \underbrace{v(\theta_{it}; \alpha_j) - b_{it}}_{long-run}$$

上式中，i 代表公司，j 代表行业，t 代表时点。m_{it} 代表公司市场价值，b_{it} 表示账面价值，m_{it} 和 b_{it} 都是对数形式。$v(\theta_{it}; \alpha_{jt})$ 和 $v(\theta_{it}; \alpha_j)$ 的含义见

下文托宾 Q 的具体分解过程。$m_{it} - v(\theta_{it};\alpha_{jt})$ 表示公司层面的错误定价，如果市场在时期 t 热炒公司 i，这将在 α_{jt} 从而在 $v(\theta_{it};\alpha_{jt})$ 中体现出来；类似地，如果某个行业相对其他行业被市场热炒，这也将在 α_{jt} 中体现出来。这意味着公司层面的错误定价 $m_{it} - v(\theta_{it};\alpha_{jt})$ 反映了公司层面对基础价值的偏离（RKV，2005）。

二 RKV 模型分解托宾 Q 的具体过程

RKV 模型采用了 3 个模型分解 Q，具体估计过程如下。

第一步，将公司按行业分类，根据下式估计出各行业在各个时点时的参数：

$$m_{it} = \alpha_{0,jt} + \alpha_{1,jt}b_{it} + \alpha_{2,jt}\ln NI_{it}^+ + \alpha_{3,jt}I_{(<0)}\ln NI_{it}^+ + \alpha_{4,jt}Lev_{it} + \varepsilon_{it}$$

上式中，NI_{it} 为公司净利润，由于这里需要计算公司净利润的自然对数，因此当公司净利润小于零时就取其绝对值；$I_{(<0)}$ 则为净利润小于零时的符号标示，当公司净利润大于零时 $I_{(<0)} = 0$，当公司净利润小于零时 $I_{(<0)} = -1$；Lev_{it} 则为公司负债资产比；将各行业各个公司各个时点的相关数值代入，分别估计出各行业在各个时点时的 $\hat{\alpha}_{0,jt}$、$\hat{\alpha}_{1,jt}$、$\hat{\alpha}_{2,jt}$、$\hat{\alpha}_{3,jt}$ 和 $\hat{\alpha}_{4,jt}$ 参数值，得到：

$$v(\theta_{it};\hat{\alpha}_{jt}) = \hat{\alpha}_{0,jt} + \hat{\alpha}_{1,jt}b_{it} + \hat{\alpha}_{2,jt}\ln NI_{it}^+ + \hat{\alpha}_{3,jt}I_{(<0)}\ln NI_{it}^+ + \hat{\alpha}_{4,jt}Lev_{it}$$

第二步，估计各行业参数的均衡值。将 $\frac{1}{T}\sum \hat{\alpha}_{i,jt} = \bar{\alpha}_{i,j}, i = 0,1,2,3,$ 4 这些数值作为各行业参数的均衡值，得到：

$$v(\theta_{it};\bar{\alpha}_j) = \bar{\alpha}_{0j} + \bar{\alpha}_{1j}b_{it} + \bar{\alpha}_{2j}\ln NI_{it}^+ + \bar{\alpha}_{3j}I_{(<0)}\ln NI_{it}^+ + \bar{\alpha}_{4j}Lev_{it}$$

第三步，计算公司层面定价错误部分 $\underbrace{m_{it} - v(\theta_{it};\alpha_{jt})}_{firm}$，行业层面错误定价部分 $\underbrace{v(\theta_{it};\alpha_{jt}) - v(\theta_{it};\alpha_j)}_{sector}$，未来成长机会 $\underbrace{v(\theta_{it};\alpha_j) - b_{jt}}_{long-run}$。

表 3 - 2 给出了 12 个行业回归系数的平均值，调整的 R^2 系数在 80%—95% 之间，表明 RKV 模型得出的会计信息和财务杠杆能解释大部分市场价值的变化。

此处需要特别说明的是可观测到的托宾 Q 值计算包括不考虑税收调整和考虑税收调整两种衡量方法，而后者又包括考虑股利支付和不考虑股利支付两种计算方式（萨默，1981；法扎里、哈伯德和彼得森，1988，以下简称 FHP）。由于税收调整的托宾 Q 值计算涉及股息股利税率、投资赋税优惠率、资本利得税率等诸多参数，目前这些数据在中国是不可能获得的。另外，国际上通行计算资产重置成本的方法主要分为两大类：一类是遵循林登堡和罗斯（Lindenbgerg and Ross，1981）研究产业结构时采用的方法；另一类是遵循霍尔等人（Hall，Cummins，Laderman and Mundy，1988）方法。后者采用一个 5 年期的流动时期计算固定资产的平均使用年限、估计使用年限以及估计使用年限的均值，在此基础上推算固定资产重置成本。中国经济金融研究数据库和研究文献一般均是采用总资产来代替资产重置成本，用市场价值与总资产的比值来测度托宾 Q 值。另外，在中国也不可能获得税收调整的托宾 Q 值计算所需要的红利税率和投资赋税优惠率等数据①。限于中国数据的可获得性，本书遵循的是中国文献通行的做法。托宾 Q = 公司总市值/年初总资产，公司总市值 = 流通股股数 × 流通股年平均股价 + 非流通股股数 × 每股净资产 + 负债的账面值，该数据直接从国泰安数据库 CSMAR 获得。

表 3 - 2　　　　　　　　　　样本行业回归系数的平均值

系数＼行业	$\bar{\alpha}_{1j}$	$\bar{\alpha}_{2j}$	$\bar{\alpha}_{3j}$	$\bar{\alpha}_{4j}$	$\bar{\alpha}_{0j}$	调整的 R^2
采掘业	0.6888	0.1614	− 0.0096	1.4619	4.2103	0.9592
电煤水	0.7748	0.1014	0.0010	1.4632	3.2717	0.9574
房地产	0.6155	0.1346	0.0065	1.5777	5.9535	0.8852
交储	0.8321	0.0712	− 0.0038	1.5092	2.6447	0.9450
信息	0.6554	0.1530	0.0091	1.1327	5.0933	0.8873
批发零售	0.6807	0.1246	− 0.0016	1.3527	4.9167	0.8459
纺织服装	0.7165	0.1398	0.0048	1.3651	3.8877	0.8624
机械设备	0.6915	0.1307	0.0066	1.5601	4.5104	0.9010
金属非金属	0.7534	0.1058	0.0039	1.6098	3.5944	0.9550
石油化学	0.7196	0.1011	0.0010	1.1459	4.6129	0.8751
医药	0.6095	0.1829	0.0090	1.0600	5.5533	0.8394
农林牧	0.7367	0.1125	− 0.0032	1.1279	4.0770	0.8771

在本章第一节行业分类的基础上，我们利用 RKV 对托宾 Q 进行了分解，各行业分年度的描述性统计性如表 3 - 3 所示。

---

① 中国对投资股票没有征收资本利得税。

表3-3　　　　　RKV 模型分解 Q 得到的错误定价的描述性统计

年份	项目	采掘业	电煤水	房地产	交储	信息	批发零售
2003	均值	-0.447	-0.243	-0.305	-0.242	-0.308	-0.301
	中位数	-0.457	-0.253	-0.313	-0.241	-0.300	-0.337
	标准差	0.137	0.136	0.183	0.147	0.213	0.217
	样本数	17	51	98	43	77	83
2004	均值	-0.533	-0.330	-0.412	-0.296	-0.385	-0.387
	中位数	-0.525	-0.302	-0.419	-0.301	-0.408	-0.387
	标准差	0.120	0.140	0.166	0.187	0.202	0.182
	样本数	20	53	102	49	89	83
2005	均值	-0.628	-0.383	-0.440	-0.354	-0.454	-0.452
	中位数	-0.640	-0.406	-0.437	-0.370	-0.498	-0.474
	标准差	0.146	0.164	0.192	0.173	0.215	0.168
	样本数	24	58	105	50	97	85
2006	均值	-0.108	-0.117	0.022	0.017	-0.037	-0.015
	中位数	-0.171	-0.138	-0.056	-0.064	-0.097	-0.064
	标准差	0.438	0.224	0.367	0.293	0.322	0.336
	样本数	24	61	106	51	99	85
2007	均值	0.861	0.529	0.605	0.648	0.498	0.606
	中位数	0.795	0.471	0.533	0.587	0.460	0.624
	标准差	0.323	0.326	0.367	0.325	0.343	0.347
	样本数	26	62	109	57	108	86
2008	均值	-0.162	-0.049	-0.128	-0.147	-0.162	-0.091
	中位数	-0.154	-0.085	-0.135	-0.148	-0.187	-0.105
	标准差	0.380	0.255	0.278	0.220	0.329	0.302
	样本数	34	62	114	59	132	87
2009	均值	0.627	0.320	0.361	0.313	0.514	0.432
	中位数	0.594	0.240	0.322	0.261	0.450	0.400
	标准差	0.366	0.270	0.234	0.338	0.329	0.297
	样本数	39	63	119	61	144	92
2010	均值	0.587	0.294	0.211	0.143	0.605	0.398
	中位数	0.437	0.238	0.150	0.093	0.549	0.357
	标准差	0.434	0.283	0.309	0.323	0.401	0.323
	样本数	39	63	128	63	155	90

续表

年份	项目	纺织服装	机械设备	金属非金属	石油化学	医药	农林牧
2003	均值	− 0.327	− 0.330	− 0.276	− 0.297	− 0.385	− 0.429
	中位数	− 0.377	− 0.351	− 0.289	− 0.319	− 0.423	− 0.435
	标准差	0.239	0.173	0.127	0.164	0.211	0.138
	样本数	82	144	84	97	65	16
2004	均值	− 0.428	− 0.432	− 0.365	− 0.373	− 0.431	− 0.471
	中位数	− 0.461	− 0.447	− 0.367	− 0.359	− 0.445	− 0.381
	标准差	0.204	0.162	0.135	0.153	0.189	0.161
	样本数	89	155	89	101	67	16
2005	均值	− 0.470	− 0.467	− 0.394	− 0.449	− 0.524	− 0.548
	中位数	− 0.485	− 0.494	− 0.399	− 0.440	− 0.556	− 0.549
	标准差	0.203	0.150	0.140	0.175	0.186	0.110
	样本数	97	168	95	111	82	22
2006	均值	0.007	− 0.027	− 0.080	− 0.094	− 0.089	− 0.131
	中位数	− 0.096	− 0.089	− 0.142	− 0.169	− 0.161	− 0.153
	标准差	0.476	0.335	0.301	0.342	0.384	0.258
	样本数	99	171	96	111	82	23
2007	均值	0.591	0.575	0.581	0.596	0.622	0.573
	中位数	0.510	0.544	0.515	0.531	0.551	0.425
	标准差	0.445	0.400	0.356	0.382	0.397	0.404
	样本数	105	178	102	117	83	25
2008	均值	− 0.051	− 0.093	− 0.120	− 0.126	0.024	0.095
	中位数	− 0.098	− 0.144	− 0.138	− 0.162	− 0.014	0.029
	标准差	0.394	0.329	0.230	0.306	0.405	0.309
	样本数	112	200	114	127	87	26
2009	均值	0.509	0.464	0.419	0.489	0.566	0.540
	中位数	0.457	0.428	0.374	0.408	0.501	0.514
	标准差	0.375	0.306	0.291	0.320	0.372	0.248
	样本数	114	216	116	141	85	27
2010	均值	0.537	0.483	0.387	0.475	0.645	0.633
	中位数	0.469	0.458	0.351	0.381	0.616	0.568
	标准差	0.454	0.361	0.323	0.388	0.371	0.367
	样本数	120	226	122	143	88	29

第三节　可操控应计利润的测度

大量研究表明，操控性应计利润与未来股票回报率成反比，即具有相对较高操控性应计利润的公司其股票在未来将获得相对较低的回报率，反之亦然，说明这些具有较高操控性应计利润的公司股价被相对高估［斯隆（1996）、侯和洛克伦（Houge & Loughran，2000）、（Hribar，2000）、（Toeh et al.，1998a，1998b）、谢（2001）、陈等人（2006）］。基于上述实证结果，一些文献开始以操控性应计利润作为错误定价的代理变量（陈等人，2007；波尔克和萨皮恩泽尔，2009；格伦迪和李，2010）。

相关的可操控性应计利润分离模型很多，一些学者通过对美国市场和中国市场的盈余管理计量模型的检验发现，基于行业分类的横截面修正的 Jones 模型能够较好地估计可操纵性应计利润德［肖等人（Dechow 等，1995）、巴托夫（Bartov 等，2001）、夏立军（2003）］等。另外，一些文献研究表明，在修正的 Jones 模型加入 ROA 能够更好地估计可操纵性应计利润［科塔里（Kothari 等，2005）；肯等人（Ken 等人，2007）］。因此，参照中国大多数学者（章卫东，2010；苏冬蔚、林大宠，2010）的做法，我们采用基于行业分类的横截面修正应计利润 Jones 分离模型，将总应计利润区分为可操控性应计利润（Discretionary accruals，简写为 DACC）和非操控性应计利润（Nondiscretionary accruals，简写为 NDAC），以可操控性应计利润来衡量公司股票价格错误定价程度。其中，非操控性应计利润是企业正常的应计利润，而可操控性应计利润则是企业出于某种动机而进行的盈余管理。其具体的估计过程如下。

1. 计算全部应计利润（Total accruals，TA）

$$TA_{i,t} = NI_{i,t} - CFO_{i,t} \qquad (3-5)$$

其中，$TA_{i,t}$ 为样本 i 在 t 期线下项目前的全部应计利润；$NI_{i,t}$ 为 i 公司第 t 年的净利润；$CFO_{i,t}$ 为 i 公司第 t 年的经营活动产生的现金净流量。所有变量都除以 t 年年初总资产进行标准化处理，以消除公司规模差异造成的影响。

2. 估计行业特征参数

根据加入业绩的修正 Jones 应计利润分离模型，使用同年度同行业所有上市公司的数据，对年度 t 公司 i 的总应计利润进行回归分析：

$$\frac{TA_{i,t}}{A_{i,t-1}} = b_0 + b_1 \frac{1}{A_{i,t-1}} + b_2 \frac{\Delta REV_{i,t} - \Delta REC_{i,t}}{A_{i,t-1}}$$

$$+ b_3 \frac{PPE_{i,t}}{A_{i,t-1}} + b_4 ROA_{i,t-1} + \zeta_{i,t} \qquad (3-6)$$

其中，$\Delta REV_{i,t}$ 表示 i 公司第 t 年的营业收入增加额，用以解释公司经营业绩的变化对总应计利润的影响；$\Delta REC_{i,t}$ 表示 i 公司第 t 年的应收账款增加额；$PPE_{i,t}$ 表示 i 公司第 t 年年末的固定资产，用来表示公司的资产规模；$ROA_{i,t-1}$ 表示公司在前期的资产收益率；$A_{i,t-1}$ 是企业在当期期初的总资产，各变量用期初总资产去进行规模化处理。b_1、b_2、b_3、b_4 为按年份行业进行回归的行业特征参数。$\zeta_{i,t}$ 是残差项。

3. 计算非操控性应计利润（Non-discretionary accruals，NDA）

把公式（2）中使用行业截面数据回归分析得到的系数估计值 b_0，b_1、b_2、b_3、b_4 代入下面公式可得到非操控性应计利润：

$$NDA_{i,t} = \beta_0 + \beta_1 \frac{1}{A_{i,t-1}} + \beta_2 \frac{\Delta REV_{i,t} - \Delta REC_{i,t}}{A_{i,t-1}}$$

$$+ \beta_3 \frac{PPE_{i,t}}{A_{i,t-1}} + \beta_4 ROA_{i,t-1}$$

其中：$NDA_{i,t}$ 表示公司 i 在当年用期初总资产进行规模化处理得到的非可操控性应计利润。β_0、β_1、β_2、β_3 和 β_4 分别是参数 b_0、b_1、b_2、b_3 和 b_4 的估计值。

4. 计算可操控性应计利润（Discretionary accruals，DACC）

用总应计利润减去非可操纵性应计利润，可得到可操纵性应计利润

$$DACC_{i,t} = TA_{i,t} - NDAC_{i,t}$$

在分析过程中，使用本章第一节行业分类标准对样本公司所在行业上市企业的截面数据对式（3-6）用 OLS 估计法进行回归，得到回归方程的各估计系数，估计过程从 2003—2010 年每年进行一次。

在本章第一节行业分类的基础上，我们根据上述步骤对 DACC 进行了测算，各行业分年度的描述性统计性如表 3-4 所示。

表 3 - 4   可操控利润 DACC 的描述性统计

年份	项目	采掘业	电煤水	房地产	交储	信息	批发零售
2003	均值	-0.034	0.001	0.057	0.009	0.012	0.012
	中位数	-0.034	0.012	0.039	0.013	0.006	-0.002
	标准差	0.060	0.073	0.152	0.057	0.072	0.096
	样本数	17	51	98	43	77	83
2004	均值	-0.008	0.018	0.015	0.008	0.003	-0.022
	中位数	0.003	0.008	0.013	0.007	0.013	0.000
	标准差	0.105	0.062	0.147	0.063	0.074	0.106
	样本数	20	53	102	49	89	83
2005	均值	0.000	-0.003	0.015	-0.001	-0.019	-0.007
	中位数	0.002	0.004	-0.009	-0.001	-0.020	-0.012
	标准差	0.094	0.058	0.140	0.064	0.076	0.082
	样本数	24	58	105	50	97	85
2006	均值	0.010	-0.001	0.036	-0.006	0.006	0.001
	中位数	0.000	0.003	0.001	0.005	0.000	-0.007
	标准差	0.097	0.047	0.147	0.069	0.071	0.090
	样本数	24	61	106	51	99	85
2007	均值	-0.003	0.009	0.025	0.025	0.010	0.012
	中位数	-0.005	0.001	0.027	0.015	0.016	-0.006
	标准差	0.103	0.062	0.180	0.074	0.085	0.117
	样本数	26	62	109	57	108	86
2008	均值	0.004	-0.022	0.047	-0.002	-0.018	-0.008
	中位数	0.016	-0.019	0.030	0.004	-0.014	-0.023
	标准差	0.116	0.087	0.144	0.062	0.068	0.090
	样本数	34	62	114	59	132	87
2009	均值	-0.038	-0.009	-0.065	0.007	-0.015	-0.017
	中位数	-0.022	-0.004	-0.061	0.011	-0.012	-0.012
	标准差	0.109	0.066	0.137	0.046	0.085	0.101
	样本数	39	63	119	61	144	92
2010	均值	0.005	0.005	0.033	0.005	0.009	0.021
	中位数	0.011	0.007	0.021	0.002	0.008	0.001
	标准差	0.071	0.065	0.146	0.064	0.080	0.126
	样本数	39	63	128	63	155	90

续表

年份	项目	纺织服装	机械设备	金属非金属	石油化学	医药	农林牧
2003	均值	0.004	0.002	0.007	0.008	0.003	− 0.009
	中位数	0.000	0.011	0.007	0.001	0.003	− 0.021
	标准差	0.088	0.085	0.067	0.071	0.051	0.088
	样本数	82	144	84	97	65	16
2004	均值	− 0.016	− 0.006	0.015	0.000	0.002	− 0.006
	中位数	− 0.015	0.001	0.016	0.003	− 0.002	0.007
	标准差	0.093	0.088	0.075	0.080	0.048	0.081
	样本数	89	155	89	101	67	16
2005	均值	− 0.001	− 0.008	− 0.010	− 0.017	− 0.003	− 0.018
	中位数	− 0.007	− 0.008	− 0.013	− 0.015	− 0.006	− 0.014
	标准差	0.078	0.076	0.071	0.066	0.058	0.046
	样本数	97	168	95	111	82	22
2006	均值	0.012	0.003	0.011	− 0.011	− 0.006	− 0.007
	中位数	0.009	0.008	− 0.001	− 0.013	− 0.008	− 0.009
	标准差	0.077	0.076	0.094	0.068	0.052	0.065
	样本数	99	171	96	111	82	23
2007	均值	0.024	0.041	0.031	0.021	0.016	0.024
	中位数	0.009	0.027	0.020	0.012	0.002	0.008
	标准差	0.111	0.100	0.100	0.097	0.082	0.087
	样本数	105	178	102	117	83	25
2008	均值	− 0.025	0.003	− 0.035	− 0.034	− 0.019	− 0.027
	中位数	− 0.027	0.001	− 0.029	− 0.030	− 0.013	− 0.044
	标准差	0.087	0.091	0.088	0.091	0.069	0.117
	样本数	112	200	114	127	87	26
2009	均值	0.001	− 0.005	0.019	0.004	− 0.017	− 0.038
	中位数	− 0.008	0.002	0.011	− 0.003	− 0.014	− 0.044
	标准差	0.106	0.103	0.086	0.094	0.086	0.093
	样本数	114	216	116	141	85	27
2010	均值	0.027	0.019	0.042	0.014	0.009	0.031
	中位数	0.011	0.016	0.027	0.010	− 0.002	0.001
	标准差	0.099	0.077	0.091	0.078	0.082	0.107
	样本数	120	226	122	143	88	29

第四节　本章小结

由于公司真实值是观测不到的，因此学界对于如何度量错误定价存在较大的争议。鉴于测度错误定价的困难和争议，选取的错误定价代理变量不同，得到的研究结论可能存在较大的差异。为了要证实研究结论的稳健性，我们用3种方法来测度错误定价，分别用个股累积异常收益率、分解托宾Q和可操控利润作为错误定价的代理变量。

由于第二个和第三个错误定价代理变量的测度与行业分类有关，因此本章第一节介绍了中国上市公司行业分类标准及样本的选择，本章按照中国证监会2001年行业分类标准对上市公司进行分类，并且详细说明了样本选择过程。在第二节，详细介绍了RKV模型分解托宾Q的理论依据和计算过程，把从托宾Q中分解的错误定价部分作为错误定价的代理变量，并且分年度分行业进行了描述性统计。在第三节，详细介绍了可操控性应计利润的计算过程，并且分年分行业进行了描述性统计。

第四章

公司投资行为与金融摩擦
的理论模型*

新古典资本需求理论认为，资本边际收益等于资本边际成本时，公司资本投资达到最优，但是新古典投资理论没有考虑金融摩擦（financial factor，或融资摩擦）对公司投资行为的影响。在现实世界中，由于资金需求者和资金供给者普遍存在信息不对称，因此不同企业受到的融资约束对投资的影响是不相同的，不同的金融体系对公司投资的影响也存在差异。大量文献放松完美资本市场假设，研究了公司所有权结构、公司治理机制和金融体系对公司投资行为的影响，梅耶（Mayer，1988，1990）、爱德华兹和费希尔（Edwards and Fishcher，1994）、邦德等人（Bond et al.，2003）的研究表明，融资约束对企业投资行为的影响程度与一个国家的金融体系有关。本书构建的实证模型主要基于公司投资行为与金融摩擦的理论模型，这类模型在微观企业投资行为的实证研究中得到广泛运用。因此，本章第一节对公司投资行为与金融摩擦的理论模型进行了介绍，然后基于这些理论模型构建了本书的基础实证模型，并且在第二节对本书使用的估计方法进行了详细的说明。

第一节　公司投资行为与金融摩擦的理论模型

金融摩擦对企业投资行为影响的理论模型主要有 4 种，即托宾 Q 模型[1]［托宾（1969）、哈亚西（1982）、阿贝尔和艾伯利（Abel and Eber-

---

　　*　本章部分内容曾经分别发表在《投资研究》2012 年第 3 期和《财经研究》2012 年第 6 期。

　　①　Tobin（1969）最早提出了在资本市场用托宾 Q 来测量企业的投资动力；Hayashi（1982）提出了平均 Q 等于边际 Q 的条件；Abel and Eberly（1994）在新古典框架下建立了投资的 Q 理论；FHP（1988）应用托宾 Q 模型研究了公司融资约束的问题。

ly, 1994)]、销售加速模型［布兰查德（Blanchard, 1986）］、误差修正模型[1]［比恩（Bean, 1981）、霍尔等人（Hall et al., 1999）］和投资欧拉方程模型[2]（阿贝尔, 1980；邦德等人, 2003）。

一　投资的托宾 Q 模型

托宾 Q 模型最早由托宾（1969）提出，哈亚西（1982）把托宾 Q 引进了投资模型，把金融因素（或融资因素，如现金流）加入了托宾 Q 模型以检验资本市场的不完美性。如果不存在金融摩擦，投资只取决于边际 Q。在信息充分，没有融资约束的情况下，哈亚西（1982）考虑税收和举债情况下的托宾 Q 模型为：

$$\frac{I_{it'}}{K_{i,t-1}} = \alpha_0 + \alpha_1 Q_{it} + \varepsilon_{it}$$

这里的托宾 Q 值被用来作为衡量公司业绩表现或公司成长性，代表资本的边际收益。如果考虑存在融资约束，即外部融资成本高于内部现金流的使用成本，企业投资将受到内部现金流的影响。FHP（1988）把公司利润的现金流变量添加到托宾 Q 模型中来检验融资约束的程度，投资的托宾 Q 模型变成：

$$\frac{I_{it'}}{K_{i,t-1}} = \alpha_0 + \alpha_1 Q_{it} + \alpha_2 \frac{CF_{i,t}}{K_{i,t-1}} + \varepsilon_{it}$$

学界用投资对现金流量的敏感性来检验企业投资是否存在融资约束。卡普兰和津加莱斯（以下简称 KZ, 1997）最先提出了质疑，他们将 FHP（1988）样本中融资约束最严重的 49 家公司进一步划分为 3 个子样本组，但是却得到了与 FHP（1988）完全相反的结果：融资约束轻的公司反而表现出更为强烈的现金流敏感性。这一结果得到了克利里（Cleary, 1999）基于大样本的实证支持。克利里指出，融资约束并非导致投资现金流敏感性的唯一原因。托宾 Q 的测量误差也可以导致投资对企业现金流敏感（埃里克森和怀特, 2000）。即使不存在市场摩擦，也可以出现投资对企业现金流敏感，因为现金流可能是企业成长机会的一个代理变量戈梅斯（Gomes, 2001）。沿着 FHP（1988）的融资约束文献主要从资金需求方研

---

[1]　比恩（1981）最早用误差修正模型研究企业投资行为。

[2]　邦德等人（1994）以及哈伊德等人（1995）等把这个模型用于了对融资约束的考察。

究了企业面临的融资约束，即假设企业面临的融资环境是不变的。但是，实际上从资金供给方来看，企业面临的融资环境是不断变化的（贝克，2009）。博尔顿、陈和王（以下简称 BCW，2011）考虑了企业面临的融资环境是随机的，建立了一个市场择时、公司投资和风险管理的动态模型，模型结果表明，如果考虑到融资条件是不断变化的，基于比较静态分析的融资约束模型，如 FHP（1988）和 KZ（1997）模型，不能解释市场择时对公司投资行为的影响，因为静态模型不能反映外生的外部融资成本和公司现金持有的变化对公司投资的影响。当企业面临一个融资"机会窗口"时①，市场择时效应才会出现，而且这种效应与企业的谨慎持有现金动机和投资决策相互作用。

二　投资的销售加速模型和误差修正模型

投资的销售加速模型假定不存在调整成本、合意的资本存量能够被表示为产出和资本成本的对数线性函数。即：

$$\frac{I_{it'}}{K_{i,t-1}} = \delta_i + \Delta y_{it} - \sigma \Delta j_{it} \qquad (4-1)$$

式中，I 表示投资，K 表示资本存量，δ_i 是 i 公司的折旧率，用 k_{it} 表示 i 公司在 t 期的合意资本存量，y_{it} 表示产出，j_{it} 表示资本的实际使用成本，小写字母都表示用对数形式。为了解释实际资本存量对合意资本存量的缓慢调整，邦德等人（2003）用时间虚拟变量和个体效应来控制资本使用成本的变化，把当期和滞后一期的自由现金流量加入（4-1）式，以反映融资约束对投资的影响，建立了（4-2）式的销售加速的动态回归模型。式（4-2）中，d_{t+1} 是时间虚拟变量，η_i 是个体效应，$v_{i,t+1}$ 是白噪声。尽管企业内部现金流量能够反映融资约束对投资的影响，但是当投资存在调整成本时，当期投资不只取决于当期合意资本存量的变化，而且取决于预期合意资本存量的变化。因此，现金流系数为正并不表示内部现金流对企业投资有着重要影响，即投资与现金流之间的正相关关系并不表示投资受到融资约束的影响，而是有可能反映企业未来具有更高的盈利能

---

① 融资约束下的动态投资模型文献，比如，Gomes（2001），Hennessy and Whited（2005，2007）和 Riddick and Whited（2009），都假定融资条件不随时变的，而 BCW（2011）模型假定融资条件是一个随机过程。

力。因此，投资的销售加速模型没有将融资约束与未来成长预期对公司投资的影响区别开来。

$$\left(\frac{I}{K}\right)_{i,t+1} = \beta_1 \left(\frac{I}{K}\right)_{i,t} - \beta_2 \left(\frac{I}{K}\right)_{i,t}^2 - \beta_3 \left(\frac{\Pi}{K}\right)_{i,t}$$

$$+ \beta_4 \left(\frac{Y}{K}\right)_{i,t} + d_{t+1} + \eta_i + \upsilon_{i,t+1} \qquad (4-2)$$

与（4-1）式不同，投资的误差修正模型（An error correction specification）不是通过一阶差分的方法求出合意资本存量，而是省略了资本使用成本项，这样就保留了产出和资本存量的信息。假设不存在调整成本，合意资本存量可以表示为产出和资本成本的对数线性函数。由此可得到合意资本存量：

$$k_{it} = a_i + y_{it} - \sigma j_{it} \qquad (4-3)$$

如果考虑调整成本①，并且把融资因素（如现金流量）对投资的影响加入方程，用 $\Delta k_{it} \approx I_{it}/K_{i,t-1} - \delta_i$ 近似表示投资率，经过一系列变换，误差修正模型的一般形式如下②：

$$\frac{I_{it}}{K_{i,t-1}} = \rho\left(\frac{I_{i,t-1}}{K_{i,t-2}}\right) + \beta_0 \Delta y_{it} + \beta_1 \Delta y_{i,t-1} + \Phi(k_{i,t-2} - y_{i,t-2}) + \pi_0 \frac{CF_{i,t-1}}{K_{i,t-2}}$$

$$+ \pi_1 \frac{CF_{it}}{K_{i,t-1}} + d_t + \eta_i + \upsilon_{it} \qquad (4-4)$$

式（4-4）中，"误差修正"项 $\Phi(k_{i,t-2} - y_{i,t-2})$ 反映的是预期而不是融资约束对投资的影响。如果资本存量低于合意资本存量，即反映了未来有较好的投资机会，反之，则意味着未来缺乏投资机会。这个模型的其他融资变量反映的是预期因素对投资的影响，而不是融资约束对投资的影响。投资现金流敏感性可能反映了融资约束对投资的影响，但是即使不存在融资约束，投资现金流也可能表现出敏感性（邦德等人，2003）。

三　投资的欧拉方程模型

在静态要素需求模型中，尽管投资的误差修正模型被作为检验最优资本存量一阶条件的经验方程，但是在调整成本函数是投资的严格凸函数条

---

① 大量文献研究了投资的调整成本对企业投资行为的影响，卡巴莱罗（1999）对这方面的文献做了一个权威的研究综述。

② 推导过程参见邦德等人（2003）。

件下，欧拉方程是一阶条件的一般经验简化模型。欧拉投资模型是基于股东或经理最大化企业价值过程中动态最优化的一阶条件，控制了预期因素对投资决策的影响，以及融资变量对将来利润预期的影响，避免了销售加速度模型和误差修正模型的缺陷（邦德等人，1994）。欧拉方程模型由阿贝尔（1980）首先提出，然后由哈伯德和卡什雅普（Hubbard and Kashyap，1992）、怀特（1992）、邦德等人（1994）和哈伯德、卡什雅普和怀特（1995）进行了拓展，并且广泛用于投资实证方面的研究。

欧拉方程实际上考虑的投资的跨期决策问题，研究当期投资和前期投资以及资本边际报酬率之间的关系。这种方法强调以下两点：其一，在投资存在调整成本下，投资决策过程是动态最优化过程；其二，控制了所有预期因素对企业投资行为的影响。欧拉方程基本推导过程如下[①]：假设企业最大化当期和未来净现金流现值，L_{it} 表示内部投入要素，w_{it} 表示投入要素的价格，p_{it}^l 投资商品的价格，p_{it} 是产出的价格，β_{t+j}^t 表示第 t 期到 $t+j$ 期的名义贴现率，δ 是折旧率，$F(K_{it}, L_{it})$ 表示调整成本的产量函数，$G(L_{it}, K_{it})$ 是调整成本函数，企业最优化决策如下：

$$\max E_t\left[\sum_{j=0}^{\infty} \beta_{t+j}^t R(K_{i,t+j}, L_{i,t+j}, I_{i,t+j})\right] \qquad (4-5)$$
$$\text{s. t. } K_{it} = (1-\delta)K_{i,t-1} + I_{it}$$

（4-5）式中 $R_{it} = p_{it}F(K_{it}, L_{it}) - p_{it}G(I_{it}, K_{it}) - w_{it}L_{it} - p_{it}'I_{it}$，最优化一阶条件是：

$$-\left(\frac{\partial R}{\partial I}\right)_{it} = -(1-\delta)\beta_{t+1}^t E_t\left(\frac{\partial R}{\partial I}\right)_{i,t+1} + \left(\frac{\partial R}{\partial K}\right)_{it} \qquad (4-6)$$

假定市场是竞争性市场，$F(K_{it}, L_{it})$ 是规模收益不变的生产函数。因此，$G(I_{it}, K_{it}) = \frac{b}{2}\left[\left(\frac{I}{K}\right)_{it} - c\right]^2 K_{it}$，（4-6）式变成：

$$\left(\frac{I}{K}\right)_{it} - \alpha_1\left(\frac{I}{K}\right)_{it}^2 = \alpha_2 E_t\left(\frac{I}{K}\right)_{i,t+1} + \alpha_3\left[\left(\frac{\Pi}{K}\right)_{it} - J_{it}\right] + \alpha_0 \qquad (4-7)$$

（4-7）式中，$\Pi_{it} = p_{it}F(K_{it}, L_{it}) - p_{it}G(I_{it}, K_{it}) - w_{it}L_{it}$ 表示销售收入，J_{it} 是资本的实际使用成本。在经验研究中，投资的欧拉方程模型如下：

$$\left(\frac{I}{K}\right)_{i,t+1} = \beta_1\left(\frac{I}{K}\right)_{it} - \beta_2\left(\frac{I}{K}\right)_{it}^2 - \beta_3\left(\frac{\Pi}{K}\right)_{it} + \beta_4\left(\frac{Y}{K}\right)_{it} + d_{t+1} + \eta_i + v_{i,t+1}$$

$$(4-8)$$

---

① 详细推导过程请参考 Bond and Mgehir（1994）和 Bond et al.，（2003）。

与误差修正模型不同，在存在投资调整成本的情况下，欧拉方程模型结构控制了金融变量对未来利润预期的影响。不存在融资约束的假设下，$\beta_1 \geq 1, \beta_2 \geq 1, \beta_3 > 0$，并且在生产函数是规模收益时，$\beta_4 \geq 0$。如果考虑到融资约束，由于投资与现金流量和利润正相关，而销售收入与现金流量是高度相关的，因此 β_3 不会小于 0。另外，这个模型还可以用来检验内部留存收益与外部融资间的差距格尔根和伦内布格（Goergen 和 Renneboog，2001）。这样，融资约束企业因为面临较高的外部融资成本而不得不依赖于低成本的内部资金这一问题将可以得到检验，同时也可以避免线性回归模型中可能存在的投资对现金流量过度反映的问题（郭丽虹、马文杰，2009）。

第二节　实证模型构建及估计方法

刻画金融因素影响公司投资行为的实证模型中应用最为广泛的模型是托宾 Q 模型和欧拉方程模型。尽管投资的托宾 Q 模型存在不少争论，但是投资者有限理性框架下的实证研究文献都是用投资的托宾 Q 模型来检验投资者情绪（或错误定价）对公司投资行为的影响。这方面的文献都隐含假定管理者最大化股东利益，采用的实证模型都是将公司投资表示为现金流、错误定价和托宾 Q 值的线性表达式，用托宾 Q 控制潜在投资机会对公司投资的影响（如贝克等人，2003；波尔克和萨皮恩泽尔，2009等）。格伦迪和李慧（2010）放松了管理者最大化股东利益的假设，把非金融因素加入了投资的托宾 Q 方程，考虑了经理股权激励机制对投资者情绪和公司投资行为可能产生的影响。然而，在一般的调整成本模型下，托宾 Q 模型没有一个结构解释，也不能刻画企业投资行为的动态调整过程。而且中国资本市场是一个非完美市场，使用托宾 Q 模型可能存在模型误设。因此，我们采用第一节（4 - 8）式的投资欧拉方程模型作为本书建立计量模型的基础[①]，其基本形式如下：

$$y_{it} = \alpha_i \sum_{m=1}^{p} y_{i,t-m} + \rho y_{i,t-1}^2 + \beta_i X_{it} + \xi_{it}$$
$$\xi_{it} = f_i + \varepsilon_{it}$$

$$(4 - 9)$$

---

① 关于投资欧拉方程存在的一些问题可参见 S. Oliner, G. Rudebusch and D. Sichel（1995）。

　　其中 $i = 1$，……，N 表示公司数量，t 表示时间，y_{it} 为公司 i 在 t 时刻的观察值，X_{it} 为 k 维自变量，α_i 为滞后因变量的估计参数，$\varepsilon_{it} \sim N(0, \sigma_\varepsilon^2)$，$\beta_i$ 为因变量向量 X_{it} 的估计参数，ξ_{it} 为残差，包括以下两部分：f_i 为不可观察的不随时变的个体效应，ε_{it} 是其他异质性冲击，同时做如下假设：X_{it} 为不是严格外生变量，即 $E(X_{it}\zeta_{it}) \neq 0, t \geq s$；不可观测的不随时变的固定效应 f_i 和异质性冲击 ε_{it} 正交，$E(f_i) = E(\varepsilon_{it}) = E(f_i\varepsilon_{it}) = 0$，$\varepsilon_{it} \sim N(0, \sigma_\varepsilon^2)$。

　　模型（4-9）是动态面板数据模型，模型估计的基本条件为各解释变量必须与误差项的过去、现在和未来值均不相关。对于面板数据的处理，根据对模型参数的不同设定，有固定效应模型（FE）、随机效应模型（RE）、Pooled OLS 和 GMM 估计方法可以使用。由于方程（4-9）右边未观测到的个体效应 f_i 很可能与解释变量相关，因而对于方程（4-9）的 Pooled OLS 估计通常存在省略变量偏误。当未观测到的个体效应 f_i 不随时间发生变化时，可以将所有变量进行组内去均值处理以消除固定效应的影响，即采取固定效应模型（FE）方法处理面板数据。当未观测到的个体效应 f_i 不与其他解释变量相关时，使用随机效应模型（RE）估计可以得到更为有效的估计结果。但是当 f_i 与其他解释变量相关时，固定效应模型则更为适用，可以得到一致的估计结果。Wald 检验、Hausman 检验可以在统计意义上提供判断的依据。然而，对于动态面板模型，固定效应模型（FE）Pooled OLS 和随机效应模型（RE）估计得到的估计量可能是有偏颇的。这是因为，动态面板模型把被解释变量的滞后项作为解释变量，引起因变量滞后项与不随时间变化的个体效应 f_i 相关，进而与异质残差性 ε_{it} 相关，并且这种相关性并不随截面样本数量的增加而减少。其次，公司投资行为还会受到各种制度性因素（如宏观经济政策、公司治理结构）和经济周期的影响，而这些制度性因素通常因为难以完全控制而被包含在不可观测的固定效应和误差项中，从而使得解释变量与误差项相关。最后，本书用分解托宾 Q 方法估算错误定价程度，这种测量误差也有可能被带入了误差项，从而使得解释变量 $\text{Misp}_{i,t}$ 与误差项相关。由于固定效应模型（FE）、标准的 Pooled OLS 和随机效应模型（RE）要求解释变量与扰动项不相关，Pooled OLS 估计结果将造成自回归系数的估计值较真实值上偏［萧（Hsiao, 1986）］，固定效应模型（FE）将造成自回归系数的估计值较真实值下偏［尼克尔（Nickell, 1981）］。因此，如果应用面板数据的 Pooled OLS、固定效应模型（FE）和随机效应模型（RE）对方程（4-9）进行估计，得到的参数估计值将是一个有偏向的、非一致的估计量，从而使得根据估计参数进行的统计推断无效，所推导出的经济含义也是扭曲的。

如何解决内生性问题一直是实证公司金融研究中的一个难点问题。客观地说，要完全处理公司金融实证研究中的内生性问题，难度非常大。现有文献提出解决内生性问题的方法有：工具变量法、差分估计法、断点回归设计（regression discontinuity design，RDD）、面板数据估计方法、匹配法（matching methods）、测量误差法（measurement error methods）、迈克尔·罗伯特和怀特（Michael R. Roberts，Toni M. and Whited，2011）。对动态面板数据模型而言，现有文献主要从两个途径解决内生性所导致的估计偏误：一是运用 GMM 估计方法；二是直接进行偏误修正。针对使用标准的固定或随机效应模型估计动态面板数据模型带来的参数的有偏性和非一致性，Arellano & Bond（1991）首先提出了一阶差分广义矩（differenced GMM）估计方法，这种方法通过对模型进行一阶差分，消除引起内生性的固定效应，并且考虑了差分后残差的结构。相对于 GMM 估计方法，尽管最小二乘虚拟变量（LSDV）估计方法的方差比较小，但是得到的估计结果并不是有效估计结果。安德里亚斯（Andreas，2003）的研究表明，解释变量严格外生时，直接修正偏误方法得到的是有效估计；如果解释变量内生时，偏误修正方法得到的估计不是一致的，但是 GMM 估计仍然是一致的。GMM 估计通过控制不随时变的个体效应克服了遗漏变量（omitted variable）所导致的内生性问题，而且还较好地解决了反向因果性问题（reverse causality）。由于动态面板模型涉及解释变量内生、存在固定效应、组内异方差和组内自相关问题，单独针对每个因变量寻找工具变量是相当困难的，而且本书选择的样本数据区间为中国上市公司 2003—2010 年的面板数据，这种宽截面且时段较短的数据特别适合 GMM 估计法。因此，除非特别说明，本书主要使用动态面板模型 GMM 估计方法来处理内生性问题。

另外，根据对权重矩阵的选择不同，GMM 估计可分为一步 GMM 估计（one step GMM）和两步 GMM 估计（two step GMM）。Arellano 和 Bond（1991）利用蒙特卡洛仿真模拟产生的 7×100 的面板数据，将一步 GMM 估计和两步 GMM 估计方法分别与固定效应 FE 估计、混合 OLS 估计、使用水平和差分工具变量的方法所产生的估计结果进行比较，结果显示，一阶差分 GMM 估计的自回归系数具有最小的偏误和方差。由于蒙特卡洛模拟实验表明在异方差下采用的两步估计并没有带来太多效率的改进，反而带来标准差向下偏倚，尽管这种偏倚经过 Windmeijer（2005）调整后会减小，但是会导致两步 GMM 估计量的渐近分布不可靠，所以以经验研究中通常使用一步 GMM 估计（邦德，2002）。因此，除非特别说明，本书的估计都是采用一步 GMM 估计。

通过差分消除不随时变的个体效应的差分 GMM 估计会导致三个问题：一是尽管一阶差分变换能够在不使用外部工具变量的情况下解决内生性问题，但是当数据是非平衡数据的时候，差分变换会增加不平衡面板数据的缺失值。二是差分 GMM 不能够关注对时间效应的估计。三是如果被解释变量和内生自变量近似于随机游走，那么滞后变量几乎不包含差分后变量的任何信息，差分 GMM（difference or deviations GMM）将面临严重的弱工具变量问题。蒙特卡洛仿真模拟实验表明，当动态面板数据模型中被解释变量接近于随机游走时，以及个体效应的方差相对于异质性冲击的方差增大时，就产生了弱工具变量问题，一阶差分 GMM 估计方法的估计结果存在严重的偏误，特别是当时间维度 T 较小时（布伦德尔和邦德，1998）。针对一阶差分 GMM 存在的上述三个问题，阿里纳和博韦尔（Arenano and Bover，1995）和布伦德尔和邦德（1998）提出了如下解决办法：一是阿里纳和博韦尔（1995）将向前正交离差转换方法（forward orthogonal deviations）应用到动态面板数据模型的估计中（difference GMM 变成 deviations GMM）①。向前正交离差转换方法不是将观测值减去其前一期观测值的一阶差分转换，而是将第 t 期观测值减去其所有未来的 s（s > t）期观测值的平均值。因此，无论数据本身具有多少个缺失数据，这种转换方法，除了最后一个个体观测值，可以利用所有的数据进行计算。这个方法让更多更靠后的滞后变量作为工具变量，一方面，最大程度减少了非平衡面板数据观察值的损失；另一方面，滞后的观察值没有进入方程中，因此可以作为有效的工具变量，构建了更有效的 GMM 类型的工具变量矩阵，从而解决了滞后阶数和数据跨度之间的矛盾，避免了使用 GMM 方法时，工具变量矩阵列的数量过大造成其联合无效性的问题。一是山田一彦和早川田丁（Kazuhiko and Hayakawa，2009）对使用一阶差分和向前正交离差变换方法消除没有观察到的个体效应的估计结果进行了比较，蒙特卡洛仿真模拟表明用向前正交离差变换消除个体效应得到

---

① 向前正交离差转换方法最早是由 Hayashi 和 Sims（1983）在时间序列应用中提出来的，Arellano 和 Bover 将这种方法应用到动态面板数据模型的估计。

的估计量结果更好。二是 Arenano and Bover（1995）提出了基于水平值的 GMM 估计。这种估计的基本思路是：如果存在一组与不随时变的个体效应不相关的工具变量集，那么就可以利用这个工具变量集对原水平方程进行估计。由于基于水平值的 GMM 估计没有对方程进行差分，并且变量的水平值包含了更多的信息，因此水平值可能对于估计的有效性是至关重要的。三是布伦德尔和邦德（1998）在对差分 GMM 和基于水平值的 GMM 估计进行综合的基础上，提出了系统 GMM 估计方法，其一般形式如下：

$$\begin{cases} y_{it} = \gamma_t + \alpha \cdot y_{i,t-1} + x'_{it} \cdot \beta + \mu_{it} \\ \Delta y_{it} = \Delta \gamma_t + \alpha \cdot \Delta y_{i,t-1} + \Delta x'_{it} \cdot \beta + \Delta \mu_{it} \end{cases} \quad (4-10)$$

式（4-10）中，$\mu_{it} = v_i + \varepsilon_{it}$，$E(v_i) = E(v_i \times \varepsilon_{it}) = E(\varepsilon_{it}) = 0$，第一个方程是基于水平值估计的方程，第二个方程基于差分方程的估计。差分 GMM 估计利用 $E(y_{i,t-1}\Delta\mu_{it}) = 0$ 这一假设，用因变量的滞后项 $y_{i,t-l}(l \geqslant 2)$ 作差分项的工具变量，实际上仅仅估计了第二个方程。而系统 GMM 估计则在差分 GMM 估计基础上，在假设 $E(y_{i,t-1}\Delta\mu_{it}) = 0$ 以及不随时变的固定效应与自变量（解释变量）不相关的假设条件下，用因变量差分之后的项 $\Delta y_{i,t-l}(l \geqslant 1)$ 做没有差分项的工具变量，将原模型中的水平方程并入差分方程联立求解，因而能够得到更多额外的矩条件。

从上面的分析我们可以看出，系统 GMM 不直接通过差分后的方程估计参数，而是将差分后的滞后因变量和内生自变量作为原始方程（level equation）中对应变量的工具变量。系统 GMM 同时保留了水平项的数据（原始数据）和差分数据，从而使观测值翻倍。相同的回归方程被同时应用了原始数据（水平项数据）和差分数据两类数据，因此系统 GMM 估计比差分 GMM 估计利用了更多的信息，可以有效控制某些解释变量的内生性问题。但是，在使用中要注意的是，系统 GMM 估计的有效性是以系统 GMM 估计中新增工具变量有效性为前提条件。

尽管 GMM 估计能够有效解决变量内生性问题，但是其适用性必须满足严格的假设。第一，它适用于横截面数据多和时间跨度小的大样本面板数据，过少的横截面数据会使 Arellano-Bond 自相关检验缺乏可靠性，而过长的时间跨度会产生工具变量过度。对于横截面数据个数，鲁德曼（Roodman，2006）提出至少要大于20。第二，为了能够保证工具变量和内生变量不相关，模型（4-10）中的异质残差项 ε_{it} 序列不相关，即 $\text{cov}(\Delta\varepsilon_{it}, \Delta\varepsilon_{i,t-1}) \neq 0$ 和 $\text{cov}(\Delta\varepsilon_{it}, \Delta\varepsilon_{i,t-k}) = 0, k \geqslant 2$，阿雷拉诺和邦德（Arellano 和 Bond，1991）提供了检验异质残差项序列相关的 AR 检验，这种检验主要是用来判断差分残差项是否存在序列相关。在 AR 检验中，残差项可以存在一阶序列相关，但是二阶序列不能存在相关。如果无法满足这个假设，则可能存在模型误设，可以通过在解释变量中加入更多滞后期的被解释变量解决这个问题。第三，工具变量是外生的。Sargan 和 Hansen 检验能够稳健地检验过度识别约束。第四，差分后的滞后项和原始方程的不可观测的个体效应不相关，尤其是要注意内生变量是否满足这个条件，否则估计结果就不可靠（鲁德曼，2009），系统 GMM 估计提供的统计量 Difference-in-Hansen 可以检验是否满足这个条件。第五，要注意过多的工具变量使得汉森 Hansen J 统计量和萨甘统计量检验不可靠。判断工具变量是否过度的拇指法则是：如果横截面样本数小于工具变量数，则一定存在工具变量过度。因此，要注意工具变量个数和截面数据个数，并且同时报告汉森 J 统计量。本书的实证分析部分将严格根据鲁德曼（2006，2009）的上述建议报告系统 GMM 估计的各种设置和检验统计量。

此外，对于 GMM 估计是否有效可行，邦德等人（2002）提出可将 GMM 估计值分别与混合 OLS 估计值、固定效应 FE 估计值比较。由于混合 OLS 估计得到的估计值通常严重高于滞后项的实际值，而固定效应 FE 估计得到的估计值一般会低于滞后项的实际值，因此如果 GMM 估计值介于两者之间，则 GMM 估计是可靠有效的。因此，本书将使用这种方法来识别和判断 GMM 估计的有效性。

第三节　本章小结

本章第一节首先介绍了企业投资行为与金融摩擦的 4 种理论模型，即托宾 Q 模型、销售加速模型、误差修正模型和投资欧拉方程模型，为后文的计量模型设计提供理论依据。其次，由于本书采用的是动态面板数据模型，同时为了有效处理本书的内生性问题和非平衡面板数据带来的数据缺失问题，本章第二节介绍了动态面板模型的估计方法，以及处理变量内生性问题和数据缺失问题的方法。即本书采用广义矩估计 GMM 方法处理变量内生性问题，用向前正交离差转换消除不随时变的个体效应。另外，尽管 GMM 估计能够有效解决变量内生性问题，但是其适用性必须满足严格的假设。因此，本章详细介绍了 GMM 估计的适应条件和估计细节，以及 GMM 估计结果应当详细报告的设置细节和检验统计量。

第五章

制度背景、错误定价与
公司动态投资行为*

第一节 引言

资产价格波动是否会影响公司投资行为在理论上或是实践上都极为重要，因为如果偏离基本面的股价影响公司投资，那么将带来以下两方面的意义：一是为经济波动问题的研究提供一个来自金融资产价格冲击的公司层面视角，这对于在资产价格波动剧烈的现代经济中，如何减少金融资产价格冲击对实体经济的影响，提高资本市场资源配置效率无疑具有重要的现实意义和实际价值；二是从微观企业层面看，资产价格波动对公司投资行为的影响将对公司投资效率产生影响，有助于我们理解公司投资行为对资本市场效率的影响。

大量文献从微观公司层面和静态角度，利用不同国家的研究样本进行了深入研究，但是并没有得出一致结论。一方面，部分文献研究表明，资本市场错误定价可能通过股权融资渠道（贝克等人，2003）、迎合渠道（波尔克和萨皮恩泽尔，2009）和管理者中介效应渠道（花贵如等人，2011）影响公司投资行为；另一方面，部分学者认为偏离基本面的股价并不影响公司投资行为（布兰卡德等人，1993；巴克和怀特，2010）。但是这些研究均着眼于企业自身特征，假设企业融资约束源自金融市场信息不对称，或把企业面临的金融市场看作黑箱，黑箱当中存在的一些或许有助于解释偏离基本面的股价与公司投资现实关系的特殊信息被忽略。中国企业面临着诸如国有银行控制了绝大部分金融资源、证券发行管制以及大部分股份不能自由流通等制度因素所导致的金融市场摩擦。与已有文献不

---

* 本章部分内容曾经分别发表在《投资研究》2012年第3期和《财经研究》2012年第6期。

同，本章尝试对中国金融市场的"黑箱"结构加以剖析，把中国金融市场特殊制度背景纳入市场择时理论和迎合理论分析框架，从动态角度深入探讨偏离基本面股价对公司投资行为动态调整的影响。

第二节　制度背景与理论分析

在经历 1929—1933 年的经济大萧条后，凯恩斯在 1936 年的《通论》中就提到：股票价格中包含了非理性因素，这些非理性因素会导致企业的权益融资成本和方式发生变化，从而进一步影响到公司投融资行为。斯坦（1996）把证券市场的无效与信息不对称引起的融资摩擦纳入一个分析框架，从理论上证明了，投资者非理性所导致的股价错误定价是否影响公司投资行为和两个因素有关：一是企业管理者的眼光长短；二是企业是否受到融资约束。贝克、斯坦和沃格勒（2003）放松了企业不存在融资约束的假设，运用卡普兰和津加莱斯（1997）提出的 KZ 指标来衡量企业股权融资依赖程度，沿用投资的托宾 Q 模型，从静态角度考察了非基本面股价变动对公司投资的影响。结果发现，公司投资水平与非基本面股价之间存在正向关系，而且股权融资依赖程度越高，公司投资对非基本面股价波动就越敏感。

股权融资渠道是通过证券发行的市场择时对公司投资行为产生影响，潜在条件之一是投资资金来源依赖股权融资。如果企业由于拥有大量的内部资金和较强的借债能力而不必通过股票市场为投资筹集资金的话，偏离基本面的股价也可能通过迎合机制影响公司的投资行为，迎合程度与投资者的短视程度、企业信息的不对称程度和预期的错误定价持续时间长短正相关（波尔克和萨皮恩泽尔，2009）。迎合机制发生作用的潜在条件是管理者薪酬与股价相关，或者如果管理者不迎合短线投机者，就面临被接管的威胁。格伦迪和李慧（2010）把外生的经理薪酬契约纳入了投资者有限理性引起错误定价的分析框架，研究发现：投资者情绪会通过影响经理股权激励收入，从而间接影响公司投资行为，不同形式的股权激励对投资者情绪与公司投资行为之间的关系产生的影响是不同的。博尔顿等人（2006）把经理薪酬契约内生化，同样发现投资者情绪会诱发经理投资冲动。

因此，根据股权融资渠道和迎合渠道假说，偏离基本面的股价会对中国上市公司投资行为会产生影响。但是，一些学者的研究发现，KZ 指数并不能够完全反映公司股权融资依赖程度①。如果 KZ 并没有完全反映公司股权融资依赖程度，就说明股权融资渠道假说高估了偏离基本面的股价对公司投资行为的影响（巴克和怀特，2010）。而且，公司投资行为本质上是动态调整过程，静态框架下的研究难以体现公司投资行为调整的动态特征。现有文献忽略了企业面临的金融市场特殊制度背景，深入观察中国的现实可以发现，中国金融市场不同于发达国家金融市场的特殊制度背景可能对偏离基本面的股价作用于企业投资行为的传导机制产生影响：一是中国资本市场是政府主导发展起来的，具有行政干预和政策性的特征，这就必然使得中国上市公司的股权再融资不但受到股票市场估值的影响，而且还面临证监会发行时机、发行节奏和发行规模等方面的行政管制，市场择时理论并不适合中国上市公司（刘澜飚和李贡敏，2005）。另外，中国的金融资源绝大部分被国有银行控制，央行严格控制了贷款基准利率及其上下浮动范围，商业银行不能通过收取更高的利率筛选信息不对称更严重的企业，而证监会对 IPO 的行政审批制使得"上市资格"成了一种稀缺的"壳"资源，隐含地存在政府的救助担保。"上市资格"所揭示的信息满足了银行信贷决策的需要，这就必然使得银行倾向贷款给上市公司。因此，股权再融资管制、银行垄断了中国绝大部分金融资源和利率管制，必然使得上市公司投资项目资金的主要来源不是依赖股权融资，而是主要来自银行信贷等债权融资方式，从而使得投资者情绪通过股权融资渠道影响公司投资的传导机制可能并不发挥作用。二是即使已经完成了股权分置改革，但是中国上市公司大部分股份是国有股份或不能自由流通，对大小非的减持有严格的管制政策，具有控制权的股东很难从股价短期泡沫中获取利益。如果管理者不迎合短线投资者，由于中国并没有形成有效的职业经理人市场，因此企业并不存在被二级市场收购兼并的威胁。公司管理者迎合短线投机者的另一个动机是，经理能从股价泡沫中获取私人收益，这个渠道发生作用的前提是经理薪酬收入与股价相关。中国上市公司从 2005 年 9 月开始才正式实施股票期权、限制性股票和股票增值权激励，截至 2010 年年底，中国仅有 168 家上市公司遵照 2006 年出台的《上市公司股权激励管理办法（试行）》披露其股权激励计划草案，137 家实施股票期

---

① KZ 指数识别的是对外部资金需求更强烈而非融资约束更严重的企业（Hennessy 和 Whited，2007）。

权激励，34 家实施限制性股票激励，5 家实施股票增值权激励。因此，中国上市公司作为一个整体，经理通过投资安排迎合短线投机者从而推高股价的动机可能并不起显著作用。理性管理者可能最大化具有控制权股东的利益，而不是迎合短线投资者利益。

因此，如果考虑到中国上市公司面临的金融市场特定制度背景，市场择时和迎合理论无法判断偏离基本面股价是否影响公司投资行为。基于此，本章把制度背景纳入市场择时和迎合理论的分析框架中，实证检验偏离基本面股价对公司投资行为的影响是否与中国资本市场特定制度背景有关，以期发现中国资本市场特定制度背景是加强了还是缓解了偏离基本面股价对公司投资行为的影响的经验证据。

第三节　模型设计、变量选择与描述性统计

一　模型设计与变量定义

检验融资因素（financial factor 金融因素）影响公司投资行为的 4 种理论模型并不是相互排斥的，不存在优劣问题（邦德等人，2003）[①]。一般而言，投资经验模型运用最为广泛的是托宾 Q 模型的投资实证方程和基于欧拉方程的投资实证模型。投资托宾 Q 模型的代表是 FHP（1988）的检验模型。比较研究融资因素影响企业投资决定行为的不同计量模型设定，我们可以看出，沿着投资托宾 Q 模型的文献都将投资表示为托宾 Q、企业内部现金流及其他关注变量的线性表达式（FHP，1988，2000；KZ，1997，2000；波尔克和萨皮恩泽尔，2010）。考虑到企业的生产函数不同，贝克、斯坦和沃格勒（2003）把托宾 Q 的二次项加入投资托宾 Q 模型。格伦迪和李慧（2010）放松管理者最大化股东利益的假设，假设管理者最大化私人收益，他们把经理薪酬和股权激励两个非金融因素加入了托宾 Q 模型。而沿着投资欧拉方程模型的文献考虑了企业投资的调整成本和动态调整特征，大多数文献都是将投资表示为前期投资、前期投资的二次项、销售收入、现金流量以及其他关注变量的表达式。

[①] 邦德等人（2003）根据投资的误差修正模型和投资的欧拉方程模型，利用比利时、法国、德国和美国制造业企业在 1978—1989 年的数据，对融资因素影响企业投资行为的统计特征进行了比较。

随着学界对公司投资行为认识的深入，大量研究表明，投资托宾 Q 模型可能存在遗漏重要变量的内生性问题，这些内生性问题不会因为对企业样本组选择的不同而消失。产生这一问题的几个可能原因如下：一是投资托宾 Q 模型忽略了投资的动态滞后特征和投资的调整成本。邦德、史蒂芬和梅耶（Bond, Stephen and Meghir, 1994）在用欧拉方程刻画动态最优投资行为模型中指出，投资的调整成本是投资的凸函数，由于过去投资与当期现金流相关，这意味着投资托宾 Q 模型丢掉了前期投资的平方项这一重要解释变量［兰德等人（Rand et al. , 1994）］。二是只考虑了金融因素对企业投资决策的影响，忽略了非金融因素（如经理激励机制、公司治理、经济周期以及宏观经济政策）的影响。一方面，企业所受外部融资约束程度因宏观经济周期和经济政策不同而不同，经济周期通过影响企业外部融资环境进而影响企业投资行为；另一方面，经济周期和经济政策影响企业现金流、现金持有以及管理者的预期，进而影响企业投资行为（饶品贵和姜国华，2011）。在投资托宾 Q 模型和欧拉方程模型中，非金融方面的因素都是用时间虚拟变量和不随时间变化的个体效应虚拟变量来控制的。三是没有考虑投资与企业内部现金流可能不是线性关系。KZ（2000）认为，如果将现金流在企业融资中所占的比例作为度量企业融资约束程度的一个代理变量的话，那么企业投资与现金流还存在一个二阶关系。在企业收益最大化的负债融资模型中，克利里（2007）和瓜丽格利亚（Alessandra Guariglia, 2008）等人也证明了投资与现金流具有二次方关系，这表明现金流的二次项也可能是一个被投资托宾 Q 模型遗漏的重要解释变量。

另外，一些学者提出了反映企业投资行为的竞争性解释理论，如一些学者用融资结构逐步调整理论和融资次序理论（pecking-order theory）来解释企业投资行为［沃格特（Vogt, 1994）、利里和罗伯特（Leary and Roberts, 2010）］；另一些学者［梅洛和帕森斯（Mello and Parsons, 1992）、德格里斯和永（Degryse and Jong, 2006）、克巴斯和莫尔（Hackbarth and Mauer, 2010）］从股东与外部投资者的利益冲突来解释企业投资和融资行为。在一个实物期权动态模型中，莫雷勒和舒尔（Morellec and Schürhoff, 2010）分析了信息不对称对公司投资和融资决策的影响，管理者基于最大化公司价值做出投资和融资决策。通过选择投资时机和融资形式，管理者向市场传递公司发展前景的信息。优质企业会选择偏好股权融资而不是债权融资，同时通过加速投资，向市场传递优质企业的信号，使自己区别于质量差的企业，即企业投资时机的择时和融资结构的选择是内生于企业传递信息过程。但是，我们认为，上述试图解释投资行为的理论都是基于管理者最大化企业价值的假设。如果企业价值最大化与企业最优跨期投资行为一致，那么融资结构、融资次序本身并不构成对企业投资的独立解释变量。信息不对称程度对企业投资行为的影响可以通过分类企业来表示。而即便企业的融资结构逐步调整行为可以影响投资，从经营现金流的会计计算过程可知，这种影响也是通过影响企业的滞后投资来实现的，这也从另一个侧面证明了在模型中引入滞后投资变量的重要性。

莱文（Laeven，2003）认为，由于新兴市场国家的资本市场是不完美的，用托宾 Q 模型作为投资模型存在模型误设问题。因此，我们在投资欧拉方程的基础上建立本章的实证方程。投资欧拉方程模型的代表是 Bond，Stephen and Meghir（1994）的检验模型：

$$\frac{I_{it}}{K_{i,t-1}} = c + \beta_1 \frac{I_{i,t-1}}{K_{i,t-2}} + \beta_2 \left(\frac{I_{i,t-1}}{K_{i,t-2}}\right)^2 + \beta_3 \frac{S_{i,t-1}}{K_{i,t-1}} + \beta_4 \frac{CF_{it}}{K_{i,t-1}} +$$

$$\beta_5 MPK_{i,t-1} + \gamma_t + f_i + \varepsilon_{it}$$

$MPK_{i,t-1}$ 代表企业资本报酬率，结合托宾 Q 模型及欧拉方程投资模型，在经验分析中我们分别考虑用边际 Q（从托宾 Q 分解出来的代表潜在投资机会）及资本产出比来衡量资本边际报酬率，而资本产出比用主营业务收入来衡量产出。邦德等人（1994）指出，$\beta_1 \geq 1$，$\beta_2 \geq 1$，$\beta_3 < 0$，以及 $\beta_4 > 0$，那么就可以认为企业的投资行为基本符合理论上的跨期最优路径，没有面临显著的融资约束。但是，如果其中任何一个估计系数不满足上述条件时，就说明公司投资为不符合理论上的跨期最优投资决策。就现金流的系数而言，如果 $\beta_4 > 0$，则意味着企业存在外部融资约束。

在本章我们只考虑融资（金融）因素对企业投资行为的影响，其他影响投资支出的因素，如公司治理、经济周期以及宏观经济政策，我们用时间虚拟变量和个体效应虚拟变量来控制。在接下来的几章我们将逐步引入经理激励机制、公司治理、经济周期和宏观经济政策等因素。公司投资行为本质上是动态的调整过程，所以基于前面的分析和本章的研究目的，我们把本章的基准计量模型设定如下：

$$\frac{I_{it}}{K_{i,t-1}} = c + \beta_1 \frac{I_{i,t-1}}{K_{i,t-2}} + \beta_2 \left(\frac{I_{i,t-1}}{K_{i,t-2}}\right)^2 + \beta_3 \frac{CF_{it}}{K_{i,t-1}} + \beta_4 \left(\frac{CF_{it}}{K_{i,t-1}}\right)^2 + \beta_5 \frac{S_{i,t-1}}{K_{i,t-1}}$$

$$+ \beta_6 \frac{S_{i,t}}{K_{i,t}} + \beta_7 Q_{i,t-1} + \gamma_t + f_i + \varepsilon_{it} \qquad\qquad (5-1)$$

式（5-1）中，γ_t 是时间虚拟变量，既可以反映各企业共同面对的随时变的扰动（如宏观经济冲击和经济政策的扰动），也可以控制资本调整成本和政府税率的影响（邦德等人，1994）。f_i 是不可观察的具有时间不变性的个体效应，用来处理遗漏掉的不随时变的公司特征（如经理激励机制、公司治理、会计信息和所在行业特征）所带来的内生性问题。时间虚拟变量和固定效应虚拟变量可以用来控制行业层面技术机会的变化对企业投资倾向的影响。$\frac{I_{i,t-1}}{K_{i,t-1}}$ 反映投资的动态滞后特征，既作为部分遗漏变量的代理变量，也反映 $\frac{I_{i,t-1}}{K_{i,t-1}}$ 的持续影响；$\left(\frac{I_{i,t-1}}{K_{i,t-1}}\right)^2$ 反映的是凸性调整成本函数；ε_{it} 异质性冲击。如果企业利用 $t-1$ 期及以前的信息形成理性预期，ε_{it} 服从独立同分布。然而如果企业偏离理性预期，ε_{it} 将会是一个随机漂移过程。我们在回归分析中将用较长的滞后工具变量解决这个问题，其他变量的含义及作用如下。

1. 企业投资行为的度量

主流文献主要采用 3 类统计口径来度量投资：

第一类是资本支出，采用现金流量表中的"购建固定资产、无形资产和其他资产支付的现金"，或采用资产负债表中的"固定资产、长期投资及在建工程的年度变化值"来度量。考虑到中国上市公司经常利用折旧或固定投资损耗操纵利润，相对而言，较难操控现金流量表数据，因此来自资产负债表的数据不及现金流量表的"购建固定资产、无形资产和其他长期资产所支付的现金"数据可靠，本书即采用现金流量表中的"购建固定资产、无形资产和其他资产支付的现金"来度量。

第二类是固定资产投资，这是企业资本投资中最为核心和重要的投资行为。根据财政部 2002 年发布的固定资产和存货两项企业会计准则，固定资产本期增加数值在财务报表附注中披露，用固定资产本期增加数、在建工程和工程物资本期增加数来度量。对资本支出和固定资产投资均除以总资产，以消除规模因素带来的影响。部分文献用期初固定资产净值消除规模化的影响（袁玉平等，2008；屈文洲等，2011）。考虑到上市企业容易操纵固定资产净值，本书沿袭主流文献（贝克等人；波尔克等人，2009；花贵如，2011）常用的做法，对衡量两种投资的变量均除以期初总资产，以消除企业规模的影响。

第三类是研发投入。企业研发投入是企业投资的重要组成部分，鉴于中国上市公司从 2002 年开始才在财务报表附注披露研发投入数据，而且不是强制要求披露企业研发的数据。因此，不但披露方式不规范，而且披露研发投入数据的企业较少，披露研发投入数据的企业主要是高新技术类企业，需要手工从财务报表附注中获取研发投入的数据。鉴于此，我们将在第六章专门进行研究。

2. 融资约束的衡量

在公司金融的研究中，尽管融资约束的定义是很明确的，但是公司融资约束程度是不可观察的，融资约束的度量方法是公司金融领域仍然在争论的重要问题。融资约束方面的文献提出了多种方法衡量融资约束程度：股利支付率（FHP，1988），KZ 指数（卡普兰和津加莱斯，1997），WW 指数（怀特和吴，2006），SA 指数［哈德洛克和皮尔斯（Hadlock and Pierce，2010）］，公司年龄和公司规模。FHP（1988）认为，由于外部融资成本高于内部融资成本，因而拥有良好投资机会的企业会选择少分红或不分红，从而分红越少的企业可能面临融资约束。因此，可以用股利支付率来衡量公司融资约束程度。卡普兰和津加莱斯（1997）最早对 FHP（1988）采用先验的标准衡量企业融资约束程度提出了质疑，他们利用董事会写给股东的信、公司年度财务报表及其附注、董事会关于企业经营活动的讨论，将样本企业的年度观测值划分为 5 个组：非融资约束组（NFC）、可能非融资约束组（LNFC）、或许融资约束组（PFC）、可能融资约束组（LFC）和融资约束组（FC）。拉蒙等人（Lamont 等，2001）以 KZ（1997）的 5 个样本组作为研究对象，选取现金流量 CF、托宾 Q、资产负债率 Lev、股利支付率 Div 和现金持有量 Cash 等财务变量，然后用次序逻辑（Ordered Logit）方法回归分析，并且利用估计系数构造了衡量融资约束程度的 KZ 指数：

$$KZ = -1.002CF + 0.283Q + 3.139Lev - 39.368Div - 1.315Cash$$

然而，用 KZ 指数度量企业融资约束程度也受到了学者们的质疑。从 KZ 指数使用的财务指标来看，由于 KZ 指数是由托宾 Q、长期债务对总资产的比例、现金流以及股利支付率外生决定的，因此，KZ 指数是投资的一个内生变量。另外，KZ 指数所采用的样本只有 49 家企业，而且都是低股利分派的企业，是否适用更大范围、更长时间跨度的企业样本，仍然有待进一步研究。怀特和吴（2006）发现，尽管高 KZ 指数公司和无融资约束对照组公司具有同样低的托宾 Q，但是两组公司的投资比例相同。贝克和怀特（2010）也发现，高 KZ 指数（高融资约束）的公司比低 KZ 指数公司（低融资约束公司）使用更多的债权融资，而股权融资相对较少。因此，KZ 指数并不能够完全反映公司的股权依赖程度。

怀特和吴（2006）构建了一个包含融资约束的跨期投资模型，通过对投资欧拉方程的大样本 GMM 估计，得到 Whited-Wu 融资约束指数（以下简称 WW 指数）。他们选取如下财务指标来测度外源融资成本：长期负债与总资产比率 LDEBT、股利支付 DIV 虚拟变量、主营业务收入增长率 SG、总资产的自然对数 LnTA、行业销售增长率 ISG 以及企业内部现金流（除以总资产进行去规模化处理），然后对投资的欧拉方程用 GMM 进行估计，最后利用系数的估计值构造了 WW 指数：

$$WW = - 0.091CF - 0.062DIV + 0.021LDEBT - 0.044LNTA + 0.102ISG - 0.035SG$$

亨尼斯和怀特（2007）在一个随机一般均衡框架下，检验了股利支付率、KZ 指数和 WW 指数衡量融资约束程度的可靠性，研究发现，如果以企业规模、股利支付水平和 WW 指数来衡量融资约束程度，则发现被划分为高融资约束组的企业有较高的外部融资成本，但是用 KZ 指数来衡量融资约束程度，则没有得到类似结果。这说明，KZ 指数将企业归类为不同的融资约束组别时，所采用的分类策略实际上识别的是那些对外部资金需求更强烈而非融资约束更严重的企业（Hennessy 和 Whited，2007）。

Hadlock and Pierce（2010）构建的 SA 指数是：

$$SA = - 0.737 \times Size + 0.43Size^2 - 0.040Age$$

高 KZ 指数、高 WW 指数、高 SA 指数、小规模企业和年轻企业意味着更容易受到融资约束，但是使用不同的度量指标得出的结论存在差异，有时甚至相去甚远，比如 FHP（1988）和卡普兰和津加莱斯（1997）对投资—现金流敏感性的争论。贝克、斯坦和沃格勒（2003）用 KZ 指数作为股权依赖程度的代理变量，发现股权依赖程度高的公司的投资对托宾 Q 更敏感。但是，如果 KZ 指数并没有完全反映公司的股权依赖程度，就说明他们的研究结论高估了错误定价对公司投资的影响，没有揭示出投资对 Q 的敏感程度与公司过度投资倾向之间的关系，以及投资对 Q 的敏感程度与公司偏好债权融资的关系。

已有的研究表明，相对 KZ 指数，基于企业规模、股利支付率以及 WW

指数来度量融资约束程度更具有合理性。但是，由于自2003年以来，中国证监会将现金分红与股权再融资资格挂钩，这就使得许多需要再融资的上市公司被迫有发放现金股利的动机。因此，发放股利的企业有可能更需要外部股权融资，股利支付率并不意味着这些企业没有受到融资约束，不宜用股利支付率作为企业融资约束程度的度量指标。另外，WW指数的构建对样本数量和样本企业行业分类有比较高的要求①，而中国股票市场只有短短的20多年，上市公司的数量也相对较少，因此很难用WW指数和上市公司年龄来度量中国上市公司融资约束程度。规模小的公司由于存在信息不对称问题以及所有制歧视，进入外部融资市场相对较困难，一般面临较为严重的融资约束。小规模公司的股票一般存在较严重的道德风险和逆向选择问题，因此相对于大规模公司而言，小规模公司更容易受到融资约束。公司规模是文献中使用最为广泛的融资约束分组指标，公司规模也是管理层短期不能够选择的一个外生变量，公司规模也不可能取决于短期投资水平。考虑到其他融资约束度量与企业投资是内生决定的，因此我们参照巴克和怀特（2010）的做法，用公司规模作为融资约束的工具变量。

表5-1　　　　　　　　　　　　变量定义及说明

变量名称	变量符号	定义
资本投资	$\dfrac{I_{i,t}}{K_{i,t-1}}$	购建固定资产、无形资产和其他长期资产所支付的现金/期初账面资产总额之比
固定资产投资	$\dfrac{I_{i,t}}{K_{i,t-1}}$	（固定资产本期增加数、在建工程和工程物资本期增加数②）/期初总资产
企业现金流量	$\dfrac{CF_{it}}{K_{i,t-1}}$	当期经营活动产生的现金流量净额/期初总资产
销售收入	$\dfrac{S_{i,t}}{K_{i,t}}$	当期营业收入/当期总资产
托宾Q	Q	（流通股股数*流通股年平均股价 + 非流通股股数*每股净资产 + 负债的账面值）/期初总资产
未来投资机会	$Q_{i,t-1}^{Growth}$	用RKV模型从托宾Q中分解出来的
公司规模	Size	公司总资产的自然对数
股权融资额	equi	当期股本和资本公积金的增加数/总资产
债权融资额	debt	当期总负债增加数/总资产
错误定价	$Misp_{i,t}$	股票价格偏离企业基本面的程度，从托宾Q中分解出来
	Abret	个股累积异常收益率
	DACC	可操控性应计利润

① Whited and Wu（2006）采用的是美国上市公司1975—2001年的季度数据。

② 上市公司从2003年在财务报表附注披露固定资产本期增加数。我们从国泰安CSMAR数据库中的财务报表附注获取了固定资产本期增加数，从资产负债表获取了在建工程和工程物质净额。

3. 其他变量定义

CF 为企业现金流量。企业现金流的定义通常为扣除非经常项目和折旧前的收入减去现金股利，限于数据可得性，本书用年度企业经营活动产生的净现金流量代替①。在投资—现金流敏感性方面的文献里，企业现金流量被用于衡量公司的内部融资能力，代表企业融资约束程度，还可能表示企业未来潜在的投资机会。研究融资约束方面的文献把企业面临的融资条件是不变的。博尔顿、陈和王（2011）认为，如果企业面临的融资机会是随机的，投资—现金流敏感性不再是单调递增的，投资与预期融资成本的关系也不再是递减的。

$S_{i,t}$ 为企业销售收入，我们用利润表中的营业收入来代表，用来衡量投资欧拉方程模型中产出对企业投资的影响②。$S_{i,t-1}$ 反映的是企业投资的利润或产出引致的加速过程。托宾 Q 值③用于控制未来收益对现在投资的影响。鉴于中国股市的政策性和投机性，托宾 Q 用来衡量成长机会时，会存在严重测量偏误，因此我们在第二章对托宾 Q 进行了分解。各研究变量的定义见表 5 – 1。

二　样本选择、数据来源及描述性统计

本章所用的初选样本和行业分类均遵从第三章第一节行业分类时所选择的样本，除非特别说明，所用企业财务数据均来自 CSMAR 中国上市公司财务报表数据库。在第三章的表 3 – 1 中我们已经观测到，不同行业的样本观测值随年度不同存在较大的差异，这种差异可能是国家产业支持政策导致的。因此，我们首先根据第三章采用的中国证监会 2001 年行业分类标准，对不同行业各上市公司的关键变量进行了描述性统计。我们删除了数据缺失的样本，并且利用 winsorize 对 1% 和 99% 水平上的极端值进行

---

① 企业现金流量包括经营活动产生的现金流量、投资活动产生的现金流量和筹资活动产生的现金流量。由于投资与筹资活动产生的现金流更不具有稳定性与连续性，因此不适合作为企业现金流量的代理变量。

② 营业收入可能会低估企业实际产出，因为实际产出还包括存货投资。Chatelain et al.，（2003）认为，从经济周期平滑角度，营业收入可以作为实际产出较好的替代变量。

③ 中国文献计算 Q 值均是用企业市场价值与总资产之比，这是一个平均 Q 值，不是边际托宾 Q 值。关于 Q 值计算的缺陷，具体分析可参见 Erickson 和 Whited（2000），以及连玉君等（2007、2008）。

了处理，以去除异常值的影响。

我们对主要变量分年分行业进行了描述性统计。表 5 - 2 报告了各行业各上市公司投资支出的描述性统计，并且揭示了如下信息。

第一，在样本期 2003—2010 年，样本观测值逐年增加。如果利用时段较长的纵列数据进行研究，要注意运用一阶差分消除不随时间变化的个体效应时可能会损失较多的自由度或信息。因此，在实证分析选择回归方法时，如果要尽可能利用所有观测到的信息，就不能用一阶差分方法消除个体效应，而应当采用第四章节介绍的向前正向离差转换方法消除个体效应。因此，在下文的估计方法中，我们对所有方程的回归均采用向前正向离差转换方法消除个体效应。

第二，从分行业各个上市历年投资支出的均值来看，不同行业投资支出观测值存在较大差异，而且这种差异未明显呈现随时间而有规律变化。总投资支出年均值水平最低的行业依次是房地产业、批发零售贸易业和信息技术业。批发零售贸易和信息技术业的投资支出水平比其他行业低，主要是因为这两类行业一般不存在规模优势，因而不需要大量投资。信息技术业的投资支出从 2006 年开始明显大幅上升，这主要与国家产业支持政策有关。值得一提的是，房地产行业总投资和固定资产均值为各行业最小，似乎与 2002 年以来房地产业繁荣的经验事实不一致。其实这主要是与房地产企业的会计记账方法有关，对房地产企业来说，房屋建造、购买地产看上去好像是固定资产投资支出活动，但是在会计报表上，待售房产和地产属于存货科目下，而不是在固定资产项目下。同时由于房地产行业不需要大量的厂房设备，故其固定资产投资规模最小也是合理的。采掘业、电力煤气及水生产供应业、交通运输仓储业、金属非金属的总投资支出水平明显高于其他行业，与资源采掘、交通、公用事业项目投资规模大、周期长的特征相符（刘松，2010）。

第三，由于工业化发展的不同阶段和经济增长的不同特征，使得某一时期产品的市场需求及政府的产业政策在各工业行业之间存在很大的差异，政府对不同行业的调控政策不同，而且由于各行业在生产特征、资本结构和市场环境等方面也存在较大的差异，进而使得各行业投资最终所表现出的波动特征也不尽相同。因此，政策调控政策和行业特征可能是决定投资变化的重要因素。比如，政府基于宏观调控和产业发展需要，证监会会配合政府限制一些行业的 IPO 和再融资，政府调控和限制发展的行业或企业即使达到股权再融资条件，证监会也会限制其进行股权再融资。因

表 5 - 2　　　　　2003—2010 年上市公司投资支出的行业特征

年份	项目	采掘业	电煤水	房地产	交储	信息	批发零售
2003	均值	0.104	0.098	0.042	0.121	0.057	0.055
	中位数	0.086	0.073	0.012	0.083	0.040	0.036
	标准差	0.098	0.102	0.071	0.120	0.048	0.054
	样本数	17	51	98	43	77	83
2004	均值	0.139	0.111	0.039	0.112	0.059	0.060
	中位数	0.135	0.061	0.011	0.065	0.031	0.031
	标准差	0.107	0.116	0.072	0.114	0.073	0.073
	样本数	20	53	102	49	89	83
2005	均值	0.124	0.108	0.029	0.136	0.052	0.046
	中位数	0.096	0.083	0.009	0.085	0.039	0.028
	标准差	0.100	0.092	0.056	0.125	0.054	0.049
	样本数	24	58	105	50	97	85
2006	均值	0.143	0.111	0.030	0.100	0.049	0.047
	中位数	0.111	0.077	0.007	0.071	0.036	0.032
	标准差	0.113	0.098	0.064	0.105	0.049	0.048
	样本数	24	61	106	51	99	85
2007	均值	0.148	0.115	0.030	0.124	0.062	0.051
	中位数	0.135	0.089	0.009	0.080	0.036	0.035
	标准差	0.101	0.095	0.058	0.117	0.070	0.049
	样本数	26	62	109	57	108	86
2008	均值	0.167	0.124	0.032	0.114	0.064	0.063
	中位数	0.150	0.095	0.009	0.087	0.041	0.032
	标准差	0.114	0.106	0.062	0.088	0.061	0.077
	样本数	34	62	114	59	132	87
2009	均值	0.150	0.110	0.031	0.090	0.060	0.058
	中位数	0.131	0.072	0.005	0.069	0.041	0.034
	标准差	0.099	0.108	0.070	0.074	0.060	0.075
	样本数	39	63	119	61	144	92
2010	均值	0.114	0.099	0.027	0.105	0.073	0.064
	中位数	0.112	0.076	0.004	0.072	0.048	0.044
	标准差	0.053	0.089	0.062	0.100	0.085	0.070
	样本数	39	63	128	63	155	90

续表

年份	项目	纺织服装	机械设备	金属非金属	石油化学	医药	农林牧
2003	均值	0.087	0.064	0.126	0.109	0.083	0.065
	中位数	0.070	0.049	0.088	0.081	0.061	0.057
	标准差	0.083	0.057	0.108	0.101	0.071	0.050
	样本数	82	144	84	97	65	16
2004	均值	0.078	0.066	0.132	0.115	0.076	0.089
	中位数	0.056	0.054	0.117	0.089	0.055	0.078
	标准差	0.081	0.060	0.106	0.096	0.066	0.070
	样本数	89	155	89	101	67	16
2005	均值	0.057	0.063	0.099	0.118	0.064	0.093
	中位数	0.043	0.047	0.075	0.088	0.043	0.066
	标准差	0.056	0.060	0.083	0.105	0.065	0.081
	样本数	97	168	95	111	82	22
2006	均值	0.061	0.059	0.100	0.091	0.058	0.073
	中位数	0.048	0.041	0.067	0.066	0.030	0.063
	标准差	0.055	0.057	0.099	0.087	0.067	0.060
	样本数	99	171	96	111	82	23
2007	均值	0.071	0.067	0.111	0.110	0.049	0.063
	中位数	0.054	0.046	0.089	0.077	0.033	0.040
	标准差	0.063	0.069	0.087	0.103	0.049	0.061
	样本数	105	178	102	117	83	25
2008	均值	0.067	0.072	0.107	0.113	0.058	0.102
	中位数	0.044	0.052	0.089	0.083	0.036	0.051
	标准差	0.064	0.065	0.085	0.097	0.057	0.113
	样本数	112	200	114	127	87	26
2009	均值	0.060	0.062	0.100	0.096	0.061	0.076
	中位数	0.035	0.048	0.068	0.064	0.041	0.063
	标准差	0.075	0.059	0.096	0.097	0.060	0.070
	样本数	114	216	116	141	85	27
2010	均值	0.064	0.073	0.096	0.083	0.079	0.082
	中位数	0.053	0.053	0.073	0.061	0.057	0.054
	标准差	0.053	0.070	0.070	0.072	0.068	0.080
	样本数	120	226	122	143	88	29

说明：（1）投资支出采用现金流量表中的"购建固定资产、无形资产和其他资产支付的现金"，同时除以年初总资产消除了规模化的影响。（2）表中所列数据根据来自 CSMAR 中国上市公司财务报表数据库进行描述性统计的结果。

此，政府对上市企业股权再融资的管制必然会使得企业的股权融资面临很大的不确定性，影响企业的融资和投资行为。但是，如果这些调控的企业中，中央政府和地方政府占的比重比较高的话，政府担保和地方政府投资冲动就使得这些企业获得贷款的能力较强，从而在一定程度上降低了股权再融资管制对企业投资的调控效果。从表5-2可以看出，金属非金属行业的投资波动较为剧烈，表现出一定程度的"大落大起"态势。采掘业的投资从2003年以来一直呈上升趋势，到2008年才出现下降。信息技术行业投资波动较为平缓，波动幅度相对较小，这种波动的特点主要是与国家宏观调控政策有关。比如，针对投资的过快增长，2004年上半年政府采取了收紧"银根"和"地根"的双重"紧缩"调控政策；2005年国家发改委将钢铁、铁合金等黑色金属冶炼及压延加工业列入"产能过剩"名单，2005年和2006年房地产和金属非金属的投资均值出现下降，但是在2007年再次出现反弹迹象；2007年政府又以"节能减排"为调控导向，加快工业结构调整的步伐，调控高能耗、高污染行业投资的过快增长，加大对装备制造业发展的支持力度。

考虑到样本观测值逐年增加以及宏观经济环境和宏观政策的影响，为了尽可能利用所能够观测到的信息，我们分行业分年度对企业自由现金流量进行了描述性统计，表5-3报告了各行业各上市公司现金流的描述性统计。

表5-3 2003—2010年上市公司现金流量的行业特征

年份	项目	采掘业	电煤水	房地产	交储	信息	批发零售
2003	均值	0.127	0.100	-0.003	0.098	0.034	0.049
	中位数	0.122	0.086	0.008	0.093	0.025	0.058
	标准差	0.083	0.091	0.118	0.070	0.081	0.097
	样本数	17	51	98	43	77	83
2004	均值	0.147	0.081	0.021	0.107	0.035	0.091
	中位数	0.161	0.083	0.023	0.108	0.032	0.079
	标准差	0.154	0.077	0.133	0.100	0.072	0.109
	样本数	20	53	102	49	89	83
2005	均值	0.137	0.085	0.015	0.112	0.049	0.071
	中位数	0.149	0.082	0.022	0.109	0.050	0.073
	标准差	0.102	0.066	0.107	0.085	0.071	0.088
	样本数	24	58	105	50	97	85

年份	项目	采掘业	电煤水	房地产	交储	信息	批发零售
2006	均值	0.158	0.094	0.006	0.119	0.045	0.078
	中位数	0.189	0.095	0.022	0.116	0.038	0.071
	标准差	0.110	0.057	0.116	0.083	0.073	0.087
	样本数	24	61	106	51	99	85
2007	均值	0.168	0.097	0.019	0.097	0.048	0.075
	中位数	0.185	0.090	0.012	0.100	0.039	0.080
	标准差	0.089	0.060	0.162	0.086	0.088	0.113
	样本数	26	62	109	57	108	86
2008	均值	0.197	0.084	−0.033	0.090	0.054	0.070
	中位数	0.193	0.072	−0.025	0.081	0.046	0.085
	标准差	0.129	0.079	0.129	0.078	0.072	0.108
	样本数	34	62	114	59	132	87
2009	均值	0.171	0.101	0.080	0.068	0.076	0.092
	中位数	0.167	0.091	0.072	0.061	0.070	0.079
	标准差	0.132	0.069	0.126	0.068	0.090	0.112
	样本数	39	63	119	61	144	92
2010	均值	0.143	0.077	−0.020	0.094	0.054	0.057
	中位数	0.129	0.071	−0.007	0.085	0.042	0.080
	标准差	0.089	0.071	0.133	0.071	0.089	0.134
	样本数	39	63	128	63	155	90
年份	项目	纺织服装	机械设备	金属非金属	石油化学	医药	农林牧
2003	均值	0.056	0.058	0.096	0.061	0.053	0.040
	中位数	0.050	0.049	0.085	0.070	0.048	0.038
	标准差	0.089	0.093	0.084	0.088	0.058	0.088
	样本数	82	144	84	97	65	16
2004	均值	0.062	0.058	0.083	0.074	0.049	0.043
	中位数	0.064	0.055	0.077	0.071	0.043	0.048
	标准差	0.085	0.094	0.099	0.078	0.059	0.074
	样本数	89	155	89	101	67	16
2005	均值	0.066	0.056	0.078	0.087	0.058	0.053
	中位数	0.061	0.048	0.068	0.084	0.054	0.047
	标准差	0.071	0.086	0.086	0.072	0.062	0.051
	样本数	97	168	95	111	82	22

续表

年份	项目	纺织服装	机械设备	金属非金属	石油化学	医药	农林牧
2006	均值	0.069	0.061	0.086	0.094	0.073	0.043
	中位数	0.056	0.056	0.074	0.085	0.062	0.054
	标准差	0.081	0.082	0.090	0.083	0.067	0.058
	样本数	99	171	96	111	82	23
2007	均值	0.063	0.040	0.073	0.088	0.072	0.033
	中位数	0.064	0.036	0.069	0.074	0.068	0.034
	标准差	0.110	0.095	0.106	0.102	0.068	0.079
	样本数	105	178	102	117	83	25
2008	均值	0.075	0.044	0.071	0.082	0.088	0.053
	中位数	0.059	0.045	0.078	0.076	0.066	0.049
	标准差	0.099	0.086	0.078	0.096	0.084	0.118
	样本数	112	200	114	127	87	26
2009	均值	0.081	0.073	0.055	0.077	0.117	0.065
	中位数	0.064	0.061	0.053	0.070	0.103	0.053
	标准差	0.124	0.104	0.094	0.091	0.102	0.101
	样本数	114	216	116	141	85	27
2010	均值	0.060	0.055	0.029	0.060	0.085	0.019
	中位数	0.056	0.049	0.039	0.062	0.072	0.031
	标准差	0.119	0.084	0.094	0.081	0.092	0.095
	样本数	120	226	122	143	88	29

说明：（1）企业现金流量是年度企业经营活动产生的净现金流量。（2）表中所列数据根据来自 CSMAR 中国上市公司财务报表数据库进行描述性统计的结果。

表5-3揭示了如下信息：第一，不同行业现金流量存在较大差异，而且这种差异未明显呈现随时间而有规律的变化。第二，企业现金流表现出了一定行业的特质性，在样本期内，房地产企业的现金流在2003年、2008年和2010年是负的；采掘业企业的现金流远远高于其他行业，交通运输、电煤水业和交储业企业的现金流波动不大，这与这些行业的经营特征有关。第三，高新技术行业，如医药、信息和机械设备类，现金流比较稳定，波动不大。

第四节 上市公司总量层面的实证结果分析

一 单因素分析

在正式回归分析之前，我们先进行单因素分析，以便初步判断企业不同分类样本下公司投资特征变量的差异性。首先，按股票价格偏离基本面的程度分类，单变量检验结果如表 5 – 4 所示。在表 5 – 4 中我们将样本按股票价格偏离基本面的程度分成 4 个区间，进而统计关键变量投资、托宾 Q、分解托宾得到的错误定价 Misp 和未来投资机会、市净率、公司规模以及企业现金流量的均值。Panel A 是按分解托宾 Q 得到的错误定价代理变量来衡量股票价格偏离基本面的程度。Panel B 是用可操控性应计利润来衡量股票价格偏离基本面的程度。Panel C 是用个股累积异常收益率衡量股价偏离基本面的程度。从表 5 – 4 报告的结果可以得出几个结论：（1）随着股价偏离基本面程度越高，托宾 Q、市净率和流通股占总股本比例也随着增加，但是投资并没有随着增加，从托宾 Q 中分解出来代表成长性的部分也并没有增加，这说明托宾 Q 和市净率不能完全用来代表企业成长性，也意味着流通股份比例高的企业，股价偏离基本面的程度就越大。（2）股票价格偏离基本面的程度和投资的关系并不显著，而俞鸿琳（2011）的实证研究结果表明，股价高估程度越高，则偏离基本面的股价对公司投资水平的影响程度也越高。波尔克和萨皮恩泽尔（2009）的研究也表明，错误定价程度越高，对企业投资行为的影响就越大。但是，从使用 3 个错误定价的代理变量的单因素分析来看，我们并没有错误定价影响公司投资行为的稳健证据。（3）错误定价程度与股权融资、债权融资并没有呈现出有规律的变化。

表 5 – 4 　　　　　　　　按错误定价程度分类企业的描述性统计

	1/4	2/4	3/4	4/4
Panel A 分解托宾 Q 得到的错误定价代理变量 Misp				
固定资产投资/期初总资产	0.075	0.076	0.075	0.080
投资/期初总资产	0.098	0.102	0.088	0.087
托宾 Q	1.094	1.222	1.627	2.928
从托宾 Q 中分解的成长性	0.549	0.396	0.382	0.312

续表

	1/4	2/4	3/4	4/4
市净率	2.116	2.374	3.610	7.326
企业现金流	0.061	0.060	0.061	0.077
公司规模	21.065	21.583	21.795	21.399
长期负债/总资产	0.061	0.105	0.123	0.081
股权融资	0.457	0.395	0.376	0.461
债权融资	0.504	0.608	0.643	0.555
流通股比例	0.434	0.518	0.672	0.650
Panel B 可操控性应计利润（DACC）作为错误定价代理变量				
固定资产投资/期初总资产	0.075	0.078	0.081	0.071
投资/期初总资产	0.091	0.094	0.098	0.092
托宾 Q	1.753	1.651	1.645	1.821
从托宾 Q 中分解的成长性	0.465	0.447	0.452	0.475
市净率	4.091	3.441	3.525	4.367
企业现金流	0.145	0.084	0.051	0.020
总资产	21.428	21.531	21.523	21.360
长期负债/总资产	0.078	0.097	0.097	0.098
股权融资	0.412	0.404	0.424	0.450
债权融资	0.593	0.544	0.541	0.632
流通股比例	0.585	0.567	0.561	0.561
Panel C 个股累积异常收益率（Abret）作为错误定价代理变量				
固定资产投资/期初总资产	0.071	0.072	0.075	0.088
投资/期初总资产	0.088	0.087	0.094	0.106
托宾 Q	1.515	1.560	1.630	2.166
从托宾 Q 中分解的成长性	0.449	0.423	0.462	0.504
市净率	3.471	3.251	3.480	5.223
企业现金流	0.054	0.059	0.065	0.082
公司规模	21.445	21.583	21.408	21.406
长期负债/总资产	0.088	0.097	0.093	0.093
股权融资	0.417	0.417	0.424	0.431
债权融资	0.562	0.563	0.573	0.612
流通股比例	0.527	0.581	0.565	0.601

说明：（1）样本选择和行业分类是根据第二章的初选样本进行统计的，删掉了数据缺失的样本。限于篇幅只列出了均值。各变量的定义见表 5 - 1。（2）托宾 Q 的定义是来自 CMSAR 数据库，Q = 公司总市值/年初总资产，公司总市值 = 流通股股数 × 流通股年平均股价 + 非流通股股数 × 每股净资产 + 负债的账面值。（3）市净率 = 股价/净资产。（4）股权融资 = 当期股本和资本公积金的增加数/总资产。（5）债权融资 = 当期总负债增加额/总资产。

表 5-5 是按企业规模（融资约束程度）对企业分类的描述性统计。从表 5-5 中可以看出，（1）托宾 Q、市净率、从托宾 Q 中分解出的成长性部分随着企业规模增加而减小，这可能意味着小企业的成长性更好，也可能小企业股价偏离基本面的程度大，但是从 3 个错误定价的代理变量并没有发现小企业可能更容易被错误定价的稳健证据。（2）债务融资额随着企业规模（融资约束程度）的增加而增加，而股权融资随着企业规模的增加而减少，这说明大企业（低融资约束组）更多倾向于债权融资，而小企业（高融资约束组）倾向于股权融资。（3）小企业（低融资约束组）的自由现金流量比大企业（高融资约束组）低，但是小企业的投资并没有比大企业投资更多。（4）长期负债率随着企业规模（融资约束程度）的增加而增加。（5）流通股比例随着企业规模的增加而增加。

表 5-5　　按企业规模（融资约束程度）分类企业的描述性统计

	1/4	2/4	3/4	4/4
固定资产投资/期初总资产	0.072	0.071	0.073	0.089
投资/期初总资产	0.091	0.085	0.090	0.110
托宾 Q	2.089	1.718	1.600	1.463
从托宾 Q 中分解的成长性	0.663	0.526	0.414	0.235
市净率	4.935	3.735	3.467	3.287
企业现金流量 CF	0.058	0.059	0.064	0.078
公司规模	20.237	21.010	21.659	22.937
长期负债/总资产	0.046	0.067	0.093	0.164
股权融资	0.568	0.444	0.377	0.300
债权融资	0.495	0.543	0.596	0.675
分解的错误定价	0.070	0.005	0.039	0.031
累积月度收益率	-0.165	-0.158	-0.135	-0.174
可操控应计利润	0.006	0.004	0.004	0.001
流通股比例	0.519	0.553	0.594	0.609

说明：样本选择及各变量的定义同表 5-4。

从表 5-6 报告的结果可以看出：（1）投资随着流通股占总股本比例的增加而减少，说明流通股比例小的公司投资更多。（2）托宾 Q、市净率、分解托宾 Q 中得到的错误定价随着流通股本占总股本比例的增加而增加，这可能意味着给予流通股占总股本比例高的企业可能有更好地成长性，也可能股价偏离基本面程度更大。（3）流通股本占总股本比例小的企业更多地使用股权融资。

表 5 - 6　　　　　　　　按流通股占总股本比例分类企业

	1/4	2/4	3/4	4/4
固定资产投资/期初总资产	0.087	0.082	0.071	0.066
投资/期初总资产	0.113	0.104	0.085	0.073
托宾 Q	1.294	1.432	1.698	2.447
从托宾 Q 中分解的成长性	0.496	0.458	0.459	0.426
市净率	3.465	3.506	3.833	4.620
企业现金流量 CF	0.069	0.066	0.060	0.065
公司规模	21.276	21.440	21.442	21.685
长期负债/总资产	0.092	0.094	0.084	0.100
股权融资	0.472	0.431	0.407	0.379
债权融资	0.581	0.580	0.574	0.574
分解的错误定价	-0.142	-0.031	0.086	0.331
累积月度收益率	-0.152	-0.221	-0.208	-0.050
可操控应计利润	0.009	0.004	0.004	-0.002

说明：样本选择及各变量的定义同表 5 - 4。

由于单变量检验没有控制其他因素，因此我们应该慎重看待这些检验结果，接下来我们用基准计量模型（5 - 1）进行多变量检验。

二　上市公司总量层面数据的回归结果分析

贝克等人（2003）在斯坦（1996）建立的模型基础上，提出了错误定价影响公司投资行为的股权融资渠道。他们在 FHP（1988）的回归方程基础上，用（5 - 2）式来检验错误定价影响公司投资行为的股权融资渠道。波尔克和萨皮恩泽尔（2009）采用类似回归方程，用可操控性应计利润（DACC）作为错误定价的代理，并且通过加进滞后二到三期的托宾来控制预期的影响，验证了错误定价影响公司投资行为的迎合渠道。沿着投资的托宾 Q 方程模型的主流文献都采用（5 - 2）式来检验错误定价或投资者情绪影与公司投资行为的关系。

我们在本章第二节模型设计部分的分析表明，投资的托宾 Q 方程（5 - 2）式忽略了投资的动态调整特征和调整成本，因此我们遵循主流文献的做法，在（5－2）式和投资欧拉方程模型基础上，对托宾 Q 进行分解，建立如下方程（5－3）式来检验错误定价与公司投资行为的关系。考虑到中国股市的政策性和投机性，可观测的托宾 Q 是平均 Q，不是边际 Q。因此，用第三章的分解方法进行分解，并用其他两个错误定价代理变量进行稳健性检验。我们用一步差分 GMM 和系统 GMM 分别对（5－3）式进行了回归，以便于对比。在回归中，我们应当注意，一步差分 GMM 估计方法容易受到弱工具变量的影响而得到有偏的估计结果（布伦德尔和邦德，1998）。由于本书数据是非平衡面板数据，我们不是使用一阶差分消除个体效应，而是使用向前正交变换消除个体效应。伍德里奇（2007）已经证明，在可观测面板数据的任何子集上，任何类型的差分方法都是一致的。

$$\frac{I_{it}}{K_{i,t-1}} = \gamma_t + f_i + bQ_{i,t-1} + KZ_i \times Q_{i,t-1} + d\frac{CF_{it}}{K_{i,t-1}} + \varepsilon_{it} \qquad (5-2)$$

$$\frac{I_{it}}{K_{i,t-1}} = c + \beta_1 \frac{I_{i,t-1}}{K_{i,t-2}} + \beta_2 \left(\frac{I_{i,t-1}}{K_{i,t-2}}\right)^2 + \beta_3 \frac{CF_{it}}{K_{i,t-1}} + \beta_4 \left(\frac{CF_{it}}{K_{i,t-1}}\right)^2 + \beta_5 \frac{S_{i,t-1}}{K_{i,t-1}}$$

$$+ \beta_6 \frac{S_{i,t}}{K_{i,t}} + \beta_7 Q_{i,t-1}^{Growth} + \beta_8 Misp_{i,t} + \gamma_t + f_i + \varepsilon_{it} \qquad (5-3)$$

鉴于 GMM 估计的严格假设和复杂程序，而且容易出现无效估计，Roodman（2006）对使用 xtabond2 命令进行 GMM 估计提出了其适用性和估计细节。鲁德曼认为，使用 xtabond2 进行 GMM 估计时涉及各种选择，所以使用者应当详细报告如下内容：使用的是差分 GMM（forward deviations GMM）还是系统 GMM，是通过一阶差分还是离差变换消除个体效应，采用的是一步估计还是二步估计，稳健性还是非稳健性估计，工具变量和滞后期的选择。因此，我们将严格按照鲁德曼（2006，2009）提出的建议，详细阐释 GMM 的设置细节和统计检验。模型假设检验涉及模型设定偏差、工具变量有效和工具变量外生三个方面。尽管二步 GMM 估计的标准差经过 Windmeijer（2005）调整后减小，但是会导致二步 GMM 估计值的渐近分布并不可靠，因此我们用一步 GMM 估计法。我们同时使用一步差分 GMM 和系统 GMM 对基准模型（5－3）进行了估计，并且分别用 3 个错误定价的代理变量进行了回归，以验证回归结果的稳健性。在回归中，除了时间虚拟变量外，我们把基准模型（5－1）式右边所有的变量当作内生变量来处理，表5－7报告了对（5－3）式的回归结果。

我们首先报告了 Arellano-Bond 差分残差项序列相关检验统计量（卡方分布 chi2）的 p 值，以检验是否存在模型误设。AR（1）的原假设为差分残差项不存在一阶序列相关，AR（2）的原假设为残差分差项不存在二阶序列相关。如果能拒绝 AR（2），即差分残差项存在二阶序列相关的话，则说明模型误设，补救措施是增加被解释变量的滞后期。结果显示，AR（1）的 p 值均小于 0.01，AR（2）的 p 值分别为 0.369、0.531、0.297、0.423、0.492 和 0.285，均大于 0.1，检验统计量的 p 值表明差分残差项存在一阶自相关，但是不能拒绝不存在二阶自相关的原假设，说明不存在模型设定偏差①。

我们接着报告工具变量滞后期，最小滞后期的选取都遵循鲁德曼（2006）所给出的传统法则，最大滞后期选择的原则是工具既要尽可能少又要有效，这样才能够获得可靠的 Hansen-overid 检验，Hansen-overid 检验可靠的拇指法则是工具变量数小于截面数。如果残差序列服从独立同分布，工具变量滞后二期就是有效的；如果残差序列是随机漫步过程，工具变量至少要滞后三期（邦德等人，2003）。如果工具变量过度，处理办法是限制 GMM 估计中工具变量的滞后期，或在 xtabond2 中对工具变量选项中用子选项 callapse 对每一个变量和滞后项确定一个工具变量，而不是对每一时期每一个变量或每一滞后项确定一个工具变量。不过，要注意的是：Collapse 在小样本中避免了工具变量过度的偏差，但是在大样本中减少了统计效率。

表 5 - 7 报告了工具变量的滞后期。由于 Hansen J 检验统计量是通过最小化二步 GMM（稳健估计）得到的，对随机扰动项很稳健，但是会出现弱工具变量。而萨甘（Sargan）统计量是最小化一步 GMM（非稳健估计）得到的，在随机扰动项异方差或自相关下失效，但是 Sargan 萨甘统计量不会出现弱工具变量。因此，在表 5 - 7 中同时报告了 Sargan 萨甘统计量和 Hansen J 统计量的 p 值。Sargan 萨甘统计量的 p 值为 0.989、0.97、0.972、0.916、0.995 和 0.965，均大于 0.1，不能拒绝工具变量联合有效的原假设；Hansen-overid 报告的是 Hansen 过度识别检验，原假设是所有工具变量中至少有一个有效。汉森 J 统计量的 p 值分别等于 0.903、

---

① GMM 估计要求原始模型干扰项不存在序列相关，由于差分后的干扰项必然存在一阶序列相关，因此我们需要检验差分方程的残差是否存在二阶（或更高阶）序列相关，若存在二阶相关，则意味着选取的工具变量不合理。

0.933、0.922、0.930、0.963 和 0.994，均大于 0.1。Sargan 统计量和 Hansen 统计量的 p 值表明一步差分 GMM 估计和系统 GMM 中没有证据拒绝工具变量的有效性。

表 5-7　　　　　错误定价与公司投资行为动态调整的回归结果

解释变量	Misp		Abret		DACC	
	差分 GMM	系统 GMM	差分 GMM	系统 GMM	差分 GMM	系统 GMM
$\dfrac{I_{i,t-1}}{K_{i,t-1}}$	0.849 (0.588)	1.196*** (0.288)	1.2011* (0.6675)	1.5036*** (0.2906)	0.9658* (0.5678)	0.8701*** (0.2974)
$\left(\dfrac{I_{i,t-1}}{K_{i,t-1}}\right)^2$	-2.295 (1.740)	-2.186** (0.967)	-3.1562* (1.7618)	-2.7123*** (1.0103)	-2.4924 (1.5889)	-1.2448*** (0.9598)
$\dfrac{CF_{it}}{K_{i,t-1}}$	-0.059 (0.103)	-0.116 (0.080)	-0.1380 (0.1291)	-0.1835** (0.0845)	0.1008 (0.1683)	-0.0327 (0.1343)
$\left(\dfrac{CF_{it}}{K_{i,t-1}}\right)^2$	0.772* (0.443)	0.505 (0.355)	1.0032*** (0.4612)	0.6824* (0.3953)	0.5265 (0.4353)	0.3725 (0.3628)
$\dfrac{S_{i,t}}{K_{i,t}}$	0.0238** (0.022)	0.019 (0.015)	0.0344 (0.0276)	0.0259*** (0.0171)	0.0213 (0.0248)	0.0096** (0.0164)
$\dfrac{S_{i,t-1}}{K_{i,t-1}}$	0.0391*** (0.024)	-0.016 (0.017)	0.0322 (0.0252)	-0.0209 (0.0175)	0.0327 (0.0247)	-0.0022 (0.0179)
$Q_{i,t-1}^{Growth}$	0.129** (0.092)	0.054* (0.031)	0.0902 (0.0967)	0.0446** (0.0282)	0.0952 (0.1008)	0.0696*** (0.0311)
$Misp_{i,t}$	0.011** (0.028)	0.005 (0.018)	0.0043 (0.0228)	0.0077 (0.0208)	0.1785 (0.1581)	0.0308 (0.1200)
AR（1）p 值	0.031	0.000	0.024	0.000	0.061	0.000
AR（2）p 值	0.369	0.531	0.297	0.423	0.492	0.285
Sargan	0.989	0.97	0.972	0.916	0.995	0.965
Hansen（p 值）	0.903	0.933	0.922	0.930	0.963	0.994
L-Hansen（exg）		0.975		0.985		0.989
L-Difference（eg）		0.555		0.490		0.883
Eg Hansen	0.722	0.964	0.767	0.899	0.890	0.993
Eg Difference	0.961	0.324	0.957	0.722	0.911	0.696
工具滞后期	[5 6]	[3 4]	[5 6]	[3 4]	[5 6]	[3 4]

续表

解释变量	Misp		Abret		DACC	
	差分 GMM	系统 GMM	差分 GMM	系统 GMM	差分 GMM	系统 GMM
工具变量数	38	59	38	59	38	59
截面数	1171	1247	1171	1247	1171	1247
观测值	5872	7119	5872	7119	5872	7119

说明：（1）GMM 估计是在 stata12.0 中嵌入 xtabond2 程序进行的；（2）$*$、$**$、$***$ 分别表示参数估计量在 10%、5%、1% 水平上显著，系数下方括号内的数字是异方差稳健标准差；（3）由于本书使用的是非平衡面板数据，因此使用了前向正交离差变换（forward orthogonal deviations）消除个体效应，而不是使用一阶差分消除个体效应，这样就可以最大化参与估计的样本数，从而提高估计系数的有效性（Roodman，2006）；（4）Arelleno-Bond 一阶、二阶序列相关检验 AR（1）和 AR（2）报告的是 z 统计量对应的 p 值；（5）Sargan 和 Hansen overid 报告的是 Hansen 过度识别检验统计量 chi2 对应的 p 值；（6）Level Hansen（exg）和 Level Difference（exg）是针对所有 GMM 变量的 Hansen- in-Difference 检验，报告的都是 p 值；（7）控制变量和常数项反映的是行业层面因素、宏观经济因素和经济政策的综合影响，不是关注变量，限于篇幅未列出；（8）命令选项中没有选择 small，因此回归给出的是大样本中的 z 和 Wald 检验统计，而不是小样本下的 t 和 F 检验统计量，限于篇幅没有在表中报告。

在系统 GMM 估计中，额外工具变量（additional instruments）的有效性取决于工具变量的变化与固定效应无关。因此，在表 5－7 中我们报告了判断额外工具变量是否有效的统计量的 p 值。Level-Hansen（exogenous）的原假设是代入原始方程的所有工具变量可以被排除在外，Level-Difference 的原假设是代入原始方程的所有工具变量和固定效应不相关，这两个假设只针对系统 GMM 估计的。对错误定价的 3 个代理变量的系统 GMM 估计都通过了额外工具变量的排除性约束检验，不能拒绝代入原始方程的所有工具变量和固定效应不相关的原假设。Eg-Hansen 和 Eg-Difference 是对外生变量做相同的 Difference- in-Hansen 检验。

从上述 GMM 的各种假设检验发现，模型设定和工具变量的选择都不存在问题，即 GMM 有效地处理了内生性问题。由表 5－7 中的估计结果，差分 GMM 和系统 GMM 估计方法得到的估计值尽管大小存在差异，但是符号及显著性结果基本一致。由表 5－7 中报告的估计结果，前期投资的系数估计值除了第 2 列报告的结果不显著外，其他均显著为正，投资率平方的系数估计值为负，而且大部分情况下是显著的。如果将投资率的二阶表达式看作企业投资调整成本代理变量的话，估计结果就表明了企业投资的调整成本是投资的一个凸函数，这与传统的理论假设一致。本期营业收入是产出或营业利润的代理变量，代表了产出或利润对投资的影响，反映的是企业投资的利润或产出引致的加速过程。本期营业收入的估计值系数均为正，说明企业投资的利润或产出对引致加速投资。根据（4 - 8）式投资欧拉方程模型的理论推导过程，不存在融资约束情况下，（4 - 8）式中 $\beta_1 \geq 1, \beta_2 \geq 1, \beta_4 > 0$。显然，在大部分情况下，我们估计出来的当期投资和投资率平方的系数，与投资欧拉方程模型理论预期的估计值一致，但是与邦德等人（2003）以法国、比利时、德国和美国为研究对象的结果不一致。当期投资和投资率平方系数的估计值均显著高于沈红波等人[①]（2010）的估计值。在后面分年段的回归中，前期投资和投资率平方的系数都变化不大。在系统 GMM 估计法下，销售收入滞后一期系数的估计值均小于 0，与投资欧拉方程模型的理论预期一致。这 3 项系数的估计值表明，基于理性边际决策的投资欧拉方程模型仍然对中国企业的投资行为具有解释力。但是，β_1, β_2 和 β_3 系数的估计值与投资欧拉方程模型的理论预期有差异，说明中国上市公司的投资行为偏离了上述投资欧拉方程模型的最优路径。上述估计结果表明，新兴加转轨背景下的中国上市公司投资行为是相当复杂的，不能够简单套用以发达国家资本市场为背景的相关理论，因为中国上市公司的股权结构、面临的政府管制和市场经济环境，都和发达国家存在较大差异。

　　由于现有的文献研究表明，错误定价是否影响公司投资行为，与企业受到的融资约束程度有关。另外，由于信息不对称、监管成本、合同执行力和激励问题，企业现金流对投资的影响一直是经验研究文献关注的一个重点。因此，接下来我们详细分析现金流及现金流平方项的系数。传统融资约束下的文献都是通过检验投资现金流的敏感性来检验企业是否存在融资约束，由表 5 - 7 的估计结果，在假定其他条件不变的情况下，上市公司的投资对企业内部现金流是不敏感的。估计结果并未出现融资约束理论、自由现金流假说等传统理论所预期的显著为正的结果，但是与拉克莱文（2003）、丁丹（2008）和战明华（2012）的估计结果相类似。根据迈

---

　　① 沈红波等人（2010）用投资欧拉方程模型检验了金融发展对融资约束的影响，他们用 OLS 估计法得出的投资滞后项和投资率平方系数的估计值在 0.55 和 - 0.399 之间。对于动态面板模型，OLS 得出的估计量是向下偏的。

尔斯和迈基里夫（1984）所提出的融资次序理论（pecking-order theory），由于代理成本和信息不对称的存在，企业的外部融资成本一般都会高于内部资金成本。因此，公司融资存在一种优先顺序，即公司在拥有内部自有资金的情况下，往往首先利用内部自有资金为其投资项目融资，其次考虑信息成本较低的债务融资，最后才会选择股权融资。如果企业存在外部融资约束，则企业的投资支出会受到内部资金量的限制，而资金约束的存在将使企业的投资支出对现金流的变动非常敏感。FHP（1988）按照某些先验指标（如公司规模、股利支付率等）把样本公司划分为融资约束组和非融资约束组，进而比较分析了不同组别的企业投资对现金流量的敏感度。通过运用各种投资模型进行检验，结果发现融资约束组的公司表现出强烈的投资—现金流敏感性，非融资约束组公司投资现金流不敏感。基于FHP（1988）开创性研究的融资约束理论认为，投资—现金流敏感性能够作为判断企业是否存在融资约束的依据。

但是，对于采用投资—现金流敏感性来检验企业是否存在融资约束这一方法的合理性，现有文献并没有达成一致结论（屈文洲等人，2011；李云鹤和李湛，2011）。一方面，自 FHP 的开创性研究以来，由于融资约束是不可观察的，大量文献采用不同的指标来度量企业融资约束程度，比如采用事先指标企业规模（怀特，1992；沙勒，1993）、股利支付率（法扎里和彼得森，1993）、股权集中度（奇林科和沙勒，1995）等，结果发现融资约束公司表现出投资—现金流的敏感性。郭丽虹和马文杰（2009）用企业的所有权性质、托宾 Q 以及负债率衡量企业融资约束程度，用动态面板数据 GMM 估计方法考察了融资约束程度与投资—现金流量敏感度大小之间的关系，结果发现，随着融资约束程度的加深，投资对现金流量的敏感度增大了，从而推测投资对现金流量的敏感性反映了融资约束的存在。屈文洲等人（2011）的研究表明，在公司面临高融资约束时，由于外部融资成本高，投资会更加依赖于内部现金流，所以表现出更高的投资—现金流敏感性，支持了 FHP（1988）的结论。另一方面，KZ（1997）最早对 FHP（1988）的结论提出了质疑。KZ 利用公司年报中各种定性和定量信息衡量企业融资约束程度，将 FHP（1988）的样本中融资约束最严重（股利支付率最低）的 49 家公司进一步划分为 3 个子样本组，得到了与 FHP（1988）完全相反的结果：低融资约束组公司投资—现金流关系反而更敏感。KZ 进一步指出，融资约束程度与投资—现金流敏感性之间并不存在必然的单调递增关系，投资—现金流敏感性不能够作为企业存在融资约束的判断依据。克利里（1999）基于大样本构建了新的融资约束指标，对 KZ（1997）的结果进行了检验，发现非融资约束组公司反而表现出更强烈的投资—现金流敏感性，支持了 KZ（1997）的结论。因此，沃格特（1994）、KZ（1997）和克利里（1999）认为，自由现金流假说的过度投资能够更好地解释投资对现金流的敏感性。埃克里森和怀特（2000）的研究表明，托宾 Q 的衡量偏误是导致投资对现金流敏感的原因，如果控制托宾 Q 的衡量偏误，即使融资约束型公司也不会出现投资对企业内部现金流敏感。但是，连玉君和程建（2007）的研究得出了与埃克里森和怀特（2000）不同的结论，在控制托宾 Q 的衡量偏误基础上，将股利支付率、企业规模和国有股比例作为企业融资约束程度的分类标准，考察了中国上市公司投资—现金流敏感性，结果发现，托宾 Q 的衡量偏误并不是导致投资支出对企业现金流敏感的原因，并且发现融资约束程度轻的公司反而表现出更强的投资—现金流敏感性。他们对投资—现金流敏感异常的原因提出了如下解释：低融资约束公司组投资现金流反而比高融资约束组公司投资现金流更加敏感的原因在于，低融资约束组公司的投资现金流敏感性是代理问题导致的，而高融资约束组投资现金流敏感性是融资约束导致的，即低融资约束组公司表现为过度投资，而高融资约束组公司表现为投资不足。中国上市公司表现出的投资现金流敏感性并不是只由融资约束或代理问题引起的，而是因公司的类型不同而不同。马尔门迪尔和塔特（Malmendier and Tate，2005）的研究发现，当管理者乐观与过度自信时，企业自由现金流与投资呈正相关关系。

上述文献的争论实际上表明，投资—现金流敏感性并非仅仅由融资约束（内部人和外部投资者信息不对称）引起的，代理问题（管理者股东的利益冲突、自由现金流假说）、管理者过度自信和公司的特质性也能够引起投资—现金流关系敏感。表 5-7 的回归结果表明，在其他条件不变的情况下，中国上市企业的投资行为对企业经营活动现金流是不敏感的，这是融资约束假说、自由现金流假说和管理者过度自信假说不能解释的。拉克莱文（2003）以发展中国家为对象的研究也发现了同样的结果，他从融资约束角度提出了一个解释，他认为投资—现金流关系不敏感表明样本期内发展中国家的上市公司不存在融资约束，这是由于金融自由化的推进缓解了发展中国上市公司的融资约束，但是他并没有给出明确的解释，没有较强的说服力。丁丹和张军（2008）以中国上市公司1992—2005年数据为研究对象发现，投资现金流关系显著为负。丁丹和张军认为，导致这种现象出现的原因是：在中国资本市场建立初期，优先上市的企业是国有大中型企业，在改革初期由于存在国有企业的预算软约束和信贷配给问题，其实际受到的金融约束并不是特别严重，而且中国的金融发展和金融自由化进程的推进又从整体上缓解了所有企业的外部融资约束，这使得在全样本期内中国的上市公司整体上并没有体现出受到金融约束的迹象。上述两种解释简单地把上市企业面临的金融市场看作"黑箱"，而将投资—现金流关系先验地看作反映企业是否面临融资约束的指标。战明华（2012）尝试对中国金融市场的"黑箱"结构加以剖析，以逆向选择理论为基础，在加入了利率控制与银行风险厌恶等新的约束条件后，提出了一个关于中国上市公司融资约束的假说：在贷款利率外生及贷款者风险厌恶的条件之下，为了获取最大风险收益，证券市场信息滤波器的作用将诱使贷款者提高最低贷款标准，从而可能会使上市公司在获取银行信贷方面不再受信贷配给的外部融资约束①。如果这个假说是成立的，那就意味着：一是对于特定的上市公司这一样本群体，现金流对投资的影响应当是不显著的；二是证券市场的信息滤波器作用及银行的风险厌恶行为，是造成投资—现金流关系不敏感的原因。深入观察中国资本市场的特殊制度背景可以发现，上述假说或许不是没有道理的。

　　第一，中国的金融体系具有银行主导和政府主导的典型特征，中国的金融资源绝大部分被国有银行控制。股票市场并不是中国上市公司投资项目的最为重要的资金来源，企业的外部融资主要依靠银行信贷等债权融资方式（王等人，2009；陆正飞等，2009）。邦德等人（2003）根据投资的误差修正模型和投资的欧拉方程模型，从统计特征上比较了融资因素（金融因素）对1978—1989年比利时、法国、德国和美国制造业企业投资的影响，结果发现：相对比利时、德国和法国的企业，美国企业的融资约束对投资的影响更严重，证明了企业融资约束对企业投资行为的影响程度与

---

　　①　企业面临外部融资约束的一个含义是，不对称信息导致内外融资成本不一致。广义上的外部融资约束包括银行信贷、证券市场和票据市场等融资的供给不足。由于银行控制了中国绝大部分金融资源，企业直接融资比重较低、企业债券与票据市场不发达，故这里的外部融资仅指的是企业从银行融资，而不包括直接融资。

一个国家的金融体系有关。相对银行主导型金融体系，市场主导型金融体系中的企业受到的融资约束对投资的影响更严重。从表 5-7 中各融资约束对投资的估计系数来看，银行主导型金融体系下的中国上市企业受到的融资约束程度对投资的影响并不严重。

第二，在中国，证监会对 IPO 实施管制和审批制，"上市资格"是一种稀缺资源，资本市场准入证十分紧俏，并且带有十分明显的政策倾向，上市企业中绝大部分是国有企业。企业一旦成功上市，退市和破产的现象很少发生，地方政府出于地方利益也会力保"壳"资源。因此，"上市资格"就成为了一种稀缺的"壳"资源，上市公司存在政府的隐含救助担保。在上述现实背景下，由于中国贷款利率没有实现完全市场化，央行严格控制了基准贷款利率及其上下浮动范围，厌恶风险的银行不能通过收取更高的利率筛选信息不对称更严重的非上市企业，而证券市场的信息滤波器信号完全满足了银行的信贷决策需要。由于存在严格的上市行政审批制度，因而"上市"本身即是传递企业信息的一个重要过程，如果这一过程所揭示的企业信息能够完全满足银行的信贷决策需要，那么导致信贷配给的信息不对称问题会随之消失，银行会倾向把具有"上市资格"的企业作为优质客户资源，从而可能会使上市公司在获取银行信贷方面不再受到信贷配给下的融资约束。另外，根据 KZ（2000）提出的观点，如果资本市场的摩擦或市场不完美对企业投资有重要影响的话，那么若将企业内部现金流在企业融资中所占的比例看作企业受融资约束程度大小的一个度量指标，则企业投资与内部现金流还存在一个下凸的二阶关系，即现金流二次项系数的估计值应当是负的。KZ（2000）认为，之所以出现投资现金流关系有下凸关系，原因在于随着现金流增加，企业所受到外部融资约束的程度就越小，所以管理者需要在内源融资和外源融资之间加以权衡的考虑就越小，于是企业现金流的边际增加对企业投资边际增加的效用将递减。但是，表 5-7 回归结果显示，现金流平方项系数的估计值显著为正，这与 KZ（2000）的理论预期完全相反。对于企业内部现金流平方项系数估计值显著为正的解释，我们认为这实际上恰恰反映了在银行主导型的金融体系和利率非市场化条件下，上市公司受到的融资约束程度并不严重。如果将企业现金流看作反映企业经营状况、偿债能力或未来成长机会的一个指标，那么经营状况好的企业既有更强的意愿投资，也有能力从外部融入更多的投资资金（战明华，2012）。

接下来转向我们所关注的从托宾 Q 中分解出来的错误定价代理变量和潜在投资机会代理变量的估计参数。错误定价与潜在投资机会代理变量的系数估计值均为正，但是在大多数情况下并不显著。根据托宾 Q 理论的推断，潜在投资机会代理变量越大，说明公司的成长性越好，公司的投资就应当越大。从中国的研究文献来看，学界对托宾 Q 和投资关系的检验并没有得出一致结论。章晓霞和吴冲锋（2006）以及李金等（2007）用投资托宾 Q 模型发现托宾 Q 值和投资是负相关关系，出现了丁守海（2006）提出的"反托宾 Q 现象"，连玉君、苏治和丁志国（2008）以及屈文洲等人（2011）用投资托宾 Q 模型检验信息不对称、融资约束与投资—现金流关系时，也发现当期投资与前期托宾负相关。丁守海（2006）认为，中国企业投资行为的非理性是导致"反托宾 Q 现象"出现的原因。但是，其他一些学者发现中国企业的投资与托宾 Q 值正相关，比如，郭丽虹和马文杰（2009）用投资欧拉方程模型检验融资约束与投资—现金流的关系时，发现前期托宾 Q 值与企业当期投资显著正相关。由于我们能够观测到的托宾 Q 不是边际 Q，是平均 Q，正如我们在第三章第二节分析的，对资本市场的实际情况而言，平均 Q 等于边际 Q 的条件是不可能成立的。学界对托宾 Q 进行了分解，把 Q 分解成错误定价部分与未来成长机会部分，或寻找错误定价和代表潜在投资机会的代理变量。部分文献的研究发现，错误定价或投资情绪会通过如下渠道或机制影响公司投资行为：股权融资渠道（贝克，斯坦和沃格勒，2003）、迎合渠道（波尔克和萨皮恩泽尔，2009）和管理者中介效应渠道（格伦迪和李慧，2010；花贵如，2011）。股票价格偏离基本面程度越大，对公司投资的影响就越大（波尔克和萨皮恩泽尔，2009），中国学者李捷瑜和王美今（2006）、吴世龙和汪强（2008）、黄伟彬（2008）、俞鸿琳（2011）和花贵如等人（2011）的研究也得出了类似的结论。然而，我们得出的估计结果虽然都为正，但是并不显著，我们并没有发现错误定价显著影响公司投资行为的明显证据，与中国学者的研究结论也存在差异。巴克和怀特（2010）的研究发现，只有规模最小企业组的投资行为会受到偏离基本面股价的微弱影响。为了控制宏观经济因素和经济政策的内生影响，接下来我们对中国上市公司总量层面的数据分年度回归。

三　上市公司总量层面数据分年度回归结果分析

在表 3 - 1 研究样本的年度及行业分布中，我们可以看出随着年度的推移，上市公司的数量不断增加，即样本观察值也是不断增加的。同时，在本章分年度分行业的统计性描述中，我们可以看出，在样本期，宏观经济环境和经济政策的变化是比较大的，而在本章的基准计量模型（5-1）式中，我们用时间虚拟变量来控制这种影响。为了能够在回归分析中观测到更多的样本观察值、更容易控制宏观经济因素和经济政策的内生性影响，以及为了观察错误定价与公司投资行为是否随时间推移而发生动态变化，我们借鉴奥德斯和埃尔斯顿（Audretsch and Elston, 2002）和战明华（2012）的做法，按年度进行分段回归，以便更好地检验中国上市公司总量数据回归结果的稳健性。奥德斯和埃尔斯顿（2002）采用按年度分段回归的方法，研究了1970—1986年流动性约束对德国企业投资行为的影响。结果发现，中等规模企业的投资受到了流动性约束的影响，而小企业和大企业的投资没有受流动性约束的影响。

考虑到外部资本市场制度变迁一定会引起企业内部治理结构和管理模式等多方面的变动，也会影响到管理层对企业未来发展的预期，从而对企业的投资和融资决策行为造成影响，因此我们考虑股权分置改革前和改革后的两个样本。中国证监会于2005年4月29日发布了《关于上市公司股权分置改革试点有关问题的通知》，正式开始了股权分置改革。据证监会统计，截至2006年12月26日，已经有93%的公司完成或者进入股权分置改革程序，占市值96%，中国的股改已经基本完成。因此，我们以每两年为一个时间段进行分段回归，时间段的选择、模型的选择和对（5-3）式分段回归的结果报告在表5-8中。为了观察系数估计值的稳健性，我们同时采用了一步差分GMM估计和系统GMM估计。从表5-7和表5-8报告的回归结果来看，一步差分GMM估计法得到的投资滞后项和投资率平方的系数估计值变化比较大，而一步系统GMM估计得到的会值变化相对来说较小，这表明系统GMM估计结果更稳健，因此下面的分析将以系统GMM估计结果为准。

在各个年段，投资滞后一期的系数估计值显著为大于1，投资率平方的系数估计值显著小于-1；除2009—2010年外，代表产出或当期利润对投资的影响的系数估计值显著为正，表明当期利润加速了企业投资，证明了销售加速理论提供的解释。除2003—2004年，滞后一期销售收入的估计值为负，但是不显著。显然，分年度回归估计出来的投资滞后项、投资率平方、产出和销售收入的系数估计值，与投资欧拉方程模型理论预期的估计值一致。在 4 个年段，投资对现金流关系不敏感。现金流平方项的系数估计值在每个时段都为正，而且 2009—2010 年时段的系数估计值显著为正。各解释变量系数估计值的大小和显著程度没有较大变化，表明了我们估计结果的稳定性。从估计系数的趋势上看，投资—现金流关系的系数从 2003—2004 年的 -0.147 增加到了 2009—2010 年的 -0.061，投资—现金流平方项的系数从 2003—2004 年的 0.447 下降到了 2009—2010 年的 0.359（已经开始在 10% 的水平上显著）。直观上，随着企业现金流增加，企业现金流的边际增加对企业投资边际增加的效用将递增，但是随着近几年来资本市场改革的深化和监管体制的完善，这种递增效应在减弱。

我们同样转向我们所关注的从托宾 Q 中分解出来的错误定价代理变量和潜在投资机会代理变量的估计参数。潜在投资机会代理变量的系数估计值均显著为正，但是错误定价的系数估计值在 2003—2004 年和 2005—2006 年两个时段是负的，只在 2009—2010 年时段是显著为正。这种情况符合股票价格偏离基本价值的情况。从表 3 - 3 中分解托宾 Q 中得到的错误定价代理变量来看，在 2003—2004 年和 2005—2006 年两个时间段，从分年度分行业错误定价的均值来看，这两个时间段除了在 2006 年房地产和交通运输储备业的错误定价均值大于 0 外，其他各个行业错误定价在这两个时间段均是小于 0 的，股票价格低于企业内在价值，企业投资和错误定价应当是负相关关系，即企业价值低估，公司应当减少投资。但是在中国，股票价格低估企业价值，并没有出现企业减少投资的情况。如果由于股市低迷不能进行股权融资，上市公司可以优先从银行获得信贷资金。2009—2010 年各行业错误定价的均值均大于 0，股票价格高估了企业价值，伴随企业投资显著增加。

表 5 - 8　　中国上市公司总量层面数据的分段回归结果

年度 解释变量	2003—2004		2005—2006		2007—2008		2009—2010	
	差分 GMM	系统 GMM	差分 GMM	系统 GMM	差分 GMM	系统 GMM	差分 GMM	系统 GMM
$\dfrac{I_{i,t-1}}{K_{i,t-1}}$	0.536 *** (0.175)	1.008 *** (0.283)	0.551 *** (0.175)	1.101 *** (0.275)	0.635 *** (0.175)	1.021 *** (0.293)	0.906 * (0.548)	1.169 *** (0.293)
$\left(\dfrac{I_{i,t-1}}{K_{i,t-1}}\right)^2$	-0.417 (0.517)	-1.761 ** (0.939)	-0.373 (0.517)	-1.95 ** (0.928)	-0.581 (0.529)	-1.76 * (0.949)	-2.372 (1.658)	-2.187 ** (0.973)
$\dfrac{CF_{it}}{K_{i,t-1}}$	0.022 (0.058)	-0.147 (0.075)	0.080 (0.064)	-0.140 * (0.077)	0.051 (0.062)	-0.125 (0.076)	-0.061 (0.101)	-0.133 (0.080)

续表

度年 解释变量	2003—2004		2005—2006		2007—2008		2009—2010	
	差分 GMM	系统 GMM	差分 GMM	系统 GMM	差分 GMM	系统 GMM	差分 GMM	系统 GMM
$(\dfrac{CF_{it}}{K_{i,t-1}})^2$	0.199 (0.261)	0.447 (0.327)	−0.011 (0.273)	0.388 (0.333)	0.116 (0.263)	0.377 (0.335)	0.776 * (0.440)	0.359 * (0.343)
$\dfrac{S_{i,t}}{K_{i,t}}$	0.058 *** (0.012)	0.030 ** (0.012)	0.060 *** (0.013)	0.035 *** (0.012)	0.060 *** (0.012)	0.032 ** (0.014)	0.017 (0.024)	0.008 (0.013)
$\dfrac{S_{i,t-1}}{K_{i,t-1}}$	−0.022 *** (0.008)	−0.018 (0.013)	0.031 *** (0.008)	−0.026 ** (0.013)	−0.037 *** (0.009)	−0.025 (0.016)	0.025 * (0.015)	−0.001 (0.012)
$Q_{i,t-1}^{Growth}$	0.040 (0.029)	0.070 * (0.022)	0.054 * (0.029)	0.072 *** (0.022)	0.074 ** (0.033)	0.058 *** (0.024)	0.140 * (0.073)	0.047 * (0.026)
$Misp_{i,t}$	0.001 (0.004)	−0.001 (0.004)	−0.005 (0.004)	−0.004 (0.004)	0.005 (0.005)	0.001 (0.005)	0.003 * (0.005)	0.006 * (0.004)
AR (1) p 值	0.000	0.000	0.000	0.000	0.000	0.000	0.018	0.000
AR (2) p 值	0.305	0.690	0.235	0.667	0.261	0.647	0.477	0.547
Sargan	0.267	0.863	0.260	0.900	0.179	0.908	0.991	0.963
Hansen	0.225	0.843	0.226	0.825	0.199	0.851	0.928	0.942
L-Hansen (exg)		0.778		0.791		0.746		0.981
L-Difference (eg)		0.708		0.655		0.761		0.563
Eg Hansen	0.311	0.815	0.264	0.785	0.172	0.803	0.875	0.986
Eg Difference	0.675	0.931	0.163	0.727	0.643	0862	0.983	0.052
工具滞后期	[3 4]	[3 4]	[3 4]	[3 4]	[3 4]	[3 4]	[3 4]	[3 4]
工具变量数	76	54	77	55	77	55	34	55
截面数	1171	1247	1171	1247	1171	1247	1171	1247
观测值	5872	7119	5872	7119	5872	7119	5872	7119

说明：（1）GMM 估计是在 stata12.0 中嵌入 xtabond2 程序进行的；（2）*、**、*** 分别表示参数估计量在 10%、5%、1% 水平上显著，系数下方括号内的数字是异方差稳健标准差；（3）由于本书使用的是非平衡面板数据，因此使用了前向正交离差变换（forward orthogonal deviations）消除个体效应，而不是使用一阶差分消除个体效应，这样就可以最大化参与估计的样本数，从而提高估计系数的有效性（Roodman，2006）；（4）Arelleno-Bond 一阶、二阶序列相关检验 AR（1）和 AR（2）报告的是 z 统计量对应的 p 值；（5）Sargan 和 Hansen overid 报告的是 Hansen 过度识别检验统计量 chi2 对应的 p 值；（6）Level Hansen（exg）和 Level Difference（exg）是针对所有 GMM 变量的 Hansen- in- Difference 检验，报告的都是 p 值；（7）控制变量和常数项反映的是行业层面因素、宏观经济因素和经济政策的综合影响，不是关注变量，限于篇幅未列出；（8）所有回归中，除了时间虚拟变量外，我们把所有解释变量当作内生变量来处理。

　　从中国上市公司总量层面数据和分年分段回归的结果来看，各变量系数估计值的大小和符号都变化不大，各项统计量也表明我们的回归结果是稳健的。但是，各变量系数估计值的大小和显著程度与已有文献存在的差异。前期投资、前期投资率平方、当期产出、营业收入几个变量的系数估计值与投资欧拉方程模型的理论预期比较接近。无论是单因素分析结果，还是从总量层面数据和按年分段回归结果看，除了在2009—2010年外，我们没有发现错误定价显著影响公司投资行为的稳健证据。这一实证结果与巴克和怀特（2010）以美国为研究对象的实证结果一致，但与贝克、斯坦和沃格勒（2003）、波尔克和萨皮恩泽尔（2009）以及黄伟彬（2008）和俞鸿琳（2011）等从静态角度的实证结果不一致。巴克和怀特（2010）认为偏离基本面的股价不影响公司投资行为的原因在于：第一，大企业自融资（self-finance），因为股价高估时多融资到的钱不够抵销承销成本；第二，虽然经理知道股价高估，但如果投资引起的固定成本太高，经理并不一定把再融资资金用于投资。我们认为这种解释忽略了企业面临的金融市场和宏观经济环境，在现有相关文献基础上，我们从如下几个角度对产生这种差异的原因进行了解释。

　　第一，根据贝克、斯坦和沃格勒（2003）提出的错误定价影响公司投资行为的股权融资渠道假说，股权融资渠道发挥作用的潜在条件是企业存在股权融资约束。在斯坦（1996）提出的静态模型里，如果企业不存在融资约束，或者管理者具有长远眼光而不是短视，错误定价就不一定会对企业投资行为产生影响。贝克、斯坦和沃格勒（2003）实际上是在放松了斯坦（1996）不存在融资约束的假设下，提出了错误定价影响公司投资行为的股权融资渠道。由于企业融资约束程度是不可观察的，如何度量企业是否受到融资约束或融资约束的程度，一直是公司金融领域争论的问题。贝克，斯坦和沃格勒（2003）在提出错误定价影响公司投资行为的股权融资渠道时，是用KZ指数作为企业股权融资依赖程度的代理变量，用托宾Q和股票未来3年收益作为错误定价的代理变量。但是，大量文献研究表明，KZ指数识别的是对外部资金需求更强烈而非融资约束更严重的企业（亨尼斯和怀特，2007）。巴克和怀特（2010）的研究发现，高KZ指数（高融资约束组）的公司比低KZ指数公司（低融资约束组）使用更多的债权融资，但是股权融资额在KZ指数不同的公司组不存在显著差异。而按公司规模分类的统计分析表明，小企业组（高融资约束组）

股票融资额比大企业组（低融资约束组）的股权融资额高，而债权融资额的情况刚好相反。怀特和吴（2006）的研究也发现，尽管高 KZ 指数公司和无融资约束对照组公司具有同样低的托宾 Q，但是两组公司投资的比例相同。我们在本章第三节的单因素分析部分也发现，大企业组（低融资约束组）比小企业组（高融资约束组）更多倾向于债权融资，而小企业组比大企业组更多倾向于股权融资，这说明公司规模比 KZ 指数更好地反映了企业融资约束程度。如果 KZ 指数并没有完全反映公司的股权融资依赖程度，那就说明股权融资渠道假说高估了偏离基本面股价对公司投资行为的影响。

另外，股票融资渠道假说隐含假定企业融资约束是外生给定的，莫雷勒和舒尔（2010）提出了一种竞争力的解释，他们认为融资约束内生于逆向选择（adverse selection），投资时机选择和融资方式选择内生于企业传递信息过程，企业选择什么时候投资或哪种融资方式，取决于企业要向市场传递什么信息。但是，企业投资多少、投资时机选择和融资方式的选择是否与错误定价有关，在他们的模型里并没有涉及，因此莫雷勒和舒尔（2010）的模型对错误定价与公司投资行为关系的解释力不强。

第二，根据股权融资渠道假说的观点，企业择时发行股票是为了给投资项目融资，错误定价给企业提供了择时发行股票的机会，缓解了企业股权融资约束，但是学术界对市场择时的存在性、影响因素及偏好程度没有达成一致意见[1]。一些学者发现，为投资项目融资并不是企业择时发行股票的首要动因。金姆和韦斯巴赫（Kim and Weisbach，2008）研究发现，市值账面比高的企业在股权再融资（SEO）或 IPO 后比市值账面比低的企业持有更多的现金。斯坦顿等人（2010）对上市公司股权再融资的动因提出了另外一种解释，他们认为企业股权再融资（SEO）的首要原因是满足企业临时现金的需求，择时发行股票并不是为了给投资项目融资，而是为了储备现金，其次才是考虑择时发行股票的时机和企业生命周期。迪特玛和罗伯特（Amy K. Dittmar 和 Robert F. Dittmar，2008）从美国 1971—2004 年的数据发现，股票回购、股票发行和兼并是同方向运动，是90%相关的，这是市场择时理论所不能解释的。因为，根据市场择时理论，公司在股票低估时回购股票，在股票高估时发行股票融资，股票回购和发行

---

① 这方面的研究参见 Baker，Ruback and Wurgler（2007）的文献综述。

不可能同方向运动。对于这种现象，他们的实证研究发现，上市企业股权再融资主要受经济周期的影响，而不是受资本市场错误定价的影响。经济周期的变化影响了公司在股票发行、回购和兼并方面的决策。经济扩张减少了股权融资相对债权融资的成本，诱使公司发行股票；经济扩张增加了公司现金流和未来不确定性变化程度增加，因而公司回购股票。BCW（2011，2012）认为，现有文献无法回答如下一个问题：当面临严重的融资约束时，企业如何改变它的融资、投资和风险管理决策。假定企业面临外生的随机融资条件，BCW 建立了一个投资、融资和风险管理的动态模型。模型结果表明，企业的投资决策、融资决策（择时）和风险管理（现有持有策略）是相互作用的，择时融资是以一种复杂方式与企业谨慎现金管理和投资决策相互作用的，融资决策要权衡市场时机收益和高现金持有水平的成本。即使企业没有投资项目需要融资，当出现低成本融资机会时，公司为了管理风险储备现金，也会择时发行股票①。

第三，从中国上市企业面临的金融市场来看，中国上市公司的股权再融资不但受到股票市场估值的影响，而且还受到再融资管制政策的限制。证监会设置再融资资格线，从再融资时间间隔、财务指标要求、公司盈利状况、募集资金用途、发行规模上限以及公司治理结构等多个方面限定了再融资市场的准入资格，对企业增发和配股施加"门槛"限制。再融资节奏由中国证监会发行部控制，再融资公司数量反映的并不是上市公司自身对市场时机的把握，而是中国证监会对市场时机的把握，融资规模更大的原因并不是完成出于增长性导致的实际投资需要（王正位、朱武祥和赵冬青，2007），基于股票市场估值的"市场时机"并不是影响上市公司再融资规模的显著因素（王正位、王思敏和朱武祥，2011）。而证监会发行部对股票再融资审核批准的择时，会配合政府的宏观调控和产业政策，限制或鼓励一些行业和企业的股权再融资。因此，即使管理层察觉到了股票价格高估，但是股权再融资能否成功还取决于证监会审批。

尽管中国上市公司存在不同于成熟资本市场的股权融资约束，但是投资现金流不敏感可能恰恰反映了中国上市公司可能并不存在信贷配给下的

---

① 当融资环境好转时，现金储备少的企业利用外部融资成本低时择时发行股票融资，现金储备多的企业倾向回购公司股票，这与 Dittmar and Dittmar（2008）发现的股票发行和股票回购正相关的经验事实一致。

外部融资约束（战明华，2012）。如果上市公司有较强的投资意愿，即使存在股权融资约束，也有能力从银行融入所需要的资金，这是因为中国的金融体系具有银行主导和政府主导的典型特征，国有银行垄断了绝大部分金融资源。另外，中国对 IPO 实施管制和审批制，并且带有十分明显的政策倾向，因而企业"上市"就是向市场传递优质企业信号的重要过程。在上述制度背景以及央行严格控制了基准贷款利率及其上下浮动范围的背景下，厌恶风险的银行不能通过收取更高的利率筛选信息不对称更严重的非上市企业。因此，如果"企业上市"过程所揭示的企业信息能够完全满足银行的信贷决策需要，银行会倾向把具有"上市资格"的企业作为优质客户资源，从而可能会使得中国上市公司投资项目的资金来源并不是来自股票市场，而是主要依靠银行信贷等债权融资方式（Wang et al.，2009；陆正飞等，2009）。根据《中国统计年鉴》，2003—2010 年中国企业从证券市场上获得的股权再融资只占银行贷款总额的 0.12%—1.14%。相比而言，中国的银行系统比证券市场在企业融资中地位要重要得多，银行信贷占国内生产总值（GDP）的比重为 97%—119%，大部分年份都高于德国 98.77% 的水平（见表 5 - 9）。

表 5 - 9 2003—2010 年中国上市公司再融资情况

	年份	2010	2009	2008	2007	2006	2005	2004	2003
平均市盈率	上海	22.48	28.73	14.86	59.24	33.38	16.38	24.29	36.64
	深圳	37.58	46.01	16.72	72.11	33.61	16.96	25.64	37.43
融资额	IPO	4882.63	1879	1036.5	4809.85	1341.68	57.63	378.28	472.42
	SEO	4072.36	2015.5	1583.2	2981.7	993.5	281.4	264.5	192.65
SEO/银行信贷（%）		0.85	0.5	0.52	1.14	0.44	0.14	0.15	0.12
信贷总额/GDP		1.19	1.17	0.97	0.98	1.04	1.05	1.11	1.17

注：（1）本表市盈率、融资额数据来源于证监会官方网站上相关的统计资料；银行信贷和 GDP 数据来自各年《中国统计年鉴》。（2）融资额单位为亿元。（3）IPO 表示首次公开发行股票筹集的资金，SEO 表示再融资（包括配股和增发股票融资）。

在 2009—2010 年，偏离基本面股价显著影响了上市公司投资行为，这和证监会配合中国政府 4 万亿投资有关。从表 5 - 9 中 2003—2010 年上市公司股权融资（再融资）的情况可以清楚地观察到，2009 年证监会批准的再融资为 2015.12 亿元，IPO 融资额为 1879 亿元，仅低于 2007 年的股权融资额。2010 年 IPO 和 SEO 融资额都创了历史新高。上市公司 IPO

融资和股权再融资额并不表明这是上市公司自身对市场时机的把握，这与证监会配合政府宏观调控政策有关。在 2007 年，证监会大量发行新股，这与政府通过增加股票供给来应对股市不理性上涨的政策目标有关。2009—2010 年股权融资额创历史新高，这和中国证监会配合政府 4 万亿投资政策有关。这也从另一个侧面证明了股权融资渠道假说的解释力有限。

第四，如果股权融资渠道不发生作用，那么错误定价是否还会通过迎合渠道或机制影响公司投资行为呢？波尔克和萨皮恩泽尔（2009）提出了错误定价影响公司投资行为的迎合渠道假说，但是他没有解释为什么管理者要通过投资安排来迎合短线投资者，而且不能区分这种投资安排是管理者迎合投资者的结果，还是管理者乐观或过度自信导致的，或者是投资者乐观感染了管理者所导致的。这也是花贵如（2011）提出的管理者中介效应渠道假说不能解释和区分的。从现有的文献来看，对管理者过度自信的度量方法还处于多层面、多角度的揭示阶段，至今没有形成统一的测度标准。管理者过度自信对公司金融行为的影响与理性框架部分理论的预测相一致，如何将它们进行区分成为行为公司金融学亟待突破的瓶颈。沿着管理者非理性研究路径的文献不能区分公司投资行为是管理者乐观情绪或过度自信导致的，还是代理问题所导致的（贝克和沃格勒，2012）。中国资本市场可能并不存在迎合机制或渠道发挥作用的条件。从股权结构来看，尽管已经完成了股权分置改革，但是大部分股份仍然不能自由流通，对小非和大非的减持具有严格的管制政策，具有控制权的股东很难从股价短期泡沫中获取利益。如果管理者不迎合短线投资者，企业并不存在被二级市场收购兼并的威胁，而且中国并没有形成有效的职业经理人市场，因此理性管理者通过选择投资行为来迎合短线投资者的动机可能并不存在。理性管理者可能最大化具有控制权股东的利益，而不是迎合短线投资者利益。李捷瑜、王美今（2006）和黄伟彬（2008）的研究发现，在流通股比例大的样本中，管理者迎合短期投机者的需求，投机泡沫对真实投资有显著正影响，而流通股比例小的企业并不存在这种效应。但是，他们没有区分这种投资迎合行为到底是被投资者情绪感染的，还是与公司治理差异或管理层的个性特征有关。从中国上市公司经理薪酬契约的制度背景来看，国有企业经理薪酬主要与财务业绩相关，民营企业经理薪酬则与公司市值即股价挂钩。这种经理薪酬契约制度设计是否会对错误定价和公司投资行为的关系产生影响呢？我们将在第七章详细讨论这个问题。

第五，中国股市历来牛短熊长。波尔克和萨皮恩泽尔（2009）的研究表明，错误定价对公司投资行为的影响与股票价格偏离基本面的程度和时间有关。俞鸿琳（2011）对中国上市公司的研究也得出了类似的结论。

第六，已有文献主要是沿着FHP（1988）的投资托宾Q模型，忽视了投资的动态滞后特征和投资的调整成本，以及其他非融资因素对企业投资行为的影响。这些因素的影响都包含在个体效应和残差项中，这就必然导致托宾Q或错误定价与残差项相关。同时托宾Q是未来投资机会的一个代理变量，解释变量托宾Q与公司投资行为是相互作用的，即托宾Q或错误定价是内生变量。内生性问题将导致OLS系数估计有偏且不一致。连玉君、苏治和丁治国（2008）的研究表明，现金流和托宾Q的内生性问题容易导致估计结果出现偏差，而且内生性偏误并不会因对样本分组而消失。巴克和怀特（2010）采用GMM估计，结果发现股票价格中错误定价部分对企业投资行为并没有显著影响，只对小企业投资行为有微弱影响。另外，沿着FHP（1988）思路的融资约束文献都主要从资本需求方来研究企业投资和融资问题，忽视资本供给方的变化对企业投资和融资行为的影响，即没有考虑资本市场融资"机会窗口"的变化对企业投资的影响（蒂特曼，2002；贝克，2010；BCW，2012）[①]。蒂特曼（2002）提出，资本结构研究文献大多数集中于研究破产成本与税盾、代理问题和信息不对称问题等对资本市场的影响，忽视了资本市场条件对公司融资决策的影响，即忽视了资本市场供给的市场条件（蒂特曼，2002）。但是，在现实生活中，资本市场的条件最终决策了企业融资计划实现的程度，即市场条件（Market condition）是否有利于债务或股权融资，是否存在融资的"机会窗口"。资本市场条件包括：（1）金融体系状态与金融产品的丰富程度；（2）企业股票价格被高估或低估的程度，即错误定价程度（mispricing）；（3）政策法规约束，比如再融资管制政策的约束。由于中国存在股权和债权融资管制，上市公司面临的融资机会或融资的"机会窗口"具有不确定性，资本市场融资条件的不确定性对企业投资行为产生重大

[①] BCW（2012）认为，第一代融资约束的静态模型（如FHP，1988；Froot, Scharfstein, and 斯坦，1993；KZ，1997）不能够解释市场择时对公司投资决策的影响，因为这些影响没有反映外部融资成本的外生变化和企业现金持有的外生变化。

影响。

上述分析表明，尽管西方学者关于错误定价与公司投资行为的关系研究已经形成了投资者非理性分析框架，但是他们的研究假设和应用都离不开自身所处的资本市场环境。作为新兴加转轨的中国金融市场，金融市场的发达程度和面临的政策管制环境，都和西方发达金融市场存在较大差异，以发达国家资本市场为背景的投资者非理性分析框架不能简单地套用于中国上市公司投资和融资行为的研究之中。

大量研究表明［兰德、塞姆班和扎内蒂（Rand，Sembenelli and Zanettib，1994；辛清泉等人，2007）］，总样本与子样本的回归结果可能会出现差异。为了检验结果的稳健性，下述原因的存在使得我们有必要检验不同类型企业投资对偏离基本面股价反应的异质性：一是某一类行业或企业在总体样本中所占比重较小，因而这类行业或企业的错误定价与公司投资行为之间关系，或投资—现金流关系的真实效应可能被总体效应所掩盖。二是一些与企业特质有关的因素可能没有在模型中加以控制，而这些与企业特质有关的因素可能影响到错误定价与公司投资行为之间的关系。比如相关研究表明，错误定价与公司投资行为之间的关系与企业特质性因素有关。贝克、斯坦和沃格勒（2003）的研究实际上表明，偏离基本面的股价是否影响公司投资行为与企业股权融资依赖程度有关；波尔克和萨皮恩泽尔（2009）的研究表明，偏离基本面的股价影响公司投资的程度与信息不对称程度（用企业研发强度作为代理变量）和投资者短视程度（换手率衡量）有关；董等人（Dong et al.，2007）研究发现，企业研发投入更容易受到错误定价的影响。三是大量研究发现，制度会通过提高或降低激励和约束来影响拥有自由决策权的公司管理者的决策行为，因此经理薪酬契约的差异必然会影响到管理者的投资决策（方军雄，2007；姜付秀、黄继承，2011）。

在分类指标的选择上，分类指标（sorting criteria）应该集中讨论那些与信息成本相关的企业特性，从而能够把那些外源融资与内源融资存在显著差异，以及存在融资约束的企业识别出来。一般而言，反映上市公司融资约束程度和公司治理差异的单一因素有企业规模、企业年限、企业股利政策、企业信息不对称程度、中国上市公司特有的实际控制人性质与股权集中度、发行债券所属等级，以及其与产业集团或金融集团的紧密联系（沙勒，1993）。因此，我们接下来对中国上市公司进一步做分类回归。

首先，本章第五节按上市公司融资约束程度进行分类回归。其次，在第六章专门研究偏离基本面股价对高新技术企业研发投资的影响。这是由于高新技术企业的信息不对称程度更加严重，从而决定了研发投入更容易受到融资约束。最后，我们将在第七章讨论偏离基本面的股价对公司投资行为的影响是否与不同企业经理薪酬契约安排差异有关。

第五节　上市公司按融资约束程度分类实证结果

对企业按融资约束程度分类回归还有如下原因：一是小企业占总样本的比重较低；二是虽然计量模型中各变量均进行了标准化处理，以消除规模因素影响，但是如果规模对企业投资的影响是非线性的，那么这种消除是有限的；三是按企业规模分类还包含了企业融资约束程度的信息；四是这种分类还包括了实际控制人性质和公司治理等其他信息。

类似于 Bakke and White（2010），我们按企业规模把企业进行 4 等分类，然后利用系统广义矩 GMM 对分类企业进行回归，在回归时我们对错误定价的 3 个代理变量分别进行回归，以检验回归结果的稳健性。与前面的回归分析类似，鉴于 GMM 估计的复杂性，我们严格按照鲁德曼（2006，2009）提出的建议，在以下的表中我们详细报告了系统 GMM 的设置细节、判断模型假设检验、模型设定偏差、工具变量有效和工具变量外生的统计量。表 5-10 报告的回归结果显示，AR（2）的检验结果支持了估计方程的误差项不存在二阶序列相关的原假设，Sargan 和 Hansen 过度识别约束检验也不能拒绝工具变量有效的原假设，这说明模型设定是合理的，工具变量的选择也是有效的。从表 5-10 中方程（5-3）的估计结果可以看出，前期投资、投资率的平方、销售收入和企业产出的回归结果基本与表 5-7 和表 5-8 类似，因此此处不再做详细说明。下面仅对与表 5-7 和表 5-8 不同的地方做详细分析。

表 5-10 投资—现金流关系给出了一个明显与传统理论预期不符合，也与本章前面分析不同的结果。企业规模最小（4 等分一的企业组）和次大规模企业组（4 等分三的企业组）的企业组的投资—现金流关系不敏感，现金流平方的系数估计不显著为正。这个结果与前面的分析一致，但是与传统理论预期不符合。根据信息不对称、信贷配给和融资约束理论，规模是反映企业还款能力的一个重要信息，规模越大，一般意味着企业更

容易从银行获得贷款，因而所受融资约束程度就越小，即在控制其他因素后，企业投资对现金流的敏感程度应该随着企业规模的增加而下降。但是从表 5－10 报告的结果来看，我们发现规模最大企业组（融资约束程度最小）的投资对企业现金流反而表现出敏感性，企业现金流二次方的系数估计值为负，即规模最大的企业组的投资与现金流存在一个向上凹的二阶关系。这表明，随着企业现金流的增加，大企业所受外部融资约束减小，因此规模最大企业组现金流的边际增加对企业投资边际增加的效应递减。这与 FHP（1988）和 KZ（2000）的融资约束假说预期一致，但是，如果企业规模是企业融资约束程度的一个代理变量的话，那么根据表 5－10 报告的企业投资—现金流关系，大企业受到的融资约束反而比小企业大，这就得出了自相矛盾的结论。

从笔者能够收集到的文献来看，兰德、塞姆班和扎内蒂（1994）研究发现了意大利国有控股企业相对于私有企业，投资对现金流更敏感的异常结果，对此他们提供了一个政治经济学视角的解释。国有企业投资现金流比私有企业更敏感的原因在于，国有企业不以利润最大化为目标，而是完成政治意义上的投资（兰德、塞姆班和扎内蒂，1994）。奥德斯和埃尔斯顿（2002）的研究表明，德国的大企业与小企业均表现出投资对现金流的不敏感，而中等规模的企业表现出投资—现金流关系的敏感性。他们从德国金融体系的特殊性角度进行了分析：德国的金融体系具有国际性和竞争性，大企业更容易获得投资所需要的资金，而小企业的信贷资金从大银行转向从储蓄和信用合作部门获得资金，中等规模的企业被排斥在金融体系外（奥德斯和埃尔斯顿，2002）。

中国学者罗党论和甄丽明（2008）对政治关系影响民营企业融资约束进行了研究，发现有政治关系的民营企业其外部融资时所受到的融资约束更少，从而对企业融资约束提供了一个政治经济学视角的解释。连玉君和程建（2007）的研究发现，中国上市公司投资现金流的敏感性可能是融资约束和代理问题共同作用的结果。小规模公司表现出的投资现金流敏感性主要归因于融资约束，大规模（非融资约束组）公司表现出的投资—现金流敏感性主要由代理成本所致。表 5－10 中规模最小企业组的投资—现金流关系不敏感，这与德国情况类似，这可能恰恰验证了前面的假设：中国的金融体系是以银行为主导的金融体系，银行控制了绝大部分金融资源，偏好把金融资源配置给具有"上市资格"的企业。而大规模公

表5-10

按企业规模分类企业的回归结果

解释变量	Misp				个股累积超额收益率 Abret				可操控应计利润 DACC			
	1/4	2/4	3/4	4/4	1/4	2/4	3/4	4/4	1/4	2/4	3/4	4/4
$\dfrac{I_{i,t-1}}{K_{i,t-1}}$	0.374** (0.828)	0.384* (0.234)	0.903*** (0.156)	0.866*** (0.145)	0.306 (0.556)	0.743** (0.376)	1.032*** (0.152)	0.984*** (0.143)	0.324 (0.591)	0.481*** (0.178)	0.722** (0.311)	0.803*** (0.140)
$\left(\dfrac{I_{i,t-1}}{K_{i,t-1}}\right)^2$	-0.986 (2.515)	-0.922 (0.868)	-1.360*** (0.512)	-1.204** (0.419)	0.524 (1.995)	-1.725 (1.078)	-1.601*** (0.488)	-1.475*** (0.429)	-0.975 (1.712)	-0.948 (0.545)	-1.098 (0.972)	-1.120** (0.396)
$\dfrac{CF_{it}}{K_{i,t-1}}$	-0.306 (0.241)	0.091 (0.080)	-0.075 (0.049)	0.115** (0.053)	-0.150 (0.250)	0.111 (0.111)	-0.067 (0.052)	0.121** (0.054)	0.010 (0.270)	0.106 (0.114)	-0.275 (0.187)	0.154** (0.077)
$\left(\dfrac{CF_{it}}{K_{i,t-1}}\right)^2$	1.221 (1.059)	-0.413 (0.440)	0.439** (0.200)	-0.027 (0.190)	1.279 (1.168)	-0.194 (0.375)	0.338 (0.214)	-0.009 (0.191)	0.614 (1.081)	-0.340 (0.311)	0.262 (0.435)	0.053 (0.194)
$\dfrac{S_{i,t}}{K_{i,t}}$	-0.008 (0.028)	0.057*** (0.015)	0.033*** (0.010)	-0.025*** (0.008)	-0.013 (0.028)	0.010 (0.023)	0.034*** (0.011)	0.030*** (0.008)	-0.009 (0.024)	0.021 (0.014)	0.046** (0.024)	0.017* (0.009)
$\dfrac{S_{i,t-1}}{K_{i,t-1}}$	-0.022 (0.035)	-0.033* (0.018)	-0.026*** (0.008)	-0.024*** (0.006)	-0.011 (0.034)	-0.026 (0.018)	-0.028*** (0.009)	-0.029*** (0.006)	0.006 (0.032)	-0.015 (0.011)	-0.038 (0.027)	0.019** (0.007)
$Q_{i,t-1}^{Growth}$	-0.051 (0.170)	0.022 (0.036)	0.004 (0.022)	0.032* (0.020)	-0.097 (0.185)	-0.029 (0.045)	0.031 (0.024)	0.029 (0.023)	0.001 (0.114)	0.052** (0.026)	0.158** (0.068)	0.028 (0.025)
$Misp_{i,t}$	0.08 (0.05)	0.015 (0.02)	0.013 (0.09)	0.008 (0.011)	0.043 (0.039)	0.026 (0.026)	0.009 (0.011)	0.008 (0.011)	0.037* (0.196)	0.036 (0.135)	0.021 (0.172)	0.016 (0.075)

续表

解释变量	Misp				个股累积超额收益率 Abret				可操纵应计利润 DACC			
	1/4	2/4	3/4	4/4	1/4	2/4	3/4	4/4	1/4	2/4	3/4	4/4
AR (1) p值	0.064	0.000	0.000	0.000	0.002	0.000	0.000	0.000	0.016	0.000	0.002	0.000
AR (2) p值	0.601	0.776	0.277	0.371	0.201	0.597	0.282	0.368	0.416	0.220	0.722	0.418
Sargan	0.937	0.134	0.120	0.692	0.949	0.929	0.145	0.481	0.817	0.181	0.837	0.848
Hansen (p值)	0.790	0.698	0.424	0.798	0.870	0.918	0.152	0.486	0.779	0.497	0.740	0.628
L-Hansen (exg)	0.843	0.843	0.712	0.817	0.900	0.937	0.824	0.586	0.859	0.327	0.830	0.413
L-Difference (eg)	0.576	0.337	0.163	0.562	0.683	0.646	0.008	0.351	0.545	0.692	0.451	0.775
Eg Hansen	0.661	0.756	0.507	0.724	0.667	0.952	0.174	0.398	0.586	0.581	0.599	0.635
Eg Difference	0.746	0.248	0.167	0.880	0.887	0.346	0.251	0.834	0.835	0.170	0.875	0.409
工具滞后期	[6 7]	[3 4]	[5 6]	[3 4]	[6 7]	[3 4]	[5 6]	[3 4]	[6 7]	[3 4]	[5 6]	[3 4]
工具变量数	34	105	126	126	31	55	123	123	34	126	58	126
截面数	463	584	583	471	463	584	583	471	463	584	583	471
观测值	1589	1742	1858	1930	1589	1742	1858	1930	1589	1742	1858	1930

说明：（1）GMM 估计是在 stata12.0 中嵌入 "xtabond2" 程序进行的；（2）*、**、*** 分别表示参数估计量在 10%、5%、1% 水平上显著，系数下方括号内的数字是异方差稳健标准差；（3）由于本书使用的是非平衡面板数据，因此使用了前向正交离差变换（forward orthogonal deviations）消除个体效应，而不是使用一阶分差消除个体效应，这样就可以最大化参与估计的样本数，从而提高估计系数的有效性（Roodman，2006）；（4）Arelleno-Bond 一阶、二阶序列相关检验 AR（1）和 AR（2）报告的是 z 统计量对应的 p 值；（5）Sargan 和 Hansen overid 报告的是过度识别度检验统计量 chi2 对应的 p 值；（6）Level Hansen（exg）是 Level Difference（exg）是针对所有 GMM 变量的 Hansen-in-Difference 检验，报告的都是 p 值；（7）控制变量和常数项反映的是行业层面因素、宏观经济因素和经济政策的综合影响，不是关注变量，限于篇幅未列出。

司表现出的投资—现金流的敏感性并不表示这些企业受到了信贷配给下的融资约束，这可以从几个角度解释。一是大规模公司大都是国有控股企业，代理问题更加严重，因而更适合用自由流假说来解释投资—现金流的敏感性。二是大规模公司的投资往往更容易受到政治目标和政治任务的影响，因此上述因素共同作用的一个合理逻辑结果就是，小规模公司的投资对现金流不敏感，而大规模公司的投资对现金流敏感。

我们再转向错误定价对企业投资影响的回归结果。在中国上市公司总量层面数据的回归中，错误定价和企业投资的关系并不显著。我们再转向偏离基本面的股价对融资约束程度不同企业的投资的影响。由表 5 - 10，非基本面股价对公司投资水平有正向影响，但是这种影响不显著，而且这种显著程度并没有随着融资约束程度的变化而发生改变，即非基本面股价对公司投资的影响与企业融资约束程度没有显著关系。这可能恰恰验证了前面的分析：第一，由于中国上市公司的股权再融资不但存在市场择时"机会窗口"，而且还存在管制政策择时"机会窗口"，因此即使企业管理者知道企业股价被高估，但是管理者也并不一定能够为投资项目实施股权融资计划。第二，由于国有银行垄断了中国绝大部分金融资源和基准贷款利率控制，这必然使得厌恶风险的银行倾向把资金贷给上市公司，从而使得上市公司投资项目资金的主要来源不是依赖股权融资，而是主要来自银行信贷等债权融资方式。

第六节　资本市场错误定价对公司资本配置效率的影响

在本章第四节中，从中国上市公司 2003—2010 年的数据来看，我们并没有发现资本市场错误定价影响上市公司投资行为的稳健证据。在控制宏观经济条件和宏观经济政策，以及股权分置改革的制度性影响后，我们只发现在 2009—2010 年，资本市场错误定价显著影响了公司投资行为。尽管我们没有发现资本市场错误定价影响公司投资行为的稳健证据，但是并不意味着资本市场错误定价不影响资金资源的配置效率。施莱佛（2003）指出，如果证券市场是非有效的，那么一定会导致公司非效率投资吗？股市泡沫是鼓励了一些浪费项目的开工，还是有助于一些无法获得投资的好项目获得融资？贝克和沃格勒（2012）在《金融经济学手册》（第 2 卷）中的《行为公司金融研究综述》文末也指出行为金融学未来值得研究关注的 20 个问题，其中一个问题就是：投资者和管理者的有限理性引起的扭曲如何与传统的资本市场不完美引起的扭曲相互作用？比如，如果由于代理问题或信息不对称引起公司投资不足，股市泡沫是否会让投资水平接近有效率的投资水平，或者超调（overshoot）呢？这方面的问题目前尚未得到深入研究。在第六章我们研究了资本市场错误定价对企业研发投入的影响，研究发现股市泡沫有助于研发投入获得融资。本节我们研究资本市场错误定价与公司内部代理问题的相互作用对公司投资效率的影响。

一　相关文献与理论分析

法尔希和帕娜（Farhi & Panageas，2004）认为，资本市场错误定价一方面扭曲了投资决策，导致资源配置低效率；另一方面缓解了融资约束，使得一些有效率的项目得以实施。这两种效应到底哪个占优，实际上是一个经验研究问题。他们对美国的上市公司进行了实证检验，结果发现资本市场错误定价在长期导致了实际投资增加，总利润减少，因而资本市场错误定价更多的是导致资源配置低效率。花贵如（2010）基于法尔希和帕娜（2004）的研究思路，研究发现资本市场错误定价对公司过度投资具有显著的恶化效应，对投资不足有显著的校正效应，对公司当前和未来绩效表现为"正向影响—负向影响—逐渐消退"的过程，其总效应表现为资源配置低效率。而且相对非政府控制的企业，政府控制的企业中这种恶化效应和校正效应相对较弱。卡巴莱罗、法尔希和哈穆（Caballero，Farhi & Hammour，2006）建立了一个经济总量模型，发现投资性泡沫缓解了融资约束。法尔希和泰勒（2008）在世代交叠模型下分析了流动性和投资之间的关系，发现情绪的变化通过流动性（liquidity dry-ups）扩大了对投资的影响。耶尔曼和卡德罗尼（2007）发现，乐观情绪引起的资本市场错误定价缓解了融资约束，从而提高了生产率。亨特利·沙勒（Huntley Schaller，2011）用差分法估计了资本市场错误定价的宏观经济后果，发现资本市场错误定价影响必要收益率（hurdle rate），低落的投资者情绪导致必要收益率提高了 590 个基点。当投资者情绪高涨时，缺乏投资机会的公司的必要收益率被错误地定价过低，从而导致这类公司出现过度投资，但是没有证据表明具有相对好投资机会的公司的必要收益率被错误定价；当投资者情绪低落时，具有相对好投资机会的公司的必要收益率被错误地定价过高，从而导致这类公司投资不足。同样没有证据表明缺乏好投资机会的公司的必要收益率被错误地定价过低。

根据贝克等人（2003）提出的资本市场错误定价影响公司投资行为的股权融资渠道假说，股权融资依赖型公司比非股权融资依赖型公司的投资对非基本面股价波动更敏感，因而股权融资依赖型公司的投资波动更大。但是不能据此推断股权融资依赖型公司的投资效率就更低。这有两个方面的原因，其一，如果企业由于市场摩擦难以获得投资项目所需要的资金，而高涨的投资者情绪可能引起股票价格高估，从而缓解了企业融资约束；其二，如果考虑代理问题所导致的投资不足，非股权依赖型公司的投资对股价反应不足，而股权依赖型公司的投资水平对股价更敏感，这样股权依赖型公司的投资水平可能反而接近更有效率的投资水平。因此，研究资本市场错误定价对公司投资效率的影响应当结合代理问题和融资约束。企业可能由于代理问题引致投资过度，也可能引致投资不足。外部资本市场错误定价也能通过两个方面影响企业投资行为，一是资本市场高涨的投资者情绪感染管理者通过增加投资迎合资本市场情绪；二是资本市场错误定价能够缓解或加重企业股权融资约束，使得企业的融资项目变得可行或不可行，也可能影响企业融资项目的必要收益率，从而出现投资过度或投资不足。因此，如果企业由于代理问题导致投资过度，股市泡沫将使得企业的投资过度更加严重，低迷股市缓解了投资过度；反之，企业由于代理问题或融资约束导致投资不足时，股市泡沫缓解了企业融资约束和投资不足，而股市低迷恶化了企业股权融资约束和投资不足。因此，我们接下来实证检验外部资本市场错误定价与公司内部代理问题的相互作用对公司投资效率的影响。

二　实证分析

（一）投资过度和投资不足的测量模型

在公司金融实证研究中，广泛使用理查森（Richardson，2006）提出的模型来测算公司投资过度和投资不足。投资过度是指企业将资金投资于净现值（NPV）为负的项目（詹森，1986），投资不足是企业由于融资约束不能投资净现值为正的项目。要测度投资过度，首先需要测量公司正常的投资水平，具体的计算公式如下：

$$INV_{i,t} = a_0 + a_1 Q_{i,t-1}^{Growth} + a_2 Lew_{i,t-1} + a_3 CF_{i,t-1} + a_4 Age_{i,t-1} +$$

$$a_5 Size_{i,t-1} + a_6 RET_{i,t-1} + a_7 INV_{i,t-1} + \sum Industry + \sum Year + \varepsilon$$

$$(5-4)$$

（5-4）式中各变量的定义见表5-11所示。詹森和梅克林（1976）认为，企业采用负债方式进行融资，既可以提高企业财务杠杆效用，又可以降低管理者与股东间利益冲突问题。负债的运用及其比例的提高将有利于减少企业的闲置资金，抑制经理人因企业闲余资金过多而进行有利于自身利益的过度投资和在职消费行为。因此，我们选取了资产负债率作为控制变量。在企业规模较小时，企业可能更具有强烈的动机去扩张规模。投资机会是影响公司投资支出的一个重要因素。企业面临的投资机会越多，企业的投资水平可能也就越高。因此，我们控制了投资机会这一可能影响企业过度投资的因素。我们也加入了行业虚拟变量和年度变量以进一步控制行业和年度效应。在行业划分上，我们根据本书第二章的行业分类准则设置虚拟变量，属于该行业赋值为1，否则为0。

通过采用中国沪深A股上市公司2003—2010年的数据对（5-4）进行回归，可以得到各上市公司 t 年正常的资本投资水平。每个上市公司第 t 年的实际投资水平减去正常投资水平（回归残差），便是每个公司第 t 年的非正常投资水平，并对该残差取绝对值。如果非正常投资水平大于0，表示公司投资过度（overinvest）；如果非正常投资水平小于0，则其值的绝对值表示公司投资不足（underinvest）。一般来说，如果实际投资水平偏离正常投资水平越多（投资过度或投资不足），则表示企业投资效率越低。

（二）实证模型设定

为了检验外部资本市场错误定价与公司内部代理问题相互作用对公司投资效率的影响，我们在姜付秀等（2009）、俞红海等（2010）和花贵如（2010）采用的实证模型基础上，采用回归方程（5-5）式来实证检验外部资本市场错误定价对公司内部投资决策效率（投资过度和投资不足）的影响。

$$INV_{i,t}^{\varepsilon} = \beta_0 + \beta_1 Misp_{i,t-1} + \beta_2 CF_{i,t} + \beta_3 ADM_{i,t} + \beta_4 ORA_{i,t} + \beta_5 CF_{i,t} * Misp_{i,t-1} +$$

$$\beta_6 Misp_{i,t-1} * ADM_{i,t} + \beta_7 ORA_{i,t} * Misp_{i,t-1} + \sum Industry + \sum Year + u$$

$$(5-5)$$

式（5-5）中，被解释变量为上市公司投资过度或投资不足的程度，各变量定义见表 5 – 11。基于 Richardson（2006）、辛清泉等（2007）、姜付秀等（2009）以及花贵如研究设计，我们使用自由现金流量、管理费用率和大股东占款作为企业内部代理问题来控制代理问题对企业投资过度或投资不足的影响。

表 5 – 11 变量定义及说明

变量名称	变量符号	定义
资本投资	IVN_t	构建固定资产、无形资产和其他长期资产所支付的现金/期初账面资产总额之比
投资不足或投资过度	$IVN^e_{i,t}$	Richardson（2006）模型（5 – 4）式中的回归残差
企业现金流量	CF_{it}	当期经营活动产生的现金流量净额/期初总资产
大股东占款	ORA	t 期末的其他应收款/总资产
管理费用率	ADM	t 期的管理费用/主营业务收入
未来投资机会	$Q^{Growth}_{i,t-1}$	用 RKV 模型从托宾 Q 中分解出来的
公司规模	Size	公司总资产的自然对数
上市年龄	Age_{t-1}	截至 $t-1$ 期期末的公司上市年龄
资产负债率	lev_{t-1}	期初总负债/期初总资产
错误定价	$Misp_{i,t}$	股票价格偏离企业基本面的程度，从托宾 Q 中分解出来
	Abret	个股累积异常收益率
	DACC	可操控性应计利润

（三）实证结果及分析

表 5 – 12 报告了回归分析结果。从回归结果看，资本市场错误定价对投资过度的影响为正，对投资不足的影响为负，但是都不显著，这意味着高涨的市场情绪导致的股价泡沫并没有显著恶化企业投资过度问题，低迷的股市也没有显著缓解企业投资不足的问题。这一结果与花贵如等（2010）、崔晓蕾的研究结论不一致。本书在本章第四节对这种差异提出了几种解释，其中一个可能的原因是中国上市公司股权再融资受股市估值的影响较小，主要受证监会行政审批影响。其次，企业在股票高估时进行股权再融资的首要动因是为了储备现金，并不是为了投资项目融资［哈里·迪安杰洛等（Harry DeAngelo et al.，2010）］。还有一个最重要的原因是，中国上市公司投资项目的来源主要不是来自股权融资，而是主要来

自债券融资和银行信贷等债权融资方式①。

企业自由现金流与投资过度显著正相关，即自由现金流越多，企业越容易发生投资过度。企业自由现金流与投资不足负相关，企业自由现金流越少，企业就越容易出现投资不足。这和詹森（1986）的理论分析、理查森（2006）与花贵如（2010）的经验证据相吻合。在投资过度的回归方程中，企业自由现金流与偏离基本面股价的交乘项系数为正，表明尽管外部资本市场错误定价没有显著影响企业投资过度，但是外部资本市场错误定价显著影响了企业内部代理问题引起的非效率投资，偏离基本面的股价有效强化了企业自由现金流与企业投资过度之间的正相关关系。这是因为高涨的投资者情绪感染管理层，管理层越有动机和能力去扩大投资以获取私人利益，因而会进一步强化代理问题对投资过度的影响。这个研究结果与崔晓蕾（2014）的研究结论一致。在投资不足的回归方程，企业自由现金流与偏离基本面股价的交叉项系数显著为负，表明外部资本市场错误定价能够有效弱化自由现金流与企业投资过度之间的负相关关系，外部资本市场错误定价在一定程度上缓解了代理问题引发的投资不足问题。外部资本市场对企业投资不足的影响可以从两个方面来解释，一是股价泡沫为公司股权融资提供了便利，可能缓解了企业的融资约束，即使股权融资要受证监会审批，股价泡沫提高了企业担保物的价值，进而缓解了企业债权融资约束。二是市值管理制度也可能使高管有动机通过投资决策来迎合资本市场情绪。

管理费用与投资过度正相关，与投资不足负相关。在投资过度的回归方程中，偏离基本面股价与管理费用的交叉项系数为正。在投资不足的回归方程中，偏离基本面股价与管理费用的交叉项系数为负。大股东占款与投资过度负相关，与投资不足正相关，表明大股东占款减弱了投资过度，恶化了投资不足。偏离基本面股价与大股东占款的交叉项系数为负，表明外部资本市场错误定价能够有效弱化大股东占款与投资过度的负相关关系，以及弱化大股东占款与投资不足的正相关关系。

我们要特别说明的是，用可操控性盈余作为股票错误定价的代理变量时，我们发现可操控性盈余高的企业投资效率低，这种投资效率低的原因还有几种其他解释：第一，具有好投资机会的公司通过盈余管理影响股

---

① 中国上市公司 2003—2010 年再融资的情况可参考本章表 5 - 9。

价，错误定价缓解了融资约束，从而便利融资，这种情况下的投资是有效率的，但是这种解释与已有文献得到的结论不一致，比如陈等人（2001）的研究表明，进行盈余管理的企业未来运营绩效低。第二，错误定价的代理变量也许表示是对贴现率的理性异质信念，具有高操控性盈余的企业有低的贴现率。

表 5 – 12　资本市场错误定价、代理问题与公司投资效率回归结果

解释变量	Misp		Abret		DACC	
	投资过度	投资不足	投资过度	投资不足	投资过度	投资不足
$Misp_{i,t}$	0.024 ** (0.03)	– 0.035 (0.022)	0.027 (0.057)	– 0.036 (0.032)	0.045 (0.05)	– 0.03 * (0.08)
$CF_{i,t}$	0.0845 * (0.09)	– 0.132 * (0.15)	0.1080 * (0.129)	– 0.155 ** (0.145)	0.112 * (0.13)	– 0.1327 * (0.143)
$ADM_{i,t}$	0.388 * (0.56)	– 0.405 ** (0.75)	0.32 *** (0.83)	– 0.614 * (0.78)	0.565 *** (0.523)	0.473 * (0.76)
$ORA_{i,t}$	– 0.0138 ** (0.033)	0.021 * (0.12)	– 0.0344 * (0.029)	0.0259 *** (0.0171)	– 0.025 ** (0.063)	0.033 ** (0.055)
$CF_{i,t} \times Misp_{i,t-1}$	0.085 *** (0.026)	– 0.016 * (0.055)	0.067 ** (0.0352)	– 0.021 ** (0.067)	0.0727 * (0.0412)	– 0.0075 * (0.082)
$Mips_{i,t-1} \times ADM_{i,t}$	0.107 ** (0.092)	– 0.054 * (0.031)	0.097 * (0.0967)	– 0.066 ** (0.0282)	0.088 * (0.1008)	0.0796 *** (0.0311)
$ORA_{i,t} \times Misp_{i,t-1}$	– 0.056 * (1.874)	– 0.186 ** (0.967)	– 0.1077 * (1.85)	– 0.212 *** (1.22)	– 0.049 (1.59)	– 0.244 *** (1.88)
观测值	6629	8231	6629	8231	6629	8231
Adj – R²	0.492	0.389	0.462	0.412	0.522	0.377

说明：（1）*、**、*** 分别表示参数估计量在10%、5%、1%水平上显著，系数下方括号内的数字是异方差稳健标准差；（2）常数项、行业和年度虚拟变量，不是关注变量，限于篇幅未列出。

第七节　本章小结

自行为金融公司学兴起以来，经济主体有限理性对公司投资的影响受到了广泛关注。与已有文献不同，本章以市场择时和迎合理论为基础，结合中国金融市场特殊制度环境，对投资者情绪与公司投资关系进行了理论分析。理论分析表明，投资者情绪通过股权融资渠道和迎合渠道影响公司的传导机制可能并不发挥作用。在理论分析的基础上，本章基于反映公司投资行为的相关理论，建立了检验偏离基本面股价与公司投资行为动态调

整关系的计量模型。然后，利用中国上市公司 2003—2010 年的经验数据，从总量层面和按融资约束程度分类两个角度进行了检验。研究发现：

第一，在 2003—2010 年全样本期内，研究发现偏离基本面的股价对中国上市公司的投资行为有正向影响，但是这种影响不显著。为了控制宏观经济因素和经济政策的内生性影响，以及观察股权分置改革的制度性影响，考虑了股权分置改革前和改革后的两个样本，以每两年一个时间段进行分段回归，实证结果发现，除了 2009—2010 年时间段外，其他时间段并没有发现偏离基本面的股价显著影响中国上市公司投资行为的证据。在 2009—2010 年，偏离基本面股价显著影响了上市公司投资行为，这和证监会配合中国政府 4 万亿元投资有关。

第二，考虑到偏离基本面股价是否影响公司投资行为与企业融资约束程度有关，本章按融资约束程度对中国上市公司进行分类回归，结果发现，在低融资约束组企业和高融资约束组企业，偏离基本面股价对公司投资行为有正向影响，但是这种影响并不显著。这个发现与巴克和怀特（2010）的研究结果不完全相同。巴克和怀特（2010）研究发现，只有在高融资约束组企业，偏离基本面股价对公司投资行为有微弱的显著影响，而其他融资约束程度不同的企业，并没有发现偏离基本面股价显著影响公司投资行为的证据。

上述两个研究结论与已有相关文献得到的结论不完全相同，我们认为出现这种现象的原因与中国上市企业面临的金融市场的特有制度环境有关。本章从如下几个角度提出了与现有相关文献不同的解释：其一，股权融资渠道发挥作用的潜在条件是企业存在股权融资约束。如何度量企业融资约束程度，一直是公司金融领域争论的问题。股权融资渠道假说采用 KZ 指数作为企业股权融资依赖程度的代理变量，但是大量文献研究表明，KZ 指数识别的是企业对外部资金需求程度，而不是企业融资约束程度（亨尼斯和怀特，2007）。如果 KZ 指数并没有识别公司的股权融资依赖程度，那就说明股权融资渠道假说高估了偏离基本面股价对公司投资行为的影响。其二，企业择时发行股票并不是为了给投资项目融资，首要原因是为了管理风险和储备现金，其次才是考虑股票发行时机和企业生命周期（金姆和韦斯巴赫，2008；斯坦顿等人，2010）。企业的投资决策、融资决策（择时）和风险管理（现有持有策略）是相互作用的，而不是独立的。只有当企业面临低成本融资的"机会窗口"时，市场择时效应才会出现，而且这种效应是以一种复杂方式与企业谨慎现金管理和投资决策相互作用的（BCW，2011，2012）。其三，中国上市公司的股权再融资不但受到股票市场估值的影响，而且还受到再融资管制政策的限制。再融资节奏由中国证监会发行部控制，再融资公司数量反映的并不是上市公司自身对市场时机的把握，而是中国证监会对市场时机的把握，融资规模更大的原因并不是完成出于增长性导致的实际投资需要，基于股票市场估值的"市场时机"并不是影响上市公司再融资规模的显著因素。而证监会发行部对股票再融资审核批准的择时，会配合政府的宏观调控和产业政策，限制或鼓励一些行业和企业的股权再融资。因此，即使管理层察觉到了股票价格高估，但是股权再融资能否成功还取决于证监会审批。在2009—2010年，偏离基本面股价显著影响了上市公司投资行为，这和证监会择时配合中国政府4万亿元投资有关。在中国上市公司总量层面和按融资约束程度分类企业的回归中，我们都发现上市公司投资现金流关系不敏感。这个经验事实可能恰恰反映了，如果上市公司有较强的投资意愿，即使存在股权融资约束，也有能力从银行融入所需要的资金。证券发行管制、利率管制和银行垄断了中国绝大部分金融资源等中国金融市场特有的制度环境，是造成中国上市公司投资现金流关系悖异的原因，也必然使得上市公司投资项目资金的主要来源不是依赖股权融资，而是主要来自银行信贷等债权融资方式，从而使得偏离基本面股价并不显著影响公司投资行为。其四，从上市公司的股权结构来看，尽管已经完成了股权分置改革，但大部分股份仍然不能自由流通，对小非和大非的减持有严格的管制政策，具有控制权的股东很难从股价短期泡沫中获取利益。如果管理者不通过投资安排来迎合短线投资者，企业并不存在被二级市场收购兼并的威胁，而且中国并没有形成有效的职业经理人市场。因此，理性管理者通过投资安排来迎合短线投资者的动机可能并不存在。理性管理者可能最大化具有控制权股东的利益，而不是迎合短线投资者利益。

第六章

股票错误定价对高新技术
企业研发投资的影响[*]

在第五章，我们首先从中国上市公司总量层面的数据，分析了公司投资行为对错误定价的敏感程度。考虑到偏离基本面的股价是否影响公司投资行为与企业异质性特征有关，第五章第五节按企业融资约束程度进行了分类回归，但是上述分类并不能包含反映企业信息不对称和融资约束程度的所有信息。波尔克和萨皮恩泽尔（2009）的研究表明，错误定价与公司投资行为的影响与企业信息不对称程度有关。科恩和八木（2010）的研究也表明，处于不同行业的企业在面对股票错误定价时会有不同的融资选择，高新技术行业的公司利用市场择时的动机会更强一些。与一般企业资本性支出不同，高新技术企业研发投资较难获得外源负债融资的支持。本章首先分析了高新技术企业的研发投资容易受到债权融资约束的原因，然后对错误定价对企业研发投入的影响进行了理论分析，最后基于中国高新技术上市公司动态面板数据，用系统 GMM 方法实证检验了错误定价对企业研发投入的影响。

第一节　引言

近年来，特别是 2008 年次贷危机引发全球经济危机以来，鼓励企业提高研发投入水平以增强我国自主创新能力、加快经济增长方式转变，已经成为学界和政府的共识以及政策的关注重心。然而，从国家统计局、科学技术部和财政部历年公布的《全国科技经费投入统计公报》来看，中

---

*　本章曾经发表在《科学学研究》2012 年第 9 期，并被《新华文摘》2012 年第 23 期转载。

国企业研发经费投入强度都远远低于发达国家 3% —5% 的比例①。这个现象的存在使得我们急需研究的一个问题是为何中国企业研发投入强度较低。

影响企业研发投入的因素很多，既包括国家层面的社会文化价值、政府补贴、制度环境、税收和知识产权保护水平，也包括行业层面的竞争程度和市场势力，以及企业层面的公司治理和企业规模等方面的原因（李春涛和宋敏，2010；温军等人，2011）。融资约束程度也是影响企业研发投入的一个重要因素。如果企业不能筹集到足够资金，就有可能导致研发活动中断甚至半途而废（霍尔，1992；希默尔和彼得森，1994；霍尔和勒纳，2010）。尽管政府财政补贴和税收优惠是支持企业研发投入的外部融资渠道（王俊，2011），但是如果忽略了通过金融体系的发展和改革解决企业研发投入融资来源问题，这会造成对企业创新的支撑政策无效。因此，如何构建一个能够有效激励中国企业研发有效投入以及促进中国企业可持续成长的金融支持体系，一直是政府决策者要重点解决的战略性改革任务之一。

从发达国家经济发展的历史来看，资本市场的支持程度对企业的研发投入具有重要影响，大力发展资本市场是提高企业自主创新的基础和保障，几乎每一次大规模的技术创新都是依托资本市场发展起来的②。中国股票市场经过 20 多年的发展，股市融集的资本量迅速增加，融资制度也不断完善。据证监会统计显示，包括 IPO、增发、配股在内，从 1990 年至 2001 年的 11 年间，股市融资总额 5167 亿元。而自 2002 年至 2011 年，股市融资金额高达 3.83 万亿元，20 多年来 A 股上市公司共计从沪深两市融资金额高达 4.3 万多亿元。与此同时，资本市场非理性的投机行为导致上市公司的股价严重偏离其基础价值。作为新兴加转轨并由政府主导发展的资本市场，错误定价是否缓解了企业研发投入的资金来源以推动企业研

---

① 国家统计局、科学技术部和财政部在 2011 年公布的《2010 年全国科技经费投入统计公报》显示，中国研发经费投入强度（与主营业务收入之比）最高的行业是专用设备制造业，为 2.04%。投入强度在 1.5%—2% 的有 4 个行业，分别是医药制造业（1.82%）、通用设备制造业（1.59%）、电气机械及器材制造业（1.59%）和仪器仪表及文化、办公用机械制造业（1.50%）。

② 从 19 世纪初钢铁和化工行业的兴起到 20 世纪末，计算机、生物工程成为经济的龙头，起飞过程中的每一个阶段都与资本市场密切相关。

发投入，进而通过提高自主创新能力促进经济发展呢？

本章对已有研究的贡献在于：（1）国内外有大量文献从宏观、行业与微观公司层面研究了影响企业研发投入的因素，少部分文献研究了债务融资和信贷约束对企业研发投入的影响。与这些文献不同，本章研究资本市场提供的外部股权融资渠道对企业研发投入的影响，为理解企业研发投入的影响因素提供了一个新的重要视角，不仅有利于我们加深对企业研发投入行为的理解，也对如何构建一个支持企业研发投入的金融体系提供了决策依据。（2）证券市场影响实体经济的渠道和微观机理仍未被很好地解释。本章从实证上提供了资本市场影响经济增长的新的微观证据：股票市场的资金配置功能引起高新技术企业融资渠道增加，减少了企业融资约束，促进了研发投入，为理解资本市场影响实体经济提供新的视角和经验证据。（3）本章使用的动态面板系统 GMM 估计方法可以避免内生性所引起的估计偏差。

第二节　制度背景、理论分析及研究假设的提出

霍尔（1992）指出，和实物类投资相比，研发需要大量资金的长期投入，研发活动的结果作为一种原型是很难用做抵押的无形产品，并且投资创新项目风险较大，一旦失败则损失较大。由此推测，企业研发创新投入受到的融资约束与实物投资相比更大。戈登尼琴科和斯科尼特泽（Gorodnichenko & Schnitzer，2010）通过对企业问卷调查数据的研究给出了直接的证据，证实了融资约束影响企业研发投入。国内外学者从融资约束角度分析了企业融资渠道和融资来源对企业研发投入的影响。一些学者研究发现，年轻、高科技和小规模企业的研发投入主要来自企业利润和注册资本增加等类型的内源融资，但是这种现象在成熟的和大规模企业的研发投入来源中并不存在这种现象［塞尚尼和宾兹（Czarnitzki 和 Binz，2008）、布朗、马丁松和彼得森（Brown，Martinsson 和 Petersen，2011）］。创新企业不可能只依赖内源融资为研发投入融资，这是因为创新机会可能需要更多的超过内部融资所能募集的资金，而且创新投入需要一段时间内相当稳定的投资，而商业周期导致的利润波动使得依靠内部资金来为创新项目提供融资变得不稳定。因此，企业研发投入的融资渠道存在由内源融资方式向外源融资方式依次排列的融资次序，外源融资的获取对于缓解企业创新

投入的资金风险相当重要（希默尔和彼得森，1994）。霍尔和勒纳（2010）发现，外部融资约束的存在导致企业研发创新的投资不足。一些学者提出金融深化和好的金融制度可以有效缓解企业融资约束问题，从而促进了外部融资依赖型行业和企业的成长［拉詹和津加莱斯（Rajan 和 Zingales，1998）、德米尔古克和马克西莫维奇（Demirguc-Kunt 和 Maksimovic，1998）］。银行体系的竞争可以促进企业研发投入［黄长兴和罗通迪（Huynh 和 Rotondi，2007）、本弗拉泰洛、斯安塔雷利（Benfratello，Schiantarelli 和 Sembenelli，2008）］。解维敏和方红星（2011）的研究也发现，中国银行业市场化改革的推进、地区金融发展能够扩大企业融资资源的获取渠道，从而积极地推动了上市公司的研发投入。

　　然而，与企业的一般投资（例如资本投入）不同，以下几个原因加大了高科技企业获得外源负债融资的困难：其一，研发投入的回报和收益具有不确定性和波动性，这种特征不适合债务合约的结构（斯蒂格利茨，1985）。其二，由于研发投入内生的高风险性，这就会导致高新技术企业的逆向选择问题更加严重［斯蒂格利茨和魏斯（Stiglitz and Weiss，1981）］。其三，由于高新技术企业在获得债务融资后，比较容易用高风险项目代替低风险项目，所以高新技术企业更容易出现道德风险问题。其四，由于高新技术企业的市场价值取决于未来的成长性，而一旦遇到融资困境，项目就有中断风险，因此财务困境随着财务杠杆迅速上升［康纳尔和夏皮罗（Cornell and Shapiro，1988）］。其五，由于企业研发投入主要集中于人力资本和无形资产，导致缺乏融资担保物［霍尔、迈雷斯和莫南（Hall，Mairesse 和 Mohnen，2009）、贝洛克（Belloc，2010）］。因此，提高关系型债务在企业总债务中的比例可能增加企业研发投入。温军等人（2011）在交易成本经济学的理论框架内纳入了异质债务因素，研究了资本市场的异质债务结构、企业规模与企业研发投入的关系，研究发现：关系型债务提高了企业研发投入，而且关系型债务对中小企业研发投入的重要性要显著高于大型企业。

　　综观"融资约束与企业研发投入"关系的文献可以看出，虽然有较多文献研究了债权融资约束和信贷约束对研发投入的影响，但是研究外部股权融资影响研发投入的文献较少。作为资本社会化和集聚社会各种资金资源的主要途径，股票市场的信息甄别和信息揭示功能不但给投资者提供了更高的流动性和更多的信息，最重要的是为具备高成长性的创新企业提供新融资渠道和各种社会资源，打破了高新技术企业对银行机构的依赖，可以使企业获得研发投入所需要的长期资金。

理论上，资本市场至少可以通过以下渠道影响企业研发投入。

首先，资本市场作为信息生产和信息甄别装置，为企业的研发投入项目提供了外部股权融资平台，使得研发投入所需要的长期资金增加。资本市场的一个基本功能是可以生产出关于公司未来投资项目的前瞻性信息，并且通过交易把这种信息传递到市场中去，从而前瞻性地引导资本投资于最有发展前景的领域，推动研发项目的投资。

其次，股市乐观情绪导致的泡沫缓解了融资约束［卡巴莱罗、费尔希和哈默尔（Caballero，Farhi & Hammour，2006）］，为研发投入提供了长期资金。杰尔曼和卡德罗尼（Jermann & Quadrini，2007）在具有融资摩擦的一般均衡模型下解释了 20 世纪 90 年代美国经济和股市繁荣的原因，发现股市乐观情绪引起的资产泡沫缓解了融资约束从而提高了生产率，促进了经济发展。这些文献的研究结论表明，股票错误定价改变了股权融资成本和外部股权融资供给曲线，从而缓解了股权融资约束，使企业可以获得研发投入所需要的长期资金。董、赫什莱佛和张（Dong，Hirshleifer and Teoh，2007）的研究发现，管理层更倾向用研发投入迎合短线投机者，这是因为研发投入更具有信息不对称性，当投资者对公司成长性具有错误估计时，利用这类投资来迎合投资者的非理性情绪往往是最有效的。吴和杨（Wu and Yeung，2010）的研究也发现，高成长性的企业会将通过市场时机选择获得的资金更多地投放到研发中去。

布朗、法扎里和彼得森（2009）实证研究发现，美国的研发投入占国内生产总值的比重从 1994 年的 1.4% 上升到 2002 年的 1.89%，到 2004 年下降到 1.7%，企业内部和外部股权融资的变化导致了这种现象的出现。美国股市在 1994—2002 年的繁荣缓解了年轻的、高新技术企业的融资约束，从而促进了企业研发投入，但是成熟的大企业不存在这种现象。这是因为大企业和成熟企业自由现金比较充足，外部股权融资的增加并不影响资金的边际成本，因而不会影响研发投入。但是，年轻的小高新技术企业由于自身累积有限，而且中国政府的产业政策倾向支持高新技术企业，在股权再融资审批上优先批准高新技术企业，因而我们预测错误定价促进了年轻的小高新技术企业的研发投入。

由此提出本章研究假设：股票市场提供的融资渠道或股价泡沫缓解了

高新技术企业的外源股权融资约束，使得企业有更多的长期股权资金进行研发投入。尤其是那些依赖外部股权融资为研发投入融资的企业，或者研发投入受限于外部股权融资约束的企业，则从错误定价中得益更多。

第三节　研究设计、变量选择与数据来源

一　计量模型设定与变量定义

在第四章，我们分析了反映企业投资行为的 4 种实证模型，即投资的托宾 Q 模型、销售加速模型、误差修正模型和欧拉方程模型。对不同研究企业研发投入的计量模型设定加以比较可以看出，大多数模型将研发投入强度（研发投入与主营业务收入之比）表示为企业现金流、企业规模及其他关注变量（高管薪酬、公司治理、金融发展和公司成立年龄）的线性表达式，没有考虑企业研发投入与资本支出不同。从反映企业投资行为的实证模型来看，都把资本存量作为解释变量，因此用研发投入与主营收入之比作为被解释变量可能是不恰当的。布朗法扎里和彼得森（2009）用投资的欧拉方程模型来刻画企业的研发投入行为，但不是用累积研发投入存量作为解释变量，这是因为：其一，研发投入存量是很难量化的；其二，很难决定研发投入等无形资产的折旧率是多少，因此他们用总资产存量对研发投入进行去规模化处理。由于企业研发投入可能有比较高的调整成本（希默尔和彼得森，1994；霍尔，2002），这种调整成本可能比实物资本的调整成本更高，因此他们把研发投入的滞后项和平方项纳入回归模型。如果不考虑企业研发投入面临的融资约束，反映企业研发投入行为的基准模型设定如下：

$$rd_{j,t} = \gamma_t + f_j + c + \beta_1 rd_{j,t-1} + \beta_2 rd_{j,t-1}^2 + \beta_3 cf_{j,t-1} + \beta_4 sale_{j,t-1} + \varepsilon_{j,t}$$

$$(6-1)$$

这里：γ_t 是时间虚拟变量，既可以反映各企业共同面对的随时变的扰动（如经济周期和宏观经济政策的扰动），也可以控制资本调整成本和政府税率的影响（邦德和梅加，1994）。时间虚拟变量和固定效应虚拟变量可以用来控制行业层面技术机会的变化对企业研发投入的影响（布朗法扎里和彼得森，2009）。f_j 是不可观察的具有时间不变性的个体效应，用来处理遗漏掉的不随时变的公司特征（比如公司治理、会计信息和所在行业

特征）所带来的内生性问题；$rd_{j,t-1}$ 既作为部分遗漏变量的代理变量，也反映 rd_j 的持续影响；ε_{jt} 异质性冲击。如果企业利用 $t-1$ 期及以前的信息形成理性预期，ε_{jt} 服从独立同分布。然而，如果企业偏离理性预期，ε_{jt} 将会是一个随机漂移过程，在回归分析中可以用较长的滞后工具变量解决这个问题。

类似于贝克、斯坦和沃格勒（2003）以及邦德和梅加（1994）的做法，为了研究股权融资约束对企业研发投入的影响，我们把反映企业内源和外源融资加入了回归方程，得到如下计量回归模型：

$$rd_{j,t} = \gamma_t + f_j + c + \beta_1 rd_{j,t-1} + \beta_2 rd_{j,t-1}^2 + \beta_3 cf_{j,t-1} + \beta_4 cf_{j,t}$$
$$+ \beta_5 sale_{j,t-1} + \beta_6 sale_{j,t} + \beta_7 equi_{j,t-1} + \beta_8 equi_{j,t} + \varepsilon_{j,t} \qquad (6-2)$$

为了研究错误定价和控制未来潜在机会对企业研发投资的影响，我们把分解的托宾 Q 加入（6-1）式，得到如下回归方程：

$$rd_{j,t} = c + \gamma_t + f_j + \beta_1 rd_{j,t-1} + \beta_2 rd_{j,t-1}^2 + \beta_3 cf_{j,t-1} + \beta_4 cf_{j,t} + \beta_5 sale_{j,t-1}$$
$$+ \beta_6 sale_{j,t} + \beta_7 Misp_{j,t-1} + \beta_8 Size \times Misp_{j,t} + \beta_8 Q_{j,t-1}^{Growth} + \varepsilon_{j,t} \qquad (6-3)$$

当期现金流 $cf_{j,t}$ 是融资约束文献中用来测量内源股权融资的方法，但也可反映预期投资机会。由于销售收入与企业自由现金流之间的关系，所以我们把当期销售收入 $sale_{j,t}$ 作为一个控制变量，避免由于可能的遗漏变量对 $cf_{j,t}$ 的系数造成影响。我们用利润表中的营业收入来代表销售收入，反映的是企业投资的收入引致加速过程。其他变量定义如下：

（1）企业研发投入强度：国内外现有文献中关于研发投入的度量主要采用 5 种方式：研发投入除以总资产、资本支出、主营业务收入、员工数、市场价值。投资的欧拉方程都是把企业成长机会和资本调整成本当作资本存量的函数，考虑到较难度量累积研发投入存量，因此本章选取研发投入与总资产存量之比，而不是用研发投入与主营业务收入之比，作为企业研发投入强度的代理变量。

（2）cf 是企业现金流量，与关于研发融资来源方面的文献一致，现金流量既可表示企业研发投入的内源融资来源，也可表示预期投资机会。现金流的定义通常为扣除非经常项目和折旧前的收入减去现金股利，限于数据可得性，我们用年度企业经营活动产生的净现金流量代替。

（3）$equi$ 为股权融资增加额，股权融资（$equi$）= Δ（股本 + 资本公积金）/期初总资产。股权融资变量定义见表 5-1。

二 估计方法

尽管动态面板模型（6－2）式引入被解释变量的滞后项作为部分遗漏变量的代理变量，但是仍然无法解决解释变量的内生性问题。这是因为企业研发投入受其他因素（如政府补贴、税收优惠、公司成立时间以及公司治理等）的影响，这些因素通常因为难以完全控制而被包含在不可观测的固定效应和误差项中，这些都会使得进入面板模型的滞后因变量和个体效应以及异质性冲击相关，并且这种相关性并不随着截面样本数量的增加而减少，从而产生动态面板偏误。虽然可以通过方程的组内转换来消除异质效应，但是组内转换后的模型中滞后因变量与异质性冲击（残差项）相关。因为标准的固定或随机效应模型要求解释变量与扰动项不相关，混合 OLS 估计结果将造成自回归系数的估计值较真实值上偏［萧（Hsiao，1986）］，固定效应估计方法将造成自回归系数的估计值较真实值下偏［尼克尔（Nickell，1981）］。因此，如果应用面板数据的随机效应或者固定效应对模型进行估计，得到的参数估计值将是一个有偏向的、非一致的估计量，从而使得根据估计参数进行的统计推断无效，所推导出的经济含义也是扭曲的。因此，本章将使用第四章介绍的广义矩估计方法，用向前正交离差转换消除不随时变的个体效应。本章的经验分析部分将严格按照鲁德曼（2006，2009）的上述建议报告系统 GMM 的估计设置和各种检验。

三 样本选择与数据来源

本章根据如下步骤选择样本：（1）根据 2008 年科技部、财政部、国家税务总局联合制定的《国家重点支持的高新技术领域》，高新技术企业主要分布在生物与新医药技术航空航天技术、电子信息技术、高技术服务业、新能源及节能技术、新材料技术、资源与环境技术和高新技术改造传统产业，这些产业主要分布在信息技术（行业代码 G）和制造业大类行业中的机器设备仪表（C7）、电子（C5）和医药生物制品（C8）子类行业中，且这几个行业的研发投入披露相对规范。因此，本章选取上述行业上市公司作为本书初选样本。（2）剔除 ST、PT 类。（3）剔除 2009 年以后才上市以及相关财务数据缺失的公司。

中国上市公司自 2002 年开始在年报中披露研发投入数据，但是没有强制要求对外系统披露其研发投入的详细信息，企业研发投入有 3 种最主要的披露方式：董事会报告、现金流量表附注和研发支出。我们通过如下方式获取上市公司研发投入数据：（1）在 2007—2010 年，上市公司实行了 2006 年版新会计准则，增设"研发支出"科目核算企业内部研究和开发阶段的支出，故在"财务报表附注支出"科目详细披露研发支出，我们从国泰安数据库上市公司财务报表附注中获取 2007—2010 年研发支出数据，当期研发投入定义为：财务会计报表附注中研发支出的本期增加数，包括资本化支出和费用化支出的总额。（2）对于 2002—2006 年以及 2007—2010 年间没有在财务报表附注披露研发支出的公司，由于研发投入披露的不规范、不统一，造成了研究中研发投入数据获得口径的不一致。为了统一研究口径，我们通过手工方式在财务报告附注"支付的其他与经营活动有关的现金流量"科目中寻找和搜集加总与研发投入有关的费用支出，如技术开发费、研发支出、研发费用等项目。年报数据主要来自巨潮资讯网，以深圳证券交易所网站和上海证券交易所网站作为补充。其他财务数据均来自国泰安公司研究数据库。最后我们得到2002—2010 年的样本分别为 77、89、119、144、154、204、266、376 和 411，共 1840 个样本。变量的描述性统计和模型的回归分析在软件 Stata12.0 中完成。为了减轻异常值的影响，我们用 winsorize 方法对所有变量在 1% 水平的极端值进行了处理。

表 6-1 的 Panel A 报告了变量的描述性统计分析结果，为了便于对比，我们把研发支出占主营业务收入的比例也列在表 6-1 中。从表 6-1可以看出，高新技术上市企业研发强度平均来说比较低，研发支出占总资产的比例平均值只有 1.41%，中位数为 0.71%，这要显著高于解维敏和方红星（2011）统计的均值 0.564% 和中位数 0.315%。导致这一现象的主要原因可能有两个，一是我们把样本区间从 2002—2006 年延伸到了2002—2010 年，二是我们统计的样本是高新技术企业。研发支出占营业收入的比例只有 1.886%[①]，中位数为 0.943%，与国家统计局、科学技术部和财政部历年公布的统计表公报接近，但是显著低于温军（2011）统计的均值 3.72% 和中位数 3.16%。研发投入占总资产和销售收入比重的

---

① Hall 和 Oriani（2006）的研究显示，美国、德国、法国企业（1989—1998）的研发强度（研发支出/销售收入）分别为 4.2%、4.5%、4.9%；意大利和英国相对比较低，但是也分别达到 3.3% 和 2.9%。

标准差分达到 1.85% 和 2.615%，表明不同企业之间研发支出差异比较大。固定资产投资的均值和中位数远远高于研发投入强度的均值和中位数，这也从另一个侧面反映了中国的企业重固定资产投入，轻研发投入。

表 6 - 1　　　　　　　　描述性分析结果

变量	均值	中位数	最大值	最小值	标准差
rd_A	0.0141	0.0071	0.0974	0.0001	0.0185
rd_S（%）	1.886	0.943	15.71	0.009	2.615
$Size$	21.422	21.354	24.656	19.568	1.001
Q	2.093	1.649	8.570	0.862	1.370
$Misp$	0.181	0.199	1.465	-0.734	0.519
cf	0.0638	0.0552	0.3805	-0.1624	0.0852
$equi$	0.4429	0.4135	1.2365	0.0999	0.1983
$debt$	0.5159	0.4994	1.4310	0.0713	0.2556
$sale$	0.019	0.009	0.16	0.000	0.0026
Inv_fix	0.0713	0.0479	0.4235	0.000	0.0773

注：为了便于比较，我们在表中列出了反映融资来源的股权融资 $Equi/A$、债务融资 $debt/A$（总负债/总资产）、销售收入（营业收入/总资产）和企业现金量。Inv_fix 表示固定资产投资。

第四节　实证结果分析

一　单变量检验

在正式回归分析之前，我们先进行单因素分析，以便初步判断不同融资约束程度下企业研发投入和公司特征变量的差异性。在表 6 - 2 中，我们将样本按融资约束程度分成 4 个区间，进而统计关键变量研发投入强度、托宾 Q、分解托宾得到的错误定价 Misp 和成长机会、公司规模以及企业现金流量的均值和中位数，并且采用 t 统计量检验第 1 个四分位和第 4 个四分位上各变量均值的差异。单变量检验结果如表 6 - 2 所示，其中左边是平均值的比较，右边是中位数的比较。

我们使用公司规模度量公司融资约束，以公司年末总资产的自然对数值来衡量企业规模（Size），按公司规模划分融资约束组别。参照贝克和怀特（2010）的做法将公司规模排序，指数越高说明公司规模越大。本书选取四分位点将公司分为低融资约束公司（大公司）、中等融资约束公司（中等公司）和高融资约束公司（小公司）。

表 6 - 2　　　　　根据融资约束分类企业后各变量的均值和中位数

变量	1/4	2/4	3/4	4/4	T 值	1/4	2/4	3/4	4/4	Z 值
rd_A	0.017	0.014	0.012	0.013	5.36 *	0.009	0.008	0.006	0.007	5.25 *
rd_S	0.028	0.020	0.015	0.013	6.21 **	0.013	0.012	0.008	0.007	8.95 **
CF	0.062	0.060	0.061	0.072	- 0.918	0.056	0.056	0.054	0.055	0.25
Q	2.609	2.098	1.972	1.699	27.97 ***	1.924	1.664	1.636	1.411	19.5 ***
$Misp$	0.248	0.104	0.170	0.200	- 1.22	0.320	0.122	0.204	0.202	- 0.95
Q^{growth}	0.760	0.624	0.507	0.327	23.3 ***	0.750	0.629	0.517	0.339	26.58 ***
$Size$	20.256	21.025	21.653	22.754	- 23.28 ***	20.308	21.037	21.646	22.524	- 34.1 ***
$sale$	0.028	0.020	0.015	0.013	4.89 ***	0.013	0.012	0.008	0.007	3.69 ***
$equi$	0.553	0.4667	0.419	0.334	6.23 ***	0.535	0.427	0.389	0.312	5.36 ***
$debt$	0.371	0.476	0.549	0.668	8.56 ***	0.355	.0471	0.534	0.641	6.21 ***

注：（1）以公司总资产的自然对数衡量企业规模；（2）t 值、z 值为第 4 个四分位与第 1 个四分位差异显著性的检验值；（3）均值的差异用双侧配对参数检验的 t 统计量进行比较，中位数的差异用 Wilcoxon 符号与秩检验进行比较；（4）*、**、*** 分别表示显著性水平 10%、5%、1%。

从按企业总资产规模分类看，低融资约束组（第 4 个四分位）和高融资约束组（第 1 个四分位）的研发投入占总资产比例的均值（中位数）分别为 0.013（0.007）和 0.017（0.009），并且二者的差异在 1% 水平上显著。高融资约束组公司的托宾 Q 和未来成长机会均值分别为 2.329 和 0.752，在 1% 水平上显著高于低融资约束组公司，中位数的检验也类似。这说明小公司（高融资约束公司）有更好的投资机会。有意思的是，低融资约束组的股权融资额的均值和中位数均低于高融资约束组，这说明小企业的资金来源更多的来自股权融资。这个结论在分组统计债权融资的均值和中位数得到了验证，从表 6 - 2 中发现高融资约束组的债务融资额的均值和中位数均显著低于低融资约束组。这从一个侧面证明了，股权融资缓解了高新技术小企业的融资约束。由于单变量检验没有控制其他因素，因此我们应该慎重看待这些检验结果。接下来我们用基准计量模型（6 - 2）式进行多变量检验。

二　基于欧拉方程投资模型的多变量回归分析

由于研发投入的样本在 2002 年只有 77 个样本，到 2010 年就有 411

个，这个特点主要与国家产业支持政策有关。因此，我们使用向前正交离差转换方法，以最大化参与估计的样本数。我们首先分别用固定效应、混合 OLS 估计模型和系统 GMM 方法进行了估计，估计结果列于表 6 - 3 中第（1）、第（2）和第（3）列。从各个解释变量的估计系数来看，系统 GMM 估计系数确实处于其他两个估计值之间。

鉴于系统 GMM 估计的严格假设和复杂程序容易使人怀疑估计结果的可靠性，Roodman（2006）对使用 xtabond2 命令进行系统 GMM 估计提出了其适用性和估计细节。因此，我们将严格按照 Roodman（2006，2009）提出的建议，详细阐释系统 GMM 的设置细节和统计检验。模型假设检验涉及模型设定偏差、工具变量有效和工具变量外生三方面。在表 6 - 3 中第（3）列，我们首先报告了 Arellano-Bond 残差项序列相关检验统计量（卡方分布 chi2）的 p 值，以检验是否存在模型误设。如果不能拒绝 AR（2），则说明模型误设，补救措施是增加被解释变量的滞后期。结果显示，AR（1）的 p 值等于 0.004，AR（2）的 p 值等于 0.335，检验统计量的 p 值表明残差项的差分存在一阶自相关，但是不能拒绝不存在二阶自相关的原假设，说明不存在模型设定偏差[①]。

我们接着报告的工具变量滞后期包含两个区间，最小滞后期的选取遵循鲁德曼（2006，2009）所给出的传统法则，Hansen-overid 检验可靠的拇指法则是工具变量数小于截面数。如果残差序列是随机漫步过程，工具变量至少要滞后 3 期（邦德等人，2003）；如果残差序列服从独立同分布，工具变量滞后 2 期就是有效的。因此，我们选择至少滞后 3 到 4 期以上。Hansen-overid 报告的是 Hansen 过度识别检验，原假设是所有工具变量中至少有一个有效。汉森 J 统计量的 p 值等于 0.278（p 值均显著大于 0.1，表明系统 GMM 估计中没有证据拒绝工具变量的有效性）。Level-Hansen（exg）的原假设是代入原始方程的所有工具变量可以被排除在外，Level Difference 的原假设是代入原始方程的所有工具变量和固定效应不相关，Eg Hansen 和 Eg_Difference 是对外生变量做相同的 Difference- in-Hansen 检验。

从上述系统 GMM 的各种假设检验发现，模型设定和工具变量的选择都不存在问题，即系统 GMM 有效地处理了内生性问题。3 种估计方法得

---

① 残差项序列可以存在一阶自相关，但是不能拒绝 AR（2），如果能拒绝，则说明模型误设。因此，不存在二阶自相关是一致性检验的必要条件。

到的估计系数在符号方向和参数估计值大小均存在差异，这表明 OLS 估计结果受到了解释变量内生性的较大影响。因此，接下来的分析将以系统 GMM 估计结果为准。表 6-3 中第 (3) 列回归结果显示，企业的研发投入具有动态效应，本期研发投入会对下一期的研发投入产生显著影响；$rd_{j,t-1}^2$ 估计值为负，这表明如果将 $rd_{j,t-1}^2$ 看作企业投资调整成本代理变量的话，那么估计结果表明，企业投资的调整成本是研发投入投资的一个凸函数，这与传统的理论假设一致，这也表明尽管中国企业的研发投入行为具有特殊性和复杂性，但是基于理性边际决策的投资欧拉方程仍然具有解释力。$rd_{j,t-1}^2$ 的估计系数并不显著，与理论预期并不一致，这是由于投资的欧拉方程假定资本市场是完美的，企业不存在融资约束。$sale_{j,t}$ 的估计结果显著为正，这与投资加速理论的预期一致。再次说明，尽管中国企业的研发投入行为具有特殊性，但是投资加速理论仍然具有解释力。

现在转向我们所关注的反映研发投入资金来源的内源股权融资 $cf_{j,t}$ 和外源股权融资 $equi_{j,t}$ 的估计系统。$cf_{j,t}$ 和 $equi_{j,t}$ 的系数估计显著为正，这表明高新技术上市公司的研发投入对其内源资金和外部资金来源是敏感的，企业经营活动现金流和股权融资是企业研发投入的一个重要资金来源，企业大约把股权融资的 13.8% 用于研发投入。下面我们来分析其经济含义：在表 6-1 的变量描述性统计中，股权融资额的标准差为 0.1983，企业现金流的标准差为 0.085。股权融资额的一个标准差偏离冲击对研发投入的影响是 $0.1983 \times 0.138 = 0.027$，企业当期现金流的一个标准差冲击对研发投入强度的影响为 $0.17 \times 0.085 = 0.014$。与研发投入强度的均值 0.014 和中位数 0.007 相比，现金流和股权融资额的冲击对研发投入强度的影响是比较大的。因此，资本市场之所以推动了企业研发投入，主要是因为资本市场提供的股权融资渠道使得企业可以获得研发投入所需要的长期资金。由此我们证明了融资约束程度高、更依赖外部融资的企业，会从股权融资中获益更多。这一结论支持了前面的理论假说。

为了反映未来潜在投资机会对企业研发投入的影响，我们在基准回归方程（6-2）式中加入反映未来投资机会的托宾 Q，用 Q 来表示影响研发投入需求预期的代理变量，Q 也表示了资本市场的信息甄别功能对研发投入的影响。从理论上来说，与成熟企业相比，小企业和年轻企业融资约束程度会更高，因此小企业的研发投入对托宾 Q 的敏感程度比大企业可能更高，所以这里进一步分析托宾 Q 对企业研发投入的影响是否随企业规模变化，我们把托宾 Q 和企业规模的交互项加入了基准回归方程（6-2）。托宾 Q 在这个方程里是一个内生变量，这是因为企业研发投入受其他因素（如政府补贴、税收优惠、公司成立时间以及公司治理等）的影响，这些因素通常因为难以完全控制而被包含在不可观测的固定效应和误差项 $\varepsilon_{j,t}$ 中，而这些因素都可能与托宾 Q 有关。而且，企业研发投入的多少以及披露方式都会引起市场的反应，即托宾 Q 的变化（赵武阳和陈超，2011）。因此，如果应用面板数据的随机效应或者固定效应对模型进行估计，得到的参数估计值将是一个有偏向的、非一致的估计量。表6-3 的第（4）列报告了加入未来投资机会托宾 Q 的回归结果。从中可见，反映企业未来成长机会的托宾 Q 的估计系数显著为正，但是这一研究结果明显低于解维敏和方红星的研究结果。托宾 Q 与企业规模（融资约束程度）的交互项 $Size \times Q_{j,t-1}$ 估计系数显著为负，这意味着在其他条件不变的情况下，企业规模越小即企业融资约束程度越高，企业研发投入对托宾 Q 越敏感。

表6-3　　　　　　融资渠道与企业研发投入的动态回归结果

解释变量	固定 OLS 估计（1）	混合 OLS 估计（2）	GMM 估计（3）	GMM 估计（4）	GMM 估计（5）	GMM 估计（6）
$rd_{j,t-1}$	0.424 * (0.061)	0.803 * (0.057)	0.535 * (0.156)	0.477 * (0.138)	0.518 * (0.128)	0.520 * (0.126)
$rd_{j,t-1}^2$	-0.962 ** (0.52)	-0.752 ** (0.602)	-0.766 (0.968)	-0.811 (0.866)	-0.832 (0.839)	-0.825 (0.799)
$cf_{j,t}$	0.14 * (0.002)	0.20 * (0.004)	0.17 *** (0.010)	0.180 *** (0.010)	0.22 ** (0.010)	0.23 *** (0.009)
$cf_{j,t-1}$	-0.001 (0.003)	-0.007 (0.003)	-0.002 (0.004)	-0.004 (0.004)	-0.006 (0.004)	-0.006 (0.004)
$sale_{j,t-1}$	-0.179 * (0.026)	-0.443 * (0.036)	-0.129 (0.069)	-0.245 * (0.069)	-0.267 * (0.525)	-0.213 * (0.052)
$sale_{j,t}$	0.61 * (0.013)	0.67 * (0.029)	0.65 * (0.06)	0.65 * (0.06)	0.64 * (0.052)	0.66 * (0.064)
$Q_{j,t-1}$				0.015 * (0.006)	0.012 *** (0.007)	
$Q_{j,t-1}^2$					-0.000 (0.000)	
$Size \times Q_{j,t-1}$				-0.007 ** (0.003)	-0.006 ** (0.000)	
$Misp_{j,t}$						0.010 (0.017)
$Size \times Misp_{j,t}$						-0.003 *** (0.000)
$Q_{j,t-1}^{Growth}$						0.006 ** (0.003)

续表

解释变量	固定 OLS 估计（1）	混合 OLS 估计（2）	GMM 估计（3）	GMM 估计（4）	GMM 估计（5）	GMM 估计（6）
$equi_{j,t}$	0.005 ** (0.002)	0.17 * (0.002)	0.138 ** (0.005)			
$equi_{j,t-1}$	-0.007 * (0.002)	-0.019 * (0.002)	-0.010 (0.003)			
AR（1）p 值			0.004	0.012	0.001	0.001
AR（2）p 值			0.355	0.346	0.261	0.285
Sargan			0.523	0.458	0.362	0.478
Hansen（p 值）			0.278	0.321	0.300	0.238
L - Hansen（exg）			0.44	0.279	0.657	0.642
L - Difference（exg）			0.15	0.47	0.21	0.265
工具滞后期			[2，3] [3，4]	[2，3] [3，4]	[2，3] [3，4]	[2，3] [3，4]
工具变量数			155	138	155	138
截面数（公司数量）	388	388	388	388	388	388
观测值	1303	1303	1303	1303	1303	1303

说明：（1）系统 GMM 估计是在 stata12.0 中嵌入 "xtabond2" 程序进行的；（2）*、**、*** 分别表示参数估计量在 10%、5%、1% 水平上显著，系数下方括号内的数字是异方差稳健标准差；（3）由于本书使用的是非平衡面板数据，因此使用了前向正交离差变换（forward orthogonal deviations）最大化参与估计的样本数，从而提高估计系数的有效性（Roodman，2006）；（4）Arelleno-Bond 一阶、二阶序列相关检验 AR（1）和 AR（2）报告的是 z 统计量对应的 p 值；（5）Sargan 和 Hansen overid 报告的是过度识别检验统计量 chi2 对应的 p 值；（6）L_ Hansen Eg 和 L _ Difference 是针对所有 GMM 变量的 Hansen-in-Difference 检验，报告的都是 p 值；（7）工具变量滞后期的第一个区间表示滞后因变量的工具变量滞后范围，第二个区间针对内生解释变量；（8）除时间虚拟变量外，把回归方程中右边所有项当作内生变量处理。

三　稳健性检验

为了克服可能的模型设定偏差和增强模型结果的稳定性，本书采用如下方法进行稳健性检验。首先，考虑不同公司有不同的生产技术，因而公司投资对未来成长机会的敏感程度可能不是线性关系，因此我们借鉴贝克等人（2003）的做法，在回归方程中加入托宾 Q 的平方项来解决这个问题。表 6 - 3 第（5）列报告了估计结果，我们可以看出托宾 Q 的平方项系数为负，但是不显著，而且托宾 Q 及其他解释变量的估计系数并没有出现较大的变化，对系数估计值的显著性也没有任何影响。

其次，由于中国股市的政策性和投机性，股票价格只能反映历史信息而不具有前瞻性，托宾 Q 既包含潜在投资机会，也包含被市场错误定价的部分。我们在理论分析部分的分析表明，股价泡沫改变了股权融资成本和外部股权融资的供给曲线，从而可能有助于一些无法获得投资的研发项目获得融资。从表 6-3 第（6）列报告的估计结果来看，其他解释变量的估计系数和显著程度都没有较大的变化，从托宾 Q 中分解出来的潜在投资机会的估计系数显著为正，错误定价与企业规模（融资约束程度）的交叉项 $Size \times Mis_{j,t}$ 估计系数显著为负，这意味着在其他条件不变的情况下，企业规模越小即企业融资约束程度越高，企业研发投入对错误定价就越敏感，这种交互作用的产生主要是由于错误定价缓解了股权融资约束，从而通过股权融资渠道影响企业研发投入。

第五节　本章小结

尽管前述几章没有发现偏离基本面的股价是否显著影响公司投资行为与中国上市企业融资约束程度有关，但是高新技术企业技术的研发投资面临的融资约束与一般企业资本投资受到的融资约束不同。这是因为，企业研发投入的回报和收益具有不确定性、高风险性和波动性，容易出现道德风险和逆向选择问题。因此，高新技术企业研发投入的这种特征不适合债务合约的结构（斯蒂格利茨，1985），研发投资较难获得外源负债资金的支持，因而容易受到融资约束。

本章首先分析了高新技术企业的研发投资容易受到融资约束的原因，然后对错误定价是否缓解了企业研发投入的融资约束进行了理论分析。鉴于中国上市企业从 2002 年才开始公布研发投入的数据，高新技术上市公司公布的研发投入数据较为规范，因此我们通过翻阅年报手工收集了高新技术企业 2002—2010 年研发投入的数据，用系统 GMM 方法实证检验了错误定价对企业研发投入的影响。本章研究发现，偏离基本面股价缓解了研发投资所需要的股权融资资金约束，从而促进了高新技术上市公司的研发投入，并且这种正向影响对规模小的研发密集型企业更为明显。

本章通过考察资本市场对企业研发投入的影响，为理解转轨经济背景下的中国企业研发投入影响因素提供了新的证据，也为理解金融发展与经济增长之间关系的微观机理提供了新的经验证据。

　　本章的研究结论具有重要的政策含义：首先，由于高新技术企业研发投资具有高度的资产专用性、高风险性和收益的弱相关性，因此应当为高新技术企业构建良好的融资平台和金融工具创新、提供多种融资渠道和金融工具。其次，不同规模的企业由于信息不对称程度和融资约束程序不同，股票市场的信息甄别和信息揭示功能，不但能够解决企业信息不对称问题，而且也能够提供企业研发投入所需要的长期资金，因此应该让更多的研发密集型中小企业上市。

第七章

错误定价与公司投资：高管薪酬和背景特征视角[*]

第一节　问题的提出

在第五章第二节模型设计部分的分析表明，投资的欧拉方程模型主要反映金融因素（或融资因素）对公司投资行为的影响，没有考虑公司治理等其他方面的因素对公司投资行为的影响，公司治理等因素对投资的影响是用不随时变的个体效应和异质性冲击来控制的。斯坦（1996）模型结果表明，资本市场错误定价是否影响公司投资行为和两个因素有关：一是经理人的眼光长短；二是企业是否存在融资约束。在不存在融资约束的条件下，资本市场错误定价能否影响经理投资决策取决于管理者的眼光是长视还是短视。具有长远眼光的经理会以市场风险的补偿作为贴现率（资本成本），从而计算投资项目的净现金流。因此，股价不影响具有长远眼光经理对投资项目计算的贴现率。低估的股价不会影响股权融资依赖型企业的投资，因为具有长远眼光的管理者不愿意为投资项目融资而低价发行股票。目光短浅的管理者会以股票市场价格作为贴现率的一部分，从而高估投资项目带来的净现金流，投资项目本身就被错误定价。贝克和沃格勒（2012）建立的市场择时和迎合方法理论分析框架假定管理者眼光长远程度 λ 是外生给定的，由管理者的个人特性、职业安全的关注和薪酬契约决定的。在第二章第一节的管理者最优化决策（2-1）式中，λ 影响错误定价与公司投资之间的关系，而经理薪酬契约和经理个性特征可能影响眼光长远程度 λ，从而有可能对错误定价与公司投资之间的关系产生影响。因此，本章基于中国上市公司2004—2010年动态面板数据GMM方法，首先

＊　本章部分内容曾经分别发表在《投资研究》2012年第3期和《财经研究》2012年第6期。

研究偏离基本面的股价对公司内部投资决策是否与高管薪酬激励契约差异有关。在第三节研究外部资本市场错误定价对公司投资决策的影响是否与高管背景特征有关。

本章的主要贡献和创新点主要体现在以下三点：第一，与格伦德和李慧（2010）等已有文献从静态角度研究公司投资决策不同，本章尝试从动态角度在欧拉投资方程基础上建立投资的动态调整计量模型，并用系统GMM方法进行估计，以规避变量内生性所引起的模型估计偏差，使实证结果具有更高的可信度。第二，本章在中国资本市场和高管薪酬契约安排的特殊制度背景下，放松了投资者有限理性分析框架下管理者最大化股东利益的假设，为高管薪酬契约影响公司投资决策提供了新视角和新证据。第三，本章的研究表明，证券市场的摩擦会影响高管薪酬契约在投资决策方面的治理效应，这为社会因素（证券市场的投机行为）影响制度因素（高管薪酬契约）的经济后果提供了新证据，从而深化和补充了公司治理领域的相关研究。

第二节　错误定价、高管薪酬契约与公司投资行为

一　高管薪酬契约安排的制度背景与理论分析

投资者非理性框架下的文献都隐含假设管理者理性且最大化股东利益，迎合机制还建立在经理薪酬对股价具有敏感性的隐性假设基础之上的，没有考虑代理问题和薪酬契约与股价的弱相关性对上述机制可能发生的调节作用。回到现实世界里，管理者的自利行为是一种普遍现象。中国上市公司高管薪酬的迅速增长一直备受社会的关注。根据 Wind 数据统计，2004—2010 年，不含股权激励和股票激励，中国上市公司前 3 位高管（董事）的薪酬均值从 2004 年的 60 万元（55 万元），提高到 2010 年的 161 万元（138 万元）。以 2008 年中国平安"高管天价薪酬"事件为导火线，高管天价薪酬曾经引发了社会各界的争议。公众质疑的核心在于高管的天价薪酬是否与公司业绩相匹配。但是，现有研究对于高管薪酬是否提高了公司业绩，并没有得出一致的结论。早期的研究一般认为，中国上市公司的公司绩效与高管薪酬水平不相关（魏刚，2000；李增泉，2000）。随着上市公司薪酬制度的改革和股权分置改革的完成，中国上市公司的公

司绩效与高管薪酬水平的相关度在逐渐提高（方军雄，2009；杨青，2009；吴育辉和吴世龙，2010）。周仁俊等人（2010）研究发现，高管货币薪酬和高管持股激励提高了公司经营业绩，而且这种影响在非国有控股上市公司表现更显著。

高管薪酬影响企业业绩需要"中间桥梁"来实现，即高管薪酬首先会影响高管的决策行为（尤其是投资决策），这些行为继而对企业业绩产生影响。辛清泉等人（2007）研究了政府控制背景下的高管货币薪酬对公司投资的影响，结果发现，当货币薪酬契约不能对高管的努力程度和经营才能做出补偿和激励时，地方控制的上市公司存在因薪酬契约失效导致的投资过度现象，但是辛清泉等人的研究没有考虑高管持股或股权激励对公司投资的影响。国外一些学者研究了股权激励对公司投资行为的影响，结果发现以股权为基础的激励与公司长期资本支出正相关（阿加沃尔和塞姆维克，2006），股票期权激励与研发支出正相关（康等人，2006），而限制性股票激励与研发支出负相关［瑞恩和威金（Ryan & Wiggins，2002）］。但是，上述文献没有考虑外部证券市场无效性对经理薪酬激励和公司投资的关系可能产生的影响。

博尔顿等人（2006）则在投机的股票市场背景下，构建了一个基于经理薪酬契约的多期代理模型。在这个模型里，投资者的异质信念引起股价偏离基础价值，同时假定管理者薪酬与近期股价和长期价值挂钩，管理者最大化私人收益。模型结果表明，管理者会通过投资安排迎合短线投机者，结果损害了公司长期基础价值；股票市场上的投机行为会诱使最大化私人收益的管理者做出投资过度的决策。格伦德和李慧（2010）把经理薪酬契约纳入了投资者有限理性引起股票错误定价的分析框架（德朗等人，1990），构建了一个二期模型，并且用美国上市公司1992—2005年的数据进行了实证检验，结果发现，如果管理者薪酬与近期股价相关，股价的变化会通过影响管理者从股权激励中得到的收入，进而间接地影响公司投资行为。管理者为了使自己从股权激励中得到的财富最大化，有动机通过投资安排来迎合股市中的短线投机行为。而且不同形式的股权激励对公司投资决策的影响是不同的，股票期权激励和限制性股票激励不会诱发经理投资冲动，但是经理持股包括到期的股票期权和限制性股票会诱发经理的冲动。

博尔顿等人（2006）和格伦德和李慧（2010）的研究是以发达国家的

资本市场作为背景，高管薪酬激励契约以股权激励为主，但是中国的情况有所不同：第一，中国证券市场是从计划经济向市场经济转轨中由政府主导发展起来的，资本市场运行机制、诚信水平和市场主体成熟程度与发达国家存在较大差距。由于相对较高的投机性和政策性，中国证券市场是一个非有效市场，股价严重偏离企业内在价值（丁志国等人，2005）。第二，与国外上市公司经理激励契约以股票期权和限制性股票激励为主且货币薪酬与股价相关不同，中国上市公司实施长期股权激励的公司较少，高管持股不同于国外的股权激励，而且高管薪酬契约安排因实际控制人产权性质不同而存在显著差异。政府控制的上市企业高管薪酬契约主要表现为年薪制为主的显性激励契约，以及在职消费和职位晋升等隐性激励契约，显性货币薪酬主要与财务业绩挂钩，与股价弱相关，并且受到政府管制，隐性激励对显性激励具有替代效应（陈冬华，2010）；非政府控制的上市企业高管薪酬主要有货币薪酬和股权激励，薪酬与市值挂钩［弗思等人（Firth et al.，2006）］。

基于这些认识，我们由此提出的问题是，偏离基本面的股价对公司投资行为的影响是否与中国上市公司经理薪酬契约制度设计差异有关，资本市场的错误定价是否会影响经理薪酬在公司投资决策方面的治理效应？与已有研究不同，本章延续贝克等人（2003）的研究展望，在投资者非理性和管理者理性的分析框架下，放松管理者最大化股东利益的假设，研究偏离基本面的股价对公司投资行为的影响是否与中国上市公司经理薪酬契约制度设计差异有关，即是否与企业异质性有关。进一步地，鉴于中国上市公司实际控制人差异导致薪酬契约安排的制度背景差异，我们检验了不同制度背景下的经理薪酬契约安排对投资者情绪和公司投资所产生的影响是否会有所不同。

二　研究设计、估计方法与样本选择

（一）模型设定与变量定义

第五章第二节的计量模型（5-2）式主要用来刻画金融（融资）因素对公司投资行为的影响，没有考虑货币薪酬和股权激励等其他非金融因素对公司投资影响。一些研究发现，货币薪酬与股权激励对资本支出产生影响（阿加沃尔和塞姆维克，2006；康等人，2006；辛清泉等人，2007）。因此，本章把这些因素加入到基准计量模型（5-2）式中，建立如下方程。

$$\frac{I_{it}}{K_{i,t-1}} = c + \beta_1 \frac{I_{i,t-1}}{K_{i,t-1}} + \beta_2 \left(\frac{I_{i,t-1}}{K_{i,t-1}}\right)^2 + \beta_3 \frac{CF_{it}}{K_{i,t-1}} + \beta_4 \left(\frac{CF_{it}}{K_{i,t-1}}\right)^2 + \beta_5 \frac{S_{i,t-1}}{K_{i,t-1}} +$$

$$\beta_6 \frac{S_{i,t}}{K_{i,t}} + \beta_7 Misp_{i,t} + \beta_8 Q_{i,t-1}^{Growth} + \beta_9 w \times Misp_{i,t} + \beta_{10} Stk \times Misp_{i,t} + \gamma_t + f_i + \varepsilon_{it}$$

$$(7-1)$$

这里，f_i 是不可观察的个体效应，γ_t 是时间虚拟变量，ε_{it} 是异质性冲击或白噪声，式（7-1）各变量的定义及含义与第五章表 5-1 类似。我们主要对高管薪酬契约中的货币薪酬和高管持股给以说明，高管薪酬主要包括货币薪酬 W 和当年企业授予经理的股权激励两部分。基于高管从投资中获得隐性收入数据的可得性和计量上的困难，本章不考虑在职消费和职务晋升等隐性激励在投资决策方面的作用。我们借鉴现有文献（辛清泉等人，2007；权小锋等人，2010）的做法，选择上市企业年报中披露的"薪酬最高的前 3 位高管"平均薪酬的自然对数作为高管薪酬的衡量指标。年报中披露的高管薪酬不包含出售股权所得到的收入。对于股权激励部分，鉴于中国上市公司从 2005 年 9 月份开始才正式实施股票期权、限制性股票和股票增值权激励，限售期和行权等待期一般为 1 至 3 年，经理最快行权也要到 2006 年。因此，笔者借鉴现有文献（吕长江等人，2008；姚伟峰等人，2009）的做法，用高管持股数（Stk）占总股本的比例作为股权激励的衡量指标。高管的统计口径包括上市公司的董事、监事以及年报所披露的高级管理人员（不包括独立董事）。

式（7-1）中，β_7 反映的是整个样本时间段上公司投资与错误定价关系的一个基本状况，而且它已经包含了货币薪酬和高管持股公司投资行为的影响。因此，要单独考察偏离基本面的股价影响公司投资行为是否与高管货币薪酬和高管持股差异有关，我们在方程（7-1）中加入错误定价与货币薪酬和高管持股的交叉项 $w \times Misp_{i,t-1}$ 和 $stk \times Misp_{i,t-1}$ 来检验公司投资和错误定价的关系是否受货币薪酬和高管持股的影响。如果交互项系数 β_9 和 β_{10} 的估计值显著，就意味着，货币薪酬和高管持股的变化对公司投资与错误定价的关系就产生显著影响。

（二）估计方法

式（7-1）采用的动态面板模型把因变量的滞后项作为解释变量，从而导致解释变量与误差项相关。同时，解释变量还可能存在内生性问题，这是因为股票价格不仅可能会对公司投资行为产生影响，反过来公司的投资决策也可能影响股票价格。其次，错误定价变量的内生性还在于公司投资行为还会受到各种制度性因素（如宏观经济政策、公司治理结构）和经济周期的影响，而这些制度性因素通常因为难以完全控制而被包含在不可观测的固定效应和误差项中，从而使得解释变量 *Misp* 与误差项相关。最后，本书用分解托宾 Q 方法估算错误定价程度，这种测量误差也有可能被带入了误差项，从而使得解释变量 *Misp* 与误差项相关。因此，我们首先分别用混合 OLS 估计模型和固定效应估计模型，同时用一步系统 GMM 估计方法，然后我们把一步系统 GMM 估计值分别与混合 OLS 估计模型和固定效应估计模型的估计值比较，用 Bond et al.，（2002）提出的检验办法判断一步系统 GMM 估计是否可靠有效，如果 GMM 估计值介于混合 OLS 估计模型和固定效应估计模型的估计值两者之间，则一步系统 GMM 估计是可靠有效的。

（三）样本选择与数据来源

本章初选样本仍然按照第三章的原则来确定。考虑到国务院国资委 2003 年颁布《中央企业负责人经营业绩考核暂行办法（2003）》，因此本章选取这一政策颁布的时间作为制度起点，选取 A 股上市企业在 2004—2010 年的数据为样本，并且按照以下程序筛选：（1）剔除金融企业，因为这类企业采用的会计报表与其他企业不同；（2）所有的 * ST，ST 和 PT 类企业；（3）剔除高管薪酬和高管持股数据缺失的公司；（4）出现数据异常的公司以及上市不足 1 年的公司。为了避免极大或极小值对参数估计的影响，利用 winsorize 方法对所有变量在 1% 和 99% 分位数进行了剔除。

高管货币薪酬与高管持股的描述性统计

表 7 - 1   （样本期：2004—2010 年）

变量	样本	均值	标准差	中位数	上四分位数	下四分位数	最小值	最大值
Stk	6038[a]	0.013	0.062	0.00005	0.0001	0.00014	0.0001	0.69
	3753[b]	0.0012	0.011	0.00002	0.00008	0.0001	0.00002	0.23
	2285[c]	0.036	0.099	0.00002	0.0005	0.002	0.0003	0.69
wage	6038[a]	12.31	0.837	12.35	11.76	12.87	8.52	15.44
	3753[b]	12.30	0.86	12.36	12.86	11.77	8.52	15.44
	2285[c]	12.33	0.85	12.32	12.88	11.73	9.18	15.06

注：对高管持股比例和货币薪酬分全样本、国有企业与非国有企业样本进行了描述性统计，分别用上标 a、b、c 做了标注。

我们对研究样本中高管货币薪酬和高管持股两个变量进行了描述性统计，具体结果如表7-1所示。国有企业高管持股比例的均值和中位数显著小于非国有企业，中国上市企业高管持股比例全样本的均值仅为1.3%，中位数为0.0005%，这表明高管持股比例比较小。高管前3名薪酬全样本均值取对数后的均值和中位数分别为12.31和12.35，方差为0.837，这说明高管薪酬的差距比较大，国有企业与非国有高管薪酬的均值、中位数和方差并无显著差异。

表7-2报告的是各变量间的相关系数。我们发现，被解释变量公司投资水平和错误定价的代理变量、成长机会的代理变量和自由现金流是正相关的，相关系数比较高，最高相关系数是0.346；而解释变量之间的相关系数是比较低的，自由现金流捕捉的成长机会信息和从分解托宾Q中捕捉的成长机会信息相关性比较低。

表7-2　　　　　　　　　　　研究变量的相关系数矩阵

变量名	I	Q（Growth）	Misp	Stk	CF	wage
	1	0.334***	0.339***	0.095***	0.183***	0.067***
I	0.346***	1	-0.199***	0.169***	0.081***	-0.136***
Q（Growth）	0.343***	-0.204***	1	0.108***	0.061***	0.325***
Misp	0.065***	0.069***	0.026**	1	-0.013	0.087***
Stk	0.228***	0.09***	0.053***	0.049***	1	0.079***
CF	0.109***	-0.134***	0.335***	0.187***	0.111***	1
wage						

注：（系数"1"）右上方是变量间的 Pearson 相关系数，（系数"1"）左下方是 Spearman 相关系数；*、**、*** 分别表示 10%、5%、1% 的显著水平（双尾检验）。

三　实证结果及分析

根据前面的分析，为了检验系统 GMM 估计的可靠性，笔者首先把系统 GMM 估计值、混合 OLS 和固定效应模型的估计值进行对比，以此检验系统 GMM 估计的可靠性，然后对系统 GMM 的估计结果进行分析。动态面板模型（7-1）的混合 OLS、固定效应模型估计和系统 GMM 估计值列于表7-3。表7-3中上市公司总量层面的样本得到前期投资的 OLS 估计值为0.663，固定效应模型的估计值为0.468，而系统 GMM 估计值为0.591，确实处于其他两个估计值之间。按实际控制人分类的子样本估计也是如此，这说明我们的 GMM 估计结果是可靠有效的，没有因为弱工具变量问题而出现严重偏误。因此，接下来我们将严格按照鲁德曼（2006，2009）的建议，详细报告一步 GMM 的设置细节和统计检验。在回归时，除了虚拟变量、货币薪酬和高管持股外[①]，并把（7 - 1）式右边所有的变量当作内生变量来处理。在表 7 - 3 和表 7 - 4 报告了对（7 - 1）式的回归结果中，我们首先分别用 3 个错误定价的代理变量对全体样本进行了回归，然后按实际控制人性质对子样本国有企业和民营企业进行了回归。接下来，我们先对总样本的回归结果进行分析，然后对子样本回归结果进行分析。

在一步系统 GMM 估计中，阿雷拉诺和博韦尔（1995）和布伦德尔和邦德（1998）提出可以使用两种方法来检验工具变量的有效性。第一种方法称为过度识别约束检验（Sargan test 或者 Hansen test），这种方法主要是用来判断在估计过程中所使用的矩条件工具变量在总体中是否有效，如果不能拒绝零假设就意味着工具变量的设定是恰当的。第二种方法是 AR 检验，这种检验的原假设是：残差项是否存在[②]。如果残差序列服从独立同分布，鲁德曼（2006）提出标准的处理内生变量的方法是使用二阶及以上的水平滞后项作为差分项的工具变量，使用一阶差分滞后项作为水平项的工具变量；如果残差序列是随机漫步过程，工具变量至少要滞后 3 期（邦德等人，2003）考虑到样本观察值的有限性，我们分别使用三阶到六阶的水平滞后项作为差分项的工具变量。

（一）上市公司总量层面数据回归结果与分析

由于 Sargan 萨甘统计量是最小化一步 GMM（非稳健估计）得到的，在随机扰动项异方差或自相关下失效，但是 Sargan 萨甘统计量不会出现弱工具变量。Hansen J 检验统计量是通过最小化二步 GMM（稳健估计）得到的，对随机扰动项很稳健，但是会出现弱工具变量。因此，在表 7 - 3 和表 7 - 4 中我们同时报告了 Sargan 萨甘统计量和 Hansen J 统计量的 p 值。我们将 AR 统计量和 Hansen 统计量的 P 值报告在表 7 - 3 中。由表 7 - 3 的估计结果，残差自相关检验一阶（AR（1））和二阶序列相关（AR（2））伴随 P 值分别为 0.006 和 0.835，这支持了一阶差分方程中的残差项不存在自相关的假设。同时，Sargan 和 Hansen 过度识别检

---

① 我们把高管薪酬契约当作外生给定的，没有把货币和高管持股纳入内生变量。

② 在 AR 检验中，残差项允许存在一阶序列相关，但是不允许存在二阶序列相关。

验的结果也显示，我们不能拒绝工具变量有效性的零假设（p 值均显著大于 0.1），这说明了模型设定的合理性和工具变量的有效性，不存在过度识别问题。

　　类似第五章的表 5 - 7，在表 7 - 3 和表 7 - 4 中我们报告了判断额外工具变量是否为有效的统计量的 p 值。Level-Hansen（exogenous）的原假设是代入原始方程的所有工具变量可以被排除在外，Level-Difference 的原假设是代入原始方程的所有工具变量和固定效应不相关。对错误定价的 3 个代理变量的系统 GMM 估计都通过了额外工具变量的排除性约束检验，不能拒绝代入原始方程的所有工具变量和固定效应不相关的原假设。Eg-Hansen 和 Eg-Difference 是对外生变量做相同的 Difference- in-Hansen 检验。从表 7 - 3 和表 7 - 4 全样本的回归结果来看，前期投资、投资率平方、销售收入、产出、现金流以及现金流二次方的估计系数和显著程度与第五章中的表 5 - 7 和表 5 - 8 的回归结果基本类似，这再一次证明了我们前期回归结果的稳健性。我们没有发现错误定价影响公司投资行为的稳健证据，投资—现金流的敏感性也和前面的回归结果类似。

　　接下来转向本章重点关注的交互项系数估计值。错误定价和货币薪酬交互项的系数估计值为正，但是不显著。这意味着，高管货币薪酬不显著地加强了错误定价对公司投资的影响，即错误定价对公司投资行为的影响并没有受高管货币薪酬差异的显著影响，但是高管货币薪酬和错误定价对公司投资行为存在交互效应。产生这种效应的原因在于，公司投资对经理而言可能存在私人收益，经理可以通过大规模投资建造公司帝国、获得个人威望、巩固权力与地位以及提高在职消费等额外的私有收益（詹森，1986；斯坦，2003）。而偏离基本面的股价给经理选择投资安排提供了便利。错误定价和高管持股的交互项回归系数显著为正，这意味着，在其他条件不变的情况下，高管持股比例越高，公司投资水平对股价高估就越敏感，即偏离基本面的股价对公司投资行为的影响与高管持股差异显著相关。产生这种交互效应的原因在于，如果高管股权激励与近期股价相关，高管就可能通过投资安排迎合短线投机者情绪推高股价，而高管能够在股价高估时出售持有的股票，从中获取更多私人利益。需要说明的是，这种交互效应的产生不完全等同于经理私人收益假说，因为这种交互效应的产生是证券市场摩擦（股市非有效）与其他市场摩擦共同作用于公司投资行为的结果。而且，这种投资行为并不一定是非效率投资，这是因为其他市场摩擦（比如代理问题和融资约束）可能引起非效率投资，股市非有效伴随的错误定价反而可能使企业投资水平接近最优投资水平（Baker et al.，2003；花贵如等人，2010）。在表7-4中，错误定价其他两个代理变量的回归也得到了类似结果。

（二）上市公司按企业实际控制人性质分类实证结果

大量研究发现，制度环境与制度设计会通过提高或降低激励和约束来影响拥有决策权的高管行为。就中国上市公司投资决策而言，面临着不同于发达国家的特征——政府对公司经营活动的干预，政府官员既有动机也有能力干预国有企业的投资决策。而且，薪酬契约制度设计的有效性和效率高低也必然会由于制度背景和资本市场环境的不同而有所差异，这使得按企业实际控制人性质和薪酬契约安排的制度背景差异对公司做进一步分类回归成为必要。中国上市公司实际控制人的不同和薪酬契约存在的差异，为我们的研究提供了很好的条件。本章承袭辛清泉等人（2007）的研究，按照最终控制人性质和所有权的实际行使主体，我们将全样本按照实际控制人性质分为国有企业组与非国有企业组。

从表7-3和表7-4按企业实际控制人性质分类回归结果来看，在实际控制人性质不同的企业中，前期投资、投资率平方、销售收入、产出、现金流以及现金流二次方的估计系数和显著程度与上市公司总量层面数据回归结果基本类似。高管货币薪酬和错误定价交互项的回归系数在国有企业样本中显著为正，这意味着在其他条件不变的情况下，高管货币薪酬越高，公司投资对错误定价就越敏感，即高管货币薪酬和错误定价对公司投资行为的影响存在交互效应，这种交互效应的产生来自于企业投资对于高管而言存在私人收益。而民营企业子样本中，高管货币薪酬与错误定价交互项的估计系数不显著为正。高管持股和错误定价交互项的估计系数在国有企业中不显著为正，在民营企业中显著为正，这意味着在其他条件不变的情况下，高管持股比例越高，公司投资水平对股价高估就越敏感，即高管持股与股价高估对公司投资的影响存在交互效应。产生这种交互效应的原因在于，高管通过投资安排迎合短线投资者情绪推高股价，而高管能够在股价高估时出售持有的股票，从中获取私人利益。我们认为产生这种差异的可能原因是：第一，与民营上市企业相比，国有控股上市企业不仅追逐经济利益目标，而是综合追求政治、经济和军事等社会目标。这将导致

表7-3　混合OLS、固定效应FE和系统GMM估计结果

变量	混合OLS			固定效应FE			一步系统GMM		
	全部样本	国有企业	民营企业	全部样本	国有企业	民营企业	全部样本	国有企业	民营企业
$\dfrac{I_{i,t-1}}{K_{i,t-1}}$	0.663** (0.239)	0.567 (0.223)	0.71 (0.281)	0.468* (0.178)	0.456** (0.178)	0.560* (0.13)	0.591* (0.181)	0.545* (0.185)	0.628* (0.135)
$\left(\dfrac{I_{i,t-1}}{K_{i,t-1}}\right)^2$	-1.113* (0.003)	-0.896* (0.025)	-0.961 (0.003)	-1.043* (0.001)	-0.835 (0.001)	-0.987* (0.000)	-1.067* (0.003)	-0.853* (0.001)	-0.971* (0.038)
$\dfrac{CF_{i,t}}{K_{i,t}}$	-0.106 (0.03)	0.152 (0.03)	-0.112 (0.03)	-0.215 (0.05)	0.113 (0.02)	-0.365 (0.111)	-0.167 (0.04)	0.13** (0.04)	-0.132 (0.270)
$\left(\dfrac{CF_{i,t-1}}{K_{i,t-1}}\right)^2$	0.321 (0.06)	-0.143 (0.12)	0.439** (0.200)	0.09 (0.08)	-0.229 (0.368)	0.194 (0.275)	0.238 (0.152)	-0.159 (0.191)	0.214 (0.118)
$\dfrac{S_{i,t}}{K_{i,t}}$	0.133** (0.102)	0.239 (0.06)	0.08*** (0.03)	0.05** (0.147)	0.16 (0.09)	0.05** (0.052)	0.103** (0.086)	0.125* (0.151)	0.065* (0.05)
$\dfrac{S_{i,t-1}}{K_{i,t-1}}$	-0.012 (0.05)	-0.013** (0.02)	-0.026* (0.02)	-0.044* (0.021)	-0.041 (0.034)	-0.038 (0.03)	-0.061* (0.03)	-0.029** (0.006)	0.046 (0.09)
$QGrowth_{i,t-1}$	0.08*** (0.1)	-0.063 (0.55)	0.208 (0.53)	0.031 (0.18)	-0.116 (0.01)	0.108** (0.047)	0.073* (0.102)	0.041* (0.018)	0.145* (0.13)
$Misp_{i,t}$	0.056** (0.366)	0.051 (0.065)	0.129* (0.32)	0.036 (0.366)	0.011 (0.145)	-0.25 (0.495)	0.042 (0.151)	0.021 (0.065)	0.029* (0.22)
$W \times Misp$	0.004 (0.35)	0.006 (0.32)	0.06** (0.42)	0.001 (0.3)	0.03 (0.322)	0.002** (0.242)	0.0031 (0.103)	0.004* (0.088)	0.034 (0.12)
$Stk \times Misp$	0.12** (0.307)	0.09 (0.08)	0.17** (0.368)	0.01** (0.02)	0.02 (0.32)	0.05** (0.18)	0.05** (0.05)	0.03 (0.10)	0.08** (0.04)
Adj. R²	0.351	0.258	0.39	0.320	0.212	0.258			

续表

变量	混合 OLS			固定效应 FE			一步系统 GMM		
	全部样本	国有企业	民营企业	全部样本	国有企业	民营企业	全部样本	国有企业	民营企业
AR (1) P 值							0.06	0.08	0.03
AR (2) P 值							0.835	0.873	0.729
Sargan							0.566	0.623	0.792
Hansen							0.535	0.826	0.802
L-Hansen (eg)							0.778	0.981	0.746
L-Difference							0.655	0.563	0.761
Eg Hansen							0.875	0.986	0.785
Eg Difference							0.983	0.052	0.643
工具滞后期							[3 4]	[4 5]	[4 5]
工具变量数							67	45	32
截面数	1170	530	640	1170	530	640	1170	530	640
观测值	6038	2285	3753	6038	2285	3753	6038	2285	3753

注：（1）GMM 估计是在 stata12.0 中嵌入"xtabond2"程序进行的；（2）*、**、*** 分别表示参数估计量在 10%、5%、1% 水平上显著，系数下方括号内的数字是异方差稳健标准差；（3）由于本章使用的是非平衡面板数据，因此使用了前向正交离差变换（forward orthogonal deviations）消除个体效应，而不是使用一阶差分消除个体效应，这样就可以最大化参与估计的样本数，从而提高估计系数的有效性（Roadman，2006）；（4）Arelleno-Bond 一阶、二阶序列相关检验 AR（1）和 AR（2）报告的是 z 统计量对应的 p 值；（5）Sargan 和 Hansen overid 报告的是 Hansen 过度识别检验统计量 chi2 对应的 p 值；（6）Level Hansen（eg）和 Level Difference（eg）是针对所有 GMM 变量的 Hansen-in-Difference 检验，报告的都是 p 值；（7）控制变量和常数项反映的是行业层面因素，宏观经济因素和经济政策的综合影响，不是关注变量，限于篇幅未列出；（8）在一步系统 GMM 回归中，除了同时间虚拟变量、高管货币薪酬和高管持股外，我们把所有解释变量当作变量来处理。

国有上市公司高管追求的目标发生偏移，职位晋升和追求投资的私人收益成为他们考虑的重要因素（周仁俊等人，2010）。通过追求投资规模，管理者能够掌握和转移更多的资源、获取更多的在职消费和其他隐性福利，利用寻租机会增加个人财富。第二，这是由于产权性质不同的上市企业其薪酬契约差异以及其实际控制人性质不同引起的公司治理差异带来的。国有控股上市企业经理的薪酬以基于年薪制的货币薪酬为主，高管持股数量较少，货币薪酬与股价弱相关，并且受到政府薪酬管制。高管薪酬契约的上述特征必然使得经理的才能和努力难以从货币薪酬中得到补偿，显性货币激励不足，在职消费、职位晋升以及从投资扩张中获得的租金等隐性替代激励可能发挥更大的作用（姜付秀等人，2009），其后果反映在公司投资决策上就导致国有企业经理追求投资规模的动机可能更大，以追求可能更多的在职消费和政治晋升等隐性收入。这一结果证明了在薪酬管制的国有企业中，高管货币薪酬与股价表现的弱相关性以及薪酬管制制度环境并没有抑制经理过度投资动机。而在非国有企业中，股东拥有更强的内在动力激励以约束代理人，激烈的经理人市场竞争对经理人行为的规范作用较强，经理受到了比较完善的监督机制的监督，经理人更关注业绩而不是投资规模；或由于货币薪酬实现了比较市场化的激励方式，因而非国有企业的货币薪酬和企业治理机制抑制了经理投资的冲动，货币薪酬契约更为有效。可能正是因为货币薪酬契约和实际控制人性质不同引起的公司治理差异，导致了货币薪酬对公司投资的影响在国有企业和非国有企业中表现出不同的特点。

高管持股和错误定价交互项的估计系数在国有企业中不显著为正，在民营企业中显著为正，这说明高管持股和错误定价对公司投资行为的交互作用在国有企业中不显著，在非国有企业中显著。即非国有企业高管持股比例越高，公司投资水平对股价高估就越敏感。针对这一实证检验结果，我们的解释是：这种现象可能是"由这些微乎其微甚至可以忽略不计持股量引起的误差所致"（白重恩等，2005）。在表 7－1 的描述统计中，国有企业高管持股均值为 0.0012，零持股现象比较多，非国有企业高管持股均值为 0.036。另外，相对非国有企业，国有企业高管一般同政府保持着密切关系，因此更可能关注其职位升迁，这样就可能削弱了高价出售股份获取私人收益的动机。

表 7 - 4 上市公司按企业实际控制人性质分类实证结果

变量	Abret			DACC		
	全部样本	国有企业	民营企业	全部样本	国有企业	民营企业
$\dfrac{I_{i,t-1}}{K_{i,t-1}}$	0.585 ***	0.886 ***	1.082 ***	1.133 ***	0.971 *	0.984 ***
	(0.216)	(0.154)	(0.280)	(0.290)	(0.500)	(0.143)
$\left(\dfrac{I_{i,t-1}}{K_{i,t-1}}\right)^2$	-1.010	-1.052 ***	-1.429	-2.054 **	-2.225	-1.475 ***
	(0.746)	(0.497)	(0.882)	(0.978)	(0.545)	(0.429)
$\dfrac{CF_{it}}{K_{i,t-1}}$	-0.112	0.048	-0.028	-0.093	0.128	-0.121 **
	(0.090)	(0.047)	(0.075)	(0.103)	(0.218)	(0.054)
$\left(\dfrac{CF_{it}}{K_{i,t-1}}\right)^2$	0.105	-0.080	0.227	0.103	0.106	-0.009
	(0.387)	(0.253)	(0.364)	(0.436)	(0.736)	(0.191)
$\dfrac{S_{i,t}}{K_{i,t}}$	0.0338 **	0.028 ***	0.039 ***	0.012	0.022	0.030 ***
	(0.015)	(0.010)	(0.015)	(0.018)	(0.030)	(0.008)
$\dfrac{S_{i,t-1}}{K_{i,t-1}}$	-0.026 *	-0.028 ***	-0.035 **	0.002	-0.006	-0.029 ***
	(0.014)	(0.009)	0.017	0.022	0.0244	(0.006)
$Q_{i,t-1}^{Growht}$	0.009 ***	0.017	0.095 ***	0.054 **	0.059	0.029 ***
	(0.023)	(0.016)	(0.028)	(0.027)	(0.078)	(0.023)
$Misp_{i,t}$	0.001	0.005	0.011	0.008 ***	0.002	0.009
	(0.009)	(0.006)	(0.012)	(0.016)	(0.040)	(0.011)
$w \times Misp$	0.063	0.098 ***	0.055	0.087	0.138 ***	0.023
	(0.015)	(0.175)	(0.12)	(0.007)	(0.088)	(0.281)
$Stk \times Misp$	0.103 **	0.065	0.125 ***	0.25 **	0.08	0.15 **
	(0.086)	(0.151)	(0.05)	(0.053)	(0.102)	(0.038)
AR (1) P 值	0.000	0.000	0.000	0.000	0.022	0.000
AR (2) P 值	0.135	0.460	0.576	0.691	0.740	0.368
Sargan	0.447	0.879	0.852	0.718	0.385	0.481
Hansen (p)	0.135	0.422	0.689	0.911	0.356	0.486
L-Hansen (exg)	0.131	0.661	0.823	0.971	0.302	0.586
L-Difference (exg)	0.325	0.200	0.561	0.501	0.428	0.351
Eg Hansen	0.130	0.645	0.752	0.872	0.462	0.398
Eg Difference	0.383	0.027	0.913	0.727	0.211	0.834

续表

变量	Abret			DACC		
	全部样本	国有企业	民营企业	全部样本	国有企业	民营企业
工具滞后期	[3 4]	[3 4]	[6 7]	[5 6]	[6 7]	[6 7]
工具变量数	78	126	123	59	33	123
截面数	1170	530	640	1170	530	640
观测值	6038	2285	3753	6038	2285	3753

注：（1）GMM 估计是在 stata12.0 中嵌入"xtabond2"程序进行的；（2）*、**、*** 分别表示参数估计量在 10%、5%、1% 水平上显著，系数下方括号内的数字是异方差稳健标准差；（3）由于本书使用的是非平衡面板数据，因此使用了前向正交离差变换（forward orthogonal deviations）消除个体效应，而不是使用一阶差分消除个体效应，这样就可以最大化参与估计的样本数，从而提高估计系数的有效性（Roodman，2006）；（4）Arelleno-Bond 一阶、二阶序列相关检验 AR（1）和 AR（2）报告的是 z 统计量对应的 P 值；（5）Sargan 和 Hansen overid 报告的是过度识别检验统计量 chi2 对应的 P 值；（6）Level Hansen（eg）和 Level Difference（eg）是针对所有 GMM 变量的 Hansen-in-Difference 检验，报告的都是 P 值；（7）控制变量和常数项反映的是行业层面因素、宏观经济因素和经济政策的综合影响，不是关注变量，限于篇幅未列出。

（三）稳健性检验

考虑错误定价代理变量的选择可能影响结论，因此为了检验上述结论的稳健性，我们进行了如下稳健性检验：（1）为了尽量克服错误定价测度可能带来的不足，在表 7-4 中我们用个股累积异常收益率和可操控性应计利润作为错误定价的代理变量分别对全样本、国有企业和民营企业样本进行了回归，结果报告在表 7-4 中。（2）固定资产投资作为投资的代理变量代入回归，回归结果没有实质性不同。因此，我们认为前文的结论是比较稳健的。

第三节　高管背景特征、错误定价与公司投资行为

贝克和沃格勒（2008，2012）建立的市场择时和迎合方法的分析框架表明，资本市场错误定价对公司投资行为的影响与经理目光是否短浅还是长远有关。而经理目光是否短浅还是长远作为外生变量，除了与经理薪酬契约有关外，还与经理的个性特征有关。在本章第二节我们研究了高管薪酬的作用，但是没有考虑管理者个性特征和背景差异。本章第二节把公司投资行为对资本市场错误定价敏感性的差异归因于公司治理上的差异所

导致的，隐含假定管理者是同质的，没有考虑公司投资行为会随着经理的个性变化而变化。因此，本章第二节得出的结论也许不能解释这样一种现象：面对明显类似的经济环境和外部资本市场错误定价，为什么公司治理相似的企业经理会做出不同的投资决策。由于公司治理理论忽略了高管的异质性，因此这方面文献已经不能解释这种现象。人力资本声誉模型、职业安全偏好、享受平静生活偏好理论假说和"高层梯队理论"（upper echelons theory）则承认了经理的差异性，并且从理论与实证角度上证明了这种差异影响经理的投资决策。布兰特和安托瓦内特（Marianne Bertrand & Antoinette Schoar，2003）发现，公司的决策还有很大一部分是不能从公司层面因素、行业层面和市场层面因素解释的，他们研究了管理者的个性差异，如管理层的个人偏好、风险偏好、技能差异对公司决策的影响。现实中，不同经理由于家庭背景、性别、教育工作经历等异质性特征影响了经理的个人信念与情绪，而高管的异质性特征会对公司的投资等行为产生极大的影响（姜付秀，2009）。因此，本节从高管背景特征角度，研究资本市场错误定价对公司投资行为的影响。

一　相关文献与理论分析

由于现代企业所有权和控制权的分离，拥有投资决策权的管理者可能基于个人利益最大化，而不是股东利益最大化进行投资决策。这些动机包括在职消费、建立企业帝国、管理者防御及壕堑效应等。另外，由于管理者和投资者之间的信息不对称，管理者可能会减少外部融资防止原有股东利益受损，从而可能导致投资不足。随着研究的深入，学界发现传统理论已经不能解释管理者的投资过度、投资不足和投资短视等投资行为。行为金融学理论开始从心理学特征角度来研究管理者的投资决策行为。根据已有文献，管理者背景特征主要包括管理者的人口背景特征，包括年龄、性别、学历、教育专业、工作经历和任期等方面［汉布瑞克和梅森（Hambrick and Mason，1984）、汉布瑞克（1995）、西姆塞克（Simsek et al.，2007）］。根据心理学和人口学理论，人口背景特征对人们的行为有着重要影响。从现有文献来看，学者们已经从行为金融学和高层管理团队理论视角，就管理者背景特征对企业投资的影响进行了不少探讨。汉布瑞克和梅森（1984）强调，管理者的教育和工作经历等对其投资决策有很大影响。格雷厄姆等（2002）发现，有工商管理硕士（MBA）学位的首席财务官（CFO）与其他首席财务官相比，更能够熟练地使用投资模型进行分析。加贝克斯和拉尼尔（Gabaix 和 Landier，2008）研究发现，公司投资风格上的差异与管理者能力有关。卡尔梅利和哈勒维（Carmeli 和 Halevi，2009）进一步研究了管理层背景特征如何使公司选择较好的投资策略。姜付秀等（2009）在"高管梯队理论"框架下的研究发现，管理层的教育水平、年龄、教育背景、工作经历与企业投资存在过度显著的相关性。李焰、秦义虎和张肖飞（2011）研究了不同背景特征的管理者所选择的投资行为对企业绩效的影响，发现不同背景的管理者对企业投资规模及其效率的影响存在显著差异，而且不同的企业产权制度环境也会影响管理者背景特征和投资效率的关系。

在市场择时和迎合理论的分析框架下，斯坦（1996）和贝克和沃格勒（2012）的理论模型表明，资本市场错误定价是否影响公司投资行为与经理人目光长短和公司是否存在融资约束有关。管理者是短视还是具有长远眼光除了与薪酬契约有关，还与经理个性特征有关。具有长远眼光的经理会以市场风险的补偿作为贴现率（资本成本），从而计算投资项目的净现金流。因此，股价不影响具有长远眼光经理对投资项目计算的贴现率。目光短浅的管理者会以股票市场价格作为贴现率的一部分，从而高估投资项目带来的净现金流，投资项目本身就被错误定价。

心理学研究发现，女性比男性更为谨慎和保守。行为财务学将心理学的研究成果应用于企业财务决策的分析中也发现，在企业财务决策中女性管理者比男性管理者更为谨慎和保守［巴贝尔（Baber et al.，2001）、黄等人（2012）］。

大量研究表明，与年轻管理者相比，由于年长管理者之体力、精力、学习能力和认知能力的下降以及处于职业和收入相对稳定的事业阶段，其适应能力和进取精神较差，倾向于维持现状，规避风险。学历可以在一定程度上反映一个人的知识和能力。学历越高的管理者通常具有更强的学习能力和认知能力，从而具有更强的适应能力和信息整合能力，能够在复杂多变的环境中保持清晰的思路，做出正确的决策。相关实证研究发现，管理者的受教育程度对企业投融资决策有着重大影响（姜付秀等，2009；张兆国，2013）。根据预期理论，随着任期的延长、管理能力的提高，管理者的预期可能不仅仅是报酬的提高，还有一些非报酬性的追求，特别是对晋升的追求。因为，晋升的价值既可以带来报酬的提高，也可以带来更大的控制权，以控制更多的资源，还可以带来社会声誉及地位的提高。所以，随着任期的延长，管理者对晋升激励的敏感性会增大，从而使晋升激励对管理者的作用也会加强。相关实证研究表明，任期越长的管理者在企业经营决策与管理中的行为特征更多地表现为维持现状、缺乏创新精神、不愿意改革企业已有的战略和经营模式（张兆国等，2013）。因此，本节主要选择高管教育水平、年龄、教育背景、工作经历进行研究。

二　实证分析

（一）样本选择及模型设计

本章初选样本的选择基于本书第三章的样本范围，具体过程见本章第二节。我们去除了高管背景特征材料缺失的样本，高管的统计口径包括上市公司的董事、监事以及年报所披露的高级管理人员（不包括独立董事）。由于上市公司财务报表从 2004 年开始才比较规范披露管理者的背景特征，因此本节选择的样本区间为 2004—2010 年。关于高管背景特征资料来自 CSMAR 数据库以及上市公司年度会计报表。高管背景特征的具体定义见表 7 - 5。

表 7 - 5　　　　　　　　　　高管背景特征变量定义及含义

变量名称	变量符号	含义
年龄	Age	高管年龄之和/高管总人数
教育水平	Degree	高管学历水平之和/高管总人数，其中高中或中专以下为 1、大专为 2、本科为 3、硕士为 4、博士为 5
管理者任期	Gtime	高管任职时间之和/高管总人数
管理者性别	Gender	高管性别的平均数，其中男性取值为 1，女性取值为 0

根据本节的研究思路，为了考察资本市场错误定价和公司投资行为的关系是否与高管背景特征有关，本节的实证模型在（7 - 1）式基础上加一个资本市场错误定价与高管背景特征变量的交叉项：

$$\frac{I_{it}}{K_{i,t}} = c + \beta_1 \frac{I_{i,t-1}}{K_{i,t-1}} + \beta_2 \left(\frac{I_{i,t-1}}{K_{i,t-1}}\right)^2 + \beta_3 \frac{CF_{it}}{K_{i,t}} + \beta_4 \left(\frac{CF_{it}}{K_{i,t}}\right)^2 + \beta_5 \frac{S_{i,t-1}}{K_{i,t-1}} + \beta_6 \frac{S_{i,t}}{K_{i,t}}$$

$$+ \beta_7 Q_{i,t-1}^{Growth} + \beta_8 Misp_{i,t} + \beta_9 Misp_{i,t} \times Age_{i,t} + \beta_{10} Misp_{i,t} \times Gtime_{i,t} +$$

$$\beta_{11} Misp_{i,t} \times Degree_{i,t} + \beta_{12} Misp_{i,t} \times Gender_{i,t} + \gamma_t + f_i + \varepsilon_{it}$$

（二）实证结果及分析

表 7 - 6 报告了我们的回归结果。采用的回归方法与第五章的回归方

法一致，我们在这里不再详细分析各统计量及回归系数的含义，只分析本节关注的高管背景特征变量各回归系数的含义。限于篇幅，表7-6只报告了我们关注的回归系数的回归结果。

从回归结果来看，高管平均年龄和资本市场错误定价交叉项的回归系数为负，但是不显著，这表明高管年龄并没有显著影响资本市场错误定价对公司投资行为的影响。这可以从两个方面来解释这种现象：一方面，资本市场错误定价只是提供了公司再融资的便利，但是能否成功融资主要取决于证监会的行政审批，因此高管年龄不会显著影响资本市场错误定价与公司投资行为的关系；另一方面，随着高管年龄增大，高管基于职业安全偏好和享受平静生活偏好，"善始善终"思想越来越强烈，从而导致其在投资安排上越来越保守，资本市场外部条件不能显著影响高管的投资决策。这与卡尔森和卡尔松（1970）、弗罗姆和帕尔（1971）以及姜付秀等（2009）的研究结论是一致的。

表7-6　　　高管背景特征、错误定价与公司投资行为动态调整的回归结果

解释变量 回归系数	Misp		Abret		DACC	
	差分 GMM	系统 GMM	差分 GMM	系统 GMM	差分 GMM	系统 GMM
$Q_{i,t-1}^{Growth}$	0.1179 * (0.103)	0.116 * (0.080)	0.1380 (0.1291)	0.09 ** (0.0845)	0.12 (0.1683)	0.085 (0.1343)
$Misp_{i,t}$	0.072 * (0.443)	0.065 (0.355)	0.044 *** (0.4612)	0.064 * (0.3953)	0.0565 (0.4353)	0.0725 (0.3628)
$Misp_{i,t} \times Age_{i,t}$	-0.1458 (0.053)	-0.132 (0.032)	-0.13 (0.12)	-0.126 *** (0.101)	-0.165 (0.09)	-0.196 (0.132)
$Misp_{i,t} \times Gtime_{i,t}$	-0.291 *** (0.12)	-0.216 ** (0.152)	-0.2322 *** (0.221)	-0.22 ** (0.175)	-0.197 *** (0.274)	-0.31 ** (0.356)
$Misp_{i,t} \times Degree_{i,t}$	-0.256 ** (0.022)	-0.354 * (0.031)	-0.29 (0.057)	-0.2446 ** (0.048)	-0.352 * (0.118)	-0.2696 *** (0.061)
$Misp_{i,t} \times Gender_{i,t}$	-0.081 ** (0.19)	-0.075 (1.00)	-0.043 (0.98)	-0.07 (0.88)	-0.085 (0.581)	-0.058 (0.92)
AR（1）p 值	0.042	0.010	0.019	0.000	0.045	0.000
AR（2）p 值	0.56	0.58	0.397	0.423	0.592	0.685
Sargan	0.889	0.89	0.98	0.95	0.96	0.965
Hansen（p 值）	0.88	0.92	0.915	0.92	0.963	0.994
L-Hansen（exg）		0.89		0.89		0.97
L-Difference（eg）		0.65		0.53		0.89
Eg Hansen	0.75	0.95	0.81	0.91	0.9	0.98
Eg Difference	0.97	0.33	0.96	0.78	0.93	0.72

续表

解释变量 回归系数	Misp		Abret		DACC	
	差分 GMM	系统 GMM	差分 GMM	系统 GMM	差分 GMM	系统 GMM
工具滞后期	[3 4]	[4 5]	[3 4]	[4 5]	[3 4]	[4 5]
工具变量数	78	67	88	78	68	59
截面数	1163	1170	1163	1170	1163	1170
观测值	5563	6038	5563	6038	5563	6038

说明：（1）GMM 估计是在 stata12.0 中嵌入"xtabond2"程序进行的；（2）*、**、*** 分别表示参数估计量在 10%、5%、1% 水平上显著，系数下方括号内的数字是异方差稳健标准差；（3）由于本书使用的是非平衡面板数据，因此使用了前向正交离差变换（forward orthogonal deviations）消除个体效应，而不是使用一阶差分消除个体效应，这样就可以最大化参与估计的样本数，从而提高估计系数的有效性（Roodman，2006）；（4）Arelleno-Bond 一阶、二阶序列相关检验 AR（1）和 AR（2）报告的是 z 统计量对应的 p 值；（5）Sargan 和 Hansen overid 报告的是 Hansen 过度识别检验统计量 chi2 对应的 p 值；（6）Level Hansen（exg）和 Level Difference（exg）是针对所有 GMM 变量的 Hansen-in-Difference 检验，报告的都是 p 值；（7）控制变量和常数项反映的是行业层面因素、宏观经济因素和经济政策的综合影响，不是关注变量，限于篇幅未列出；（8）命令选项中没有选择 small，因此回归给出的是大样本中的 z 和 Wald 检验统计，而不是小样本下的 t 和 F 检验统计量，限于篇幅没有在表中报告。

高管任期与股票错误定价的交叉项显著为负，这说明尽管资本市场错误定价不显著影响公司投资行为，但是高管任期显著地减少了外部资本市场对公司内部投资决策的影响，即随着高管任期的增加，高管的投资决策对资本市场错误定价的敏感性降低，这是因为高管任期的增加不仅可以提升高管的经营阅历和协作水平，而且随着任期的增加，高管的地位逐步得到巩固。这样，高管为了保持自己的地位，倾向于选择风险较小的项目进行投资，投资会越来越谨慎，投资决策越来越不受资本市场外部条件的影响。

高管学历与错误定价交叉项的系数显著为负，这说明学历越高的高管的投资决策更不容易高涨的资本市场情绪影响和感染（高涨的股市容易导致公司被错误定价），这是因为学历越高的高管的理性程度和认知能力越高，投资决策更理性和更谨慎，越不会做出过度投资的决策。姜付秀等人（2009）的研究也发现，管理层和董事长的学历与过度投资之间显著负相关。

高管性别与偏离基本面股价交叉项的系数不显著，这说明不同性别高管的投资决策对资本市场错误定价的敏感性无显著差异，进而也使资本市场错误定价对缓解投资过度或投资不足的作用受高管性别的影响较小。其原因可能是现代女性管理者的思想观念及行为方式逐渐趋向男性特征，例如北京大学光华管理学院女性领导力研究课题组发现，中国女性管理者对事业的追求在很大程度上与男性一样；2007 年《世界经理人》与北京大学光华管理学院共同发起的一项调查也发现，女性管理者并不像人们想象的那样追求稳定，她们也愿意面对挑战、敢于承担风险、勇于创新。

第四节　本章小结

股权融资机制和迎合机制假说都隐含假定管理者理性且最大化股东利益，迎合机制还建立在经理薪酬对股价具有敏感性的隐性假设基础之上的，没有考虑偏离基本面股价影响企业投资行为是否与经理薪酬激励契约差异和高管背景特征有关。本章延续贝克等人（2003）的研究展望，在投资者非理性和管理者理性的分析框架下，放松管理者最大化股东利益的假设，利用中国上市公司 2004—2010 年的动态面板数据，研究偏离基本面的股价对公司投资行为的影响是否与中国上市公司经理薪酬契约制度设计差异和高管背景特征有关。进一步地，鉴于中国上市公司实际控制人差异导致薪酬契约安排的制度背景差异，我们还检验了不同制度背景下的经理薪酬契约安排对投资者情绪和公司投资所产生的影响是否会有所不同。实证研究发现：（1）错误定价对公司投资行为的影响并没有受高管货币薪酬差异的显著影响，但是高管货币薪酬和错误定价对公司投资行为存在交互效应，这一关系在实际控制人性质不同的企业中具有一定的差异性，这种差异来自于民营企业具有更有效的公司治理机制。（2）高管持股与股价高估对公司投资的影响存在交互效应，证券市场的投机行为会诱使高管为增加从股权激励中得到的收入，而致力于更多的投资，这种关系在不同性质的企业中具有一定差异，这种差异源自国有企业高管持有微乎其微的股票以及关注政治升迁的结果。需要说明的是，这种交互效应的产生不完全等同于经理私人收益假说，因为这种交互效应的产生是证券市场摩擦（股市非有效）与其他市场摩擦共同作用于公司投资行为的结果。而且，这种投资行为并不一定是非效率投资。这是因为其他市场摩擦（比如代理问题和融资约束）可能引起非效率投资，偏离基本面的股价反而可能使企业投资水平接近最优投资水平。（3）高管任期和学历显著减少了外部资本市场错误定价对公司内部投资决策的影响，但是我们没有发现高管平均年龄和性别特征显著减少了外部资本市场错误定价对公司投资决策的影响。

上述实证结果为企业产权改革和高管激励机制改革提供了一个有益的视角。首先，鉴于上市公司的高管持股可能诱发经理人的投资冲动，在产权结构多元化和股权激励改革过程中，要完善上市公司股权激励机制设计，注重发挥长期股权激励机制的治理效应。目前，中国的薪酬制度更多的是采用货币薪酬的激励机制，这一短期激励将经理人利益与上市公司的当期效益相联系，容易引发经理人的短期行为而损害股东利益；而以权益为基础的股权激励是联系股东利益和经理人利益的长效机制，可以将经理人的长期行为与上市公司的长远发展相联系，从而实现上市公司的可持续发展。因此，在积极培育成熟理性的证券市场的同时，积极推广长期股权激励的薪酬制度，可以充分发挥薪酬激励的长效作用，而且股权激励的限售期或行权等待期不能过短，否则也会诱发经理人的投资冲动而不利于发挥股权激励机制的治理效应。其次，本章研究结论为选拔企业高管中要注意高管背景特征提供了启示，企业可根据自身特征来选拔有利于企业发展的高管，同时应采取有效措施约束和避免高管背景特征对企业投资决策可能产生的不利影响，发挥高管背景特征的优势。

第八章

宏观经济因素、市场择时与公司投资行为

第一节 问题的提出

大量文献研究表明，经济周期影响企业外部融资约束和外部融资成本，在经济衰退时期，企业更容易受到外部融资约束，外部融资成本更高①［艾斯费尔德和朗皮尼（Eisfeldt and Rampini, 2006）］。市场择时理论认为，投资者情绪或错误定价也能够影响企业外部融资成本。投资者情绪高涨或股票价格高估降低了股权融资成本，低迷的投资者情绪或股票价格低估可能提高了股权融资成本。随着股票价格的变化，企业存在最佳融资时机或融资"机会窗口"。通过利用股权融资成本相对其他融资形式融资成本的波动，理性经理人的市场择时行为可以降低公司外部融资成本。在莫迪里亚尼和米勒（Modigliani and Miller, 1958）的资本市场完美假设下，不同形式的融资成本是相互联系的，不可能存在从股权融资成本和债权融资成本的变动中获利机会。因此，根据权衡理论（trade-off model）和融资次序理论（pecking-order theory），股票价格上升时，公司不是选择股权再融资，而是应当选择债券融资。但是，在非有效市场或者分割的市场中，股价泡沫降低了股权融资成本，企业经理人利用股价泡沫，选择股权融资就能牺牲短线投机者的利益，从而使得原有股东（长线持有者）获利。因此，只要公司经理人代表这些原有股东（长线持有股票的股东）的利益并且认为能够进行市场择时，经理人就有择时的动机（贝克和沃格勒，2002；韦尔奇，2004；黄和里特，2005）。

---

① 大批学者提供了经济周期影响企业外部融资约束的经验证据，如 Huberman and Halka （2001），Acharya and Pedersen（2005），以及 Naes，Skjeltorp，Odegaard（2011）。

既然经济周期和投资者情绪或错误定价都能够影响企业外部融资成本和外部融资约束程度，那么不同企业投资行为是否会随着宏观经济条件和投资者情绪的变化而变化呢？前文我们主要从微观公司层面和行业层面，研究了偏离基本面的股价对公司投资行为的影响，忽略了对企业投资行为和融资行为有重大影响的宏观经济周期和宏观经济政策环境。宏观经济政策是微观企业行为的先行指标（leading factors），但是对于现有文献加以总结可以发现，错误定价或投资者情绪与公司投资融资行为关系的文献，都把宏观经济周期和经济政策对企业投资融资行为的影响作为一个"黑箱"忽略掉了[①]。这样，"黑箱"当中存在的一些或许有助于解释错误定价或投资者情绪与公司投融资行为现实关系的特殊信息被忽略。

与前几章和现有文献研究不同，本章将宏观经济因素与企业微观数据相结合，研究宏观经济因素、市场择时对公司投资行为的影响，为宏观经济因素和资本市场供给条件如何影响公司投资行为提供经验证据。我们指的择时行为包括上市公司自身对融资"机会窗口"的择时，也包括监管机构对再融资政策管制的择时行为。把宏观经济因素和资本市场供给条件纳入公司投资行为的研究中，可以帮助我们更好地理解企业投资行为的宏观背景和原因，使我们对错误定价与企业投资行为关系的解释更为科学。

第二节　宏观冲击与市场择时机会下的公司投融资

错误定价或投资者情绪影响公司投资行为的股权融资渠道假说认为，错误定价提供了企业择时发行股票进行股权融资的机会，缓解了企业股权融资约束，进而影响企业投资行为。股权融资渠道假说实际上假设资本市场供给条件的变化缓解了企业融资约束，企业股票价格的变化导致企业存在融资"机会窗口"。市场择时理论认为，市场择时通过外部股权融资成本或企业现金持有策略的变化来影响公司投资。但是，市场择时理论着眼于企业的自身特征和资本市场需求方来研究市场择时对公司投资的影响，忽略了宏观经

---

① 姜国华、饶品贵（2011）提出了一个宏观经济政策与微观企业行为传导机制框架，认为经济学研究重点关注宏观经济政策与经济产出的关系，公司财务理论则重点关注微观企业行为和企业产出的关系，两者之间没有很好地结合起来，存在宏观经济政策经济与微观企业行为研究割裂的现象。

济和政策环境对微观企业行为的影响。实际上，企业的外部融资约束随着宏观经济周期和经济政策的变化而变化，企业的投融资决策不但要考虑宏观经济资金供给面因素的影响，而且还要考虑宏观经济和政策环境不确定性的影响。哈福德（Harford，2005）曾经发现企业收购兼并活动主要受经济波动冲击、技术冲击和管制冲击的影响。帕斯托尔和韦罗内西（Pastor and Veronesi，2005）建立了一个模型证明了企业是否选择 IPO 不是受到错误定价的影响，而是主要受到市场条件的影响。迪特马尔和罗伯特（2008）从美国 1971—2004 年的数据发现，股票回购、股票发行和兼并是同方向运动，是 90% 相关的，这是市场择时理论所不能解释的。因为，根据市场择时理论，公司在股票低估时回购股票，在股票高估时发行股票融资，股票回购和发行不可能同方向运动。对于这种现象，他们认为这是因为经济扩张减少了股权融资相对债权融资的成本，诱使公司发行股票；同时，经济扩张增加了公司现金流和未来不确定性变化程度增加，因而公司回购股票。他们检验了股票回购与国内生产总值增长的关系，发现二者呈正相关，他们认为是经济周期的变化，而不是错误定价影响了公司在股票发行、回购和兼并方面的决策。

国内外一些研究关注了经济周期、货币政策等宏观经济政策对企业融资行为的影响。在经济周期方面，克拉杰和莱维（Korajczyk and Levy，2003）分别在融资次序理论和权衡理论框架下，研究发现宏观经济周期与市场信用风险影响公司融资选择。当宏观经济上行和投资者情绪高涨时，资金充足的上市公司倾向偏好股权融资，而资金紧缺的上市公司偏好债权融资。克巴斯等人（Hackbarth et al.，2006）运用或有索取权模型研究了宏观经济冲击对融资行为的影响，结果发现公司现金流量与宏观经济状况密切相关，而资产负债表呈现出反经济周期变化的特征，这说明宏观经济状况影响公司融资决策。罗伯特等人（2006）、库克和汤（2010）对瑞士和美国上市公司在不同宏观经济形势下的融资决策进行了研究，实证结果支持克巴斯等（2006）提出的观点。莱维和亨尼斯（2007）构建的一般均衡 CGE 模型表明：宏观经济冲击导致公司不断调整融资方式，目的是保持管理者持有的财富。在经济紧缩期，企业管理者为了维持股票财富，偏好债权融资；在经济扩张期，偏好股权融资。在货币政策方面，博德里等（Beaudry et al.，2001）利用英国上市公司 1970—1990 年的数据，研究发现，货币政策的不确定性使企业投资行为趋于一致。祝继高和陆正飞

（2009）研究发现，在货币政策紧缩时期，因为企业面临不确定的宏观经济环境和资金成本的变化，企业会增加现金持有量。

BCW（2011，2012）构建了企业投资、融资和风险管理决策的动态模型，他们假定企业面临的融资机会和投资决策是一个随机过程、生产函数是规模收益不变的、投资调整成本是投资的凸函数、折旧率不变，结果发现：（1）在经济紧缩时期或金融危机时期，企业减少投资和股利支付，持有更多现金。（2）当面临一个较好的股权融资机会时，公司的最优决策利用融资机会窗口选择股权融资，这个结论与市场择时理论得出的结论一致。而且市场择时是企业价值的凸函数，这意味着由于存在市场择时的期权，投资随着企业现金流量增加而减少，即融资机会是随机的，投资和企业现金流的关系不再是单调递增的，投资与预期融资成本的关系也不再是单调递减的。这个结论与融资约束下的投资模型得到的结论相反，这种关系取决于市场择时机会和现金流量的边际价值。

大量文献把宏观经济周期和经济政策引入对企业投资结构静态和动态调整的研究中，产生了丰富的学术研究成果。黄伟彬（2008）利用面板 VAR 发现，在控制了不随时变的个体效应和时间效应后，错误定价和基本面因素对投资的解释能力很差。他猜想这可能是因为中国上市公司的投资行为主要受到经理个人风格和国家宏观调控的影响，但是没有提供经验证据。与公司投融资关系紧密的宏观经济政策包括经济周期、货币政策、财政政策和产业政策，这些政策至少可以从 3 个方面影响企业的投融资行为：一是宏观经济政策，比如产业政策，通过改变宏观经济前景预期、行业前景预期影响企业股票价格，进而可能影响企业投资融资行为。中国银监会和证监会会配合政府的宏观调控和产业政策，限制甚至中断金融产品供给，例如限制对政府调控的产业或行业提供银行贷款、上市和再融资。二是货币政策（如利率、法定准备金和信贷政策的调整）通过影响管理者预期和企业资金成本，从而对企业投资融资行为产生影响。三是宏观政策可能通过影响企业经营的信息环境来影响企业行为（姜国华和饶品贵，2011）。中国在渐进式改革过程中，宏观政策仍然带有计划特征且变动频繁，因此企业的投融资决策不得不面对诸多的不确定性，这种不确定性既有经济政策的不确定性，也有宏观经济周期所带来的外部经营环境的不确定性。当宏观经济政策发生变化时（例如政策由紧缩变为宽松），企业面临的宏观经济环境、融资成本与外部融资约束随之发生改变。中国上市企业的外部融资环境与资本市场发育成熟的国家存在显著的差异，突出表现在证券发行管制和股权再融资的"门槛"限制。政府基于宏观调控和产业发展需要，限制甚至中断金融产品的供给。因此，对中国上市企业而言，企业的市场择时和投资决策必然受到宏观政策因素和股票市场环境的影响。

第三节　模型设定的制度背景与实证模型选择

一　模型设计的制度背景

市场择时理论是资本市场供给条件影响企业融资的一个有影响力的理论假说。在中国，资本市场供给条件既包括提供资本的个人和机构投资者的偏好引起的股票价格高估而引发的再融资"机会窗口"，也包括金融产品丰富程度和再融资管制引发的摩擦因素。特别是作为新兴加转轨的中国资本市场，上市公司再融资受到证监会发行审批管制，上市公司再融资不但要满足证监会规定的财务门槛指标（如净资产收益率和净利润）和分红标准（如3年现金分红要求），而且还受到发行定价、发行时机、发行节奏和发行规模等方面的行政管制引发的融资摩擦。

中国资本市场是由政府主导推动建立起来的，形成国务院、中国证监会以及相关部委和地方政府等复杂和多行政色彩的监管体制（王正位等人，2011）。根据相关文献统计的数据①，从1991年沪深证交所成立到2007年年底，上市公司再融资政策发生了6次重大变迁，配股融资政策和增发融资政策经常发生变化，由此导致上市公司进行股权再融资的门槛也在不断改变，这意味着上市公司股权再融资不但面临市场择时"时机窗口"，还面临再融资政策"机会窗口"。在我们的样本期2003—2010年，证监会发布了2次上市公司再融资政策文件。2006年5月的《上市公司证券发行管理办法》取消了对增发规模的限制，同时允许上市公司以定向增发的方式筹集资金。上市公司配股的财务门槛是：最近3年累积分配的利润不小于最近3年可分配利润的20%，连续3年盈利。增发融资还要求3年加权平均净资产收益率ROE大于6%。2008年10月证监会发布《关于修改上市公司现金分红若干规定的决定》，将"最近3年以现金或股票方式累计分配的利润不少于最

① 中国证券监督管理委员会：《中国资本市场发展报告》，中国金融出版社2008年版。

近 3 年实现的年均可分配利润的 20%" 修改为"最近 3 年以现金方式累计分配的利润不少于最近 3 年实现的年均可分配利润的 30%"。

股权再融资管制政策的变化，尤其是上市公司需要股权再融资进入股票市场的政策门槛不但是影响公司再融资的重要因素，而且还可能是影响公司再融资"机会窗口"择时的重要因素，进而影响公司投资行为。股权再融资的政策门槛所导致的融资"机会窗口"择时是不可观测的，我们需要寻找代理变量。借鉴王正位（2011）的做法，由于股权再融资监管政策的变更导致股权再融资的门槛在不断变化，因此可以针对政策期间设置虚拟变量，以此作为公司再融资"机会窗口"择时的代理变量。根据前文再融资政策的变更，我们对 2006 年和 2008 年设置虚拟变量，本章直接采用错误定价作为市场时机的代理变量。

二 模型设定与变量定义

为了从统计上来检验宏观经济环境和经济政策是否影响了错误定价与公司投资之间的关系，我们需要把第五章第二节介绍的企业投资的欧拉方程（5-1）式加进宏观经济周期和宏观经济政策变量，以反映宏观经济条件和宏观经济政策的影响，宏观经济条件和经济政策也反映了外部融资成本的变化，以及市场择时时机和融资"机会窗口"择时对公司投资的影响。式（5-1）进一步改写为如下形式的基本投资模型：

$$\frac{I_{it}}{K_{i,t-1}} = c + \beta_1 \frac{I_{i,t-1}}{K_{i,t-1}} + \beta_2 \left(\frac{I_{i,t-1}}{K_{i,t-1}}\right)^2 + \beta_3 \frac{CF_{it}}{K_{i,t-1}} + \beta_4 \left(\frac{CF_{it}}{K_{i,t-1}}\right)^2 +$$

$$\beta_5 \frac{S_{i,t-1}}{K_{i,t-1}} + \beta_7 Q_{i,t-1}^{Growth} + \beta_8 Misp_{i,t} + \beta_9 GDP_t \times Misp_{i,t} + \beta_{11} R_t \times Misp_{i,t}$$

$$+ \sum \alpha_i D_t \times Misp_{i,t} + \alpha_3 R_t \times \frac{CF_{it}}{K_{i,t-1}} + \gamma_t + f_i + \varepsilon_{it} \qquad (8-1)$$

与（5-1）式的投资回归方程类似，γ_t 是时间虚拟变量，既可以反映各企业共同面对的随时变的扰动（如宏观经济冲击和经济政策的扰动），也可以控制资本调整成本和政府税率的影响（Bond 和 Meghir，1994）。f_i 是不可观察的具有时间不变性的个体效应，用来控制遗漏掉的不随时变的公司特征。时间虚拟变量和固定效应虚拟变量还可用来控制行业层面技术机会的变化对企业投资倾向的影响。ε_{it} 是异质性冲击。如果企业利用 $t-1$ 期及以前的信息形成理性预期，ε_{it} 服从独立同分布。然而，如果企业偏离理性预期，ε_{it} 将会是一个随机漂移过程，不能用 OLS 估计法。D_t 是公司再融资"机会窗口"择时的代理变量，针对政策期间设置的虚拟变量，在政策期为 1，其他期为 0。

β_3 反映的是整个样本时间段上投资—现金流关系的一个基本的状况，而且它已经包含了宏观经济冲击和经济政策对投资—现金流关系的影响。因此，要单独考察宏观经济冲击和经济政策对投资—现金流关系的具体影响，我们在方程（8 - 1）中加入现金流与货币经济政策的交互项 $R_t \times \dfrac{CF_{it}}{K_{i,t-1}}$ 来检验货币经济政策变化的动态过程对投资—现金流关系的影响。如果交互项系数的估计值显著，就意味着，基准贷款利率加强或减弱了现金流对投资的影响。

β_8 反映的是在控制了其他因素的影响外，错误定价对公司投资行为的影响。因此，要考察宏观经济冲击和经济政策对错误定价和公司投资关系的具体影响，我们在方程（8 - 1）中加入错误定价与宏观经济冲击和经济政策的交互项 $\beta_9 GDP_t \times Misp_{i,t}$ 和 $R_t \times Misp_{i,t}$，用来衡量宏观经济冲击和利率政策是否加强或减弱了错误定价对公司投资的促进作用。如果交互项系数的估计值显著，就意味着，宏观经济冲击和利率政策的变化对错误定价与企业投资关系就产生显著影响。否则，就意味着宏观经济冲击和经济政策对错误定价与企业投资的关系就不产生影响。式（8 - 1）各变量的含义和定义见表 5 - 1，下面我们只需要对宏观经济冲击变量 GDP 和实际利率的定义给予说明。

（1）R_t 是实际利率水平。中国一直实行利率管制政策，金融机构可在中国人民银行公布的基准利率基础上在一定范围内自由浮动，此外还有各种名目的利率优惠条件，因此企业贷款的真实成本很难从公开的利率上反映出来。我们首先用中国人民银行规定的 1—3 年期（含 3 年）基准贷款利率作为名义利率水平，如果 1 年内央行多次调整基准贷款利率，那么就用某种基准贷款利率水平在 1 年内持续的月度占比为权重进行加权平均处理，得到名义基准贷款利率。然后用月度平均企业商品价格指数（CG-PI）作为平减指数①，得到 1—3 年期（含 3 年）实际贷款利率水平。

---

① 央行企业商品价格指数的前身是国内批发物价指数，反映国内企业之间物质商品集中交易价格变动的统计指标，是比较全面的测度通货膨胀水平和反映经济波动的综合价格指数。

（2）度量宏观经济周期的变量。本章根据斯托克和沃森（Stock and Watson，1999）和 Korajezyk and Levy（2003）的说明，以实际国内生产总值的自然对数为度量。我们首先用消费物价指数名义调整国内生产总值，得到实际国内生产总值。由于实际国内生产总值存在比较强的时间趋势，因而我们借鉴斯托克和沃森（1999）所述的传统处理方法，把实际国内生产总值的对数与年度时间变量做 OLS 回归以除去时间趋势，所获得的 OLS 回归残差即为我们分析时采用的度量宏观经济周期性波动的指标，中国学者苏冬蔚和曾海舰（2009、2011）也采用类似方法。

在估计方法上，由于 OLS 估计要求模型中包含所有的相关变量，误差项是同方差且正态分布，实际的经济计量模型估计中这些条件很难满足。GMM 估计不需要同方差和线性无关假设，也不需要正态分布的假设，可以对异方差和自相关进行调整，是解决内生性问题一种有效方法。因此，尽管 GMM 估计程序复杂，我们仍然采用第五章的 GMM 估计。

第四节　计量结果及分析

与前面几章的估计方法类似，我们严格按照鲁德曼（2006，2009）提出的建议，详细报告系统 GMM 的设置细节和统计检验。在回归中，除了虚拟变量外，我们把实证模型（8-1）式右边所有的变量当作内生变量来处理。表8-1报告了对（8-1）式的回归结果。我们首先报告了 Arellano-Bond 残差项序列相关检验统计量的 p 值，以检验是否存在模型误设。结果显示，AR（2）的 p 值分别为 0.868、0.296 和 0.270，均大于 0.1，检验统计量的 p 值表明残差项的差分存在一阶自相关，但是不能拒绝不存在二阶自相关的原假设，说明不存在模型设定偏差。

接着报告了工具变量是否有效或工具变量过度的统计检验。Sargan 萨甘统计量的 p 值为 0.991、0.628 和 0.951，均大于 0.1，不能拒绝工具变量联合有效的原假设；Hansen-overid 报告的是 Hansen 过度识别检验，原假设是所有工具变量中至少有一个有效。汉森 J 统计量的 p 值分别等于 0.760、0.587 和 0.954，p 值均大于 0.1。Sargan 萨甘统计量和 Hansen 统计量的 p 值表明系统 GMM 估计中没有证据拒绝工具变量的有效性。在表 8-1 中我们报告了判断额外工具变量是否有效的统计量的 p 值。对错误定价的 3 个代理变量的系统 GMM 估计都通过了额外工具变量的排除性约束检验，不能拒绝代入原始方程的所有工具变量和固定效应不相关的原假设。

从上述 GMM 的各种假设检验发现，模型设定和工具变量的选择都不存在问题，即 GMM 有效地处理了内生性问题。为了更加稳健地判断系统 GMM 估计的可靠性，笔者把系统 GMM 估计值、混合 OLS 和固定效应模型的估计值进行对比。动态面板模型（8-1）的混合 OLS、固定效应模型估计和系统 GMM 估计值分别列于表 8-1 中第（1）、第（2）和第（3）列。可以看出，系统 GMM 方法对前期投资、投资率平方、现金流、现金流平方、销售收入、产出以及其他各变量系数的估计值，处于其他两个估计值之间。这说明我们的 GMM 估计结果是可靠有效的，没有因为弱工具变量问题而出现严重偏误，因此下面的分析以系统 GMM 估计结果为基准。

表 8-1　　　宏观经济因素、市场择时与公司投资行为回归结果

解释变量	固定效应 OLS 模型（1）	混合 OLS 模型（2）	系统 GMM（Mispw）（3）	系统 GMM（Abret）（4）	系统 GMM（DACC）（5）
$\dfrac{I_{i,t-1}}{K_{i,t-1}}$	0.584 *** (0.002)	1.356 ** (0.003)	1.194 *** (0.346)	1.122 *** (0.291)	0.946 *** (0.309)
$\left(\dfrac{I_{i,t-1}}{K_{i,t-1}}\right)^2$	-3.52 *** (0.225)	-0.963 (0.154)	-2.624 ** (0.280)	-2.198 * (0.130)	-1.274 (0.053)
$\dfrac{CF_{it}}{K_{i,t-1}}$	-0.572 (0.012)	0.003 (0.326)	-0.026 (0.117)	-0.065 (0.108)	-0.121 (0.129)
$\left(\dfrac{CF_{it}}{K_{i,t-1}}\right)^2$	0.023 (0.025)	0.632 (0.142)	0.372 ** (0.638)	0.259 (0.567)	0.149 (0.382)
$\dfrac{S_{i,t}}{K_{i,t}}$	0.055 (0.03)	0.125 (0.05)	0.063 (0.015)	0.029 (0.019)	0.037 (0.009)
$\dfrac{S_{i,t-1}}{K_{i,t-1}}$	-0.005 (0.022)	0.021 (0.006)	-0.002 (0.014)	0.018 (0.017)	-0.004 (0.008)
$Q_{i,t-1}^{Growth}$	0.001 (0.019)	0.056 (0.057)	0.024 (0.049)	0.051 (0.053)	0.022 (0.017)
$Misp_{i,t}$	0.012 (0.253)	0.259 (0.185)	0.042 (0.282)	0.029 (0.033)	0.033 (0.233)
$GDP_t \times Misp_{i,t}$	0.012 *** (0.007)	0.907 (0.065)	0.259 ** (0.282)	0.417 * (0.161)	0.501 (0.880)

续表

解释变量	固定效应 OLS 模型（1）	混合 OLS 模型（2）	系统 GMM （Mispw）（3）	系统 GMM （Abret）（4）	系统 GMM （DACC）（5）
$D_1 \times Misp_{i,t}$	- 1.289 (0.003)	- 0.103 *** (0.097)	- 0.85 ** (0.47)	- 0.31 * (0.034)	- 0.399 * (0.333)
$D_2 \times Misp_{i,t}$	- 1.523 *** (0.282)	- 0.027 (0.156)	- 0.362 *** (0.393)	- 0.040 * (0.023)	- 0.333 * (0.356)
$R_t \times Misp_{i,t}$	- 0.03 (0.092)	0.08 (0.147)	- 0.016 (0.022)	0.007 (0.007)	- 0.0147 (0.237)
$R_t \times \dfrac{CF_{it}}{K_{i,t-1}}$	- 0.087 * (0.069)	0.157 (0.007)	- 0.005 (0.011)	- 0.005 (0.014)	0.004 (0.013)
AR（1）p 值			0.102	0.000	0.000
AR（2）p 值			0.868	0.296	0.270
Sargan			0.991	0.628	0.951
Hansen-overid（p 值）			0.760	0.587	0.954
Level Hansen（exg）			0.613	0.891	0.994
Level Difference（exg）			0.707	0.388	0.651
Eg Hansen			0.392	0.217	0.924
Eg Difference			0.983	0.990	0.781
工具滞后期			[5 6]［6 7]	[5 6]［6 7]	[5 6]［5 6]
工具变量数			44	45	67
截面数（公司数量）	1247	1247	1247	1247	1247
观测值	7119	7119	7119	7119	7119

说明：（1）GMM 估计是在 stata12.0 中嵌入"xtabond2"程序进行的；（2）*、**、*** 分别表示参数估计量在 10%、5%、1% 水平上显著，系数下方括号内的数字是异方差稳健标准差；（3）由于本章使用的是非平衡面板数据，因此使用了前向正交离差变换（forward orthogonal deviations）消除个体效应，而不是使用一阶差分消除个体效应，这样就可以最大化参与估计的样本数，从而提高估计系数的有效性（Roodman，2006）；（4）Arelleno-Bond 一阶、二阶序列相关检验 AR（1）和 AR（2）报告的是 z 统计量对应的 p 值；（5）Sargan 和 Hansen overid 报告的是过度识别检验统计量 chi2 对应的 p 值；（6）Level Hansen（exg）和 Level Difference（exg）是针对所有 GMM 变量的 Hansen-in-Difference 检验，报告的都是 p 值；（7）控制变量和常数项反映的是行业层面因素、宏观经济因素和经济政策的综合影响，不是关注变量，限于篇幅未列出。

　　式（8-1）中前期投资、现金流、产出等变量的系数估计值和前几章的系数估计值没有显著差异，这里不是我们关注的重点。我们重点分析的是交互项的估计系数，以便分析宏观经济环境对错误定价和公司投资关系的影响。利率与现金流的交互项估计系数不显著，这意味着在其他条件不变情况下，提高实际贷款利率水平并没有加强投资—现金流的敏感性。交互项 $GDP_t \times Misp_{i,t}$ 的系数估计值都是显著为正，这意味着在其他条件不变的情况下，宏观经济上行，公司投资对错误定价就越敏感，即宏观经济上行加强了错误定价对公司投资行为的影响，宏观经济冲击与错误定价之间存在替代效应。产生这种效应的原因在于，宏观经济上行时，公司盈利增加，管理者信心乐观情绪增加，从而影响管理者对贴现率的估计，进而影响对投资成本的估算。交互项 $D_1 \times Misp_{i,t}$ 和 $D_2 \times Misp_{i,t}$ 的系数估计值显著为负，这说明在不同的政策区间，融资"机会窗口"的变化显著影响了公司投资行为，再融资条件管制政策减弱了错误定价对公司投资行为的影响。交互项 $R_t \times Misp_{i,t}$ 的系数估计值不显著，这意味着在其他条件不变的情况下，实际基准贷款利率水平的提高对公司投资和错误定价的关系没有产生显著影响。

第五节　本章小结

前述几章的研究表明，在控制了企业固定效应和时间效应之后，偏离基本面股价和基本因素对公司投资行为的影响比较弱。宏观经济环境和偏离基本面的股价至少可以通过三个方面影响企业投资行为：一是宏观经济政策（比如产业政策）通过改变宏观经济前景预期、行业前景预期影响企业股票价格和企业的投资融资行为。中国银监会和证监会会配合政府的宏观调控和产业政策，限制甚至中断金融产品供给，例如限制对政府调控的企业提供贷款、上市和再融资。二是货币政策（如利率、信贷政策调整）通过影响管理者预期和企业资金成本影响企业股票价格和企业投资融资行为。三是宏观政策可能影响企业经营的信息环境来影响企业行为（姜国华和饶品贵，2011）。

考虑到宏观经济周期和政策是微观企业行为的先行指标，本章尝试将宏观经济因素与企业微观数据相结合，实证检验了偏离基本面股价对公司投资行为的影响是否宏观经济环境有关。结果发现：（1）宏观经济上行加强了错误定价对公司投资行为的影响，宏观经济冲击与错误定价之间存在替代效应；（2）在不同的政策区间，融资"机会窗口"的变化显著影响了公司投资行为，再融资条件管制政策减弱了错误定价对公司投资行为的影响；（3）偏离基本面股价对公司投资行为的影响与实际基准贷款利率水平变化无关。

第九章

结论、启示及研究展望

本章对全书进行一个总结。首先，将对本书所得到的主要研究结论和启示进行归纳和总结，并且给出相应的政策建议；其次，在对本书研究存在的局限性进行分析的基础上，指出未来值得进一步研究的问题和方向。

第一节 研究结论与启示

本书对中国上市企业面临的金融市场的"黑箱"结构加以剖析，把中国金融市场特殊制度背景纳入市场择时理论和迎合理论分析框架。在理论分析基础上，利用中国上市公司 2003—2010 年的动态面板数据，从动态角度深入探讨了投资者情绪与公司投资行为动态调整之间的关系。考虑到错误定价对公司投资行为的影响可能与企业异质性特征有关，因此本书对中国上市公司按企业异质性特征进一步做分类回归。本书主要研究了错误定价对公司投资行为的影响是否与企业融资约束程度、高新技术企业研发投资和企业经理薪酬激励契约安排差异等企业异质性特征有关。本书的主要研究结论如下。

第一，在 2003—2010 年全样本期内，本书发现偏离基本面的股价没有显著影响中国上市公司的投资行为。为了控制宏观经济因素和经济政策的内生性影响，以及观察股权分置改革的制度性影响，本书考虑了股权分置改革前和改革后的两个样本，以每 2 年一个时间段进行分段回归，实证结果发现，除了 2009—2010 年时间段外，其他时间段并没有发现偏离基本面的股价显著影响中国上市公司投资行为的证据。在 2009—2010 年，偏离基本面股价显著影响了上市公司投资行为，这和证监会配合中国政府 4 万亿元投资有关。

第二，考虑到偏离基本面股价是否影响公司投资行为与企业融资约束程度有关，本书按融资约束程度对中国上市公司进行分类回归，结果发现，在低融资约束组企业和高融资约束组企业，偏离基本面股价对公司投资行为有正向影响，但是这种影响并不显著。这个发现与巴克和怀特（2010）的研究结果不完全相同，巴克和怀特（2010）研究发现，只有在高融资约束组企业，偏离基本面股价对公司投资行为有微弱的显著影响，而其他融资约束程度不同的企业，并没有发现偏离基本面股价显著影响公司投资行为的证据。

　　上述两个研究结论与已有相关文献得到的结论不完全相同，我们认为，出现这种现象的原因与中国上市企业面临的金融市场的特有制度环境有关。本书从如下几个角度提出了与现有相关文献不同的解释：首先，股权融资渠道发挥作用的潜在条件是企业存在股权融资约束。如何度量企业融资约束程度，一直是公司金融领域争论的问题。股权融资渠道假说采用KZ指数作为企业股权融资依赖程度的代理变量，但是大量文献研究表明，KZ指数识别的是企业对外部资金需求程度，而不是企业融资约束程度（亨尼斯和怀特，2007）。如果KZ指数并没有识别公司的股权融资依赖程度，那就说明股权融资渠道假说高估了偏离基本面股价对公司投资行为的影响。其次，企业择时发行股票并不是为了给投资项目融资，首要原因是为了管理风险和储备现金，其次才是考虑股票发行时机和企业生命周期（金姆和韦斯巴赫，2008；安杰罗、迪安杰洛和斯图兹，2010）。企业的投资决策、融资决策（择时）和风险管理（现有持有策略）是相互作用的，而不独立的。只有当企业面临低成本融资的"机会窗口"时，市场择时效应才会出现，而且这种效应是以一种复杂方式与企业谨慎现金管理和投资决策相互作用的（BCW，2011，2012）。再次，中国上市公司的股权再融资不但受到股票市场估值的影响，而且还受到再融资管制政策的限制。证监会设置再融资资格线，从再融资时间间隔、财务指标要求、公司盈利状况、募集资金用途、发行规模上限以及公司治理结构等多个方面限定了再融资市场的准入资格，对企业增发和配股施加"门槛"限制。再融资节奏由中国证监会发行部控制，再融资公司数量反映的并不是上市公司自身对市场时机的把握，而是中国证监会对市场时机的把握，融资规模更大的原因并不是完全出于增长性导致的实际投资需要，基于股票市场估值的"市场时机"并不是影响上市公司再融资规模的显著因素。而证监会发行部对股票再融资审核批准的择时，会配合政府的宏观调控和产业政策，限制或鼓励一些行业和企业的股权再融资。因此，即使管理层察觉到股票价格高估，但是股权再融资能否成功还是取决于证监会审批。在2009—2010年，偏离基本面股价显著影响了上市公司投资行为，这和证监会择时配合中国政府4万亿元投资有关。在中国上市公司总量层面和按融资约束程度分类企业的回归中，我们都发现上市公司投资现金流关系不敏感。这个经验事实可能恰恰反映了，如果上市公司有较强的投资意愿，即使存在股权融资约束，也有能力从银行融入所需要的资金。证券发行管制、利率管制和银行垄断了中国绝大部分金融资源等中国金融市场特有的制度环境，是造成中国上市公司投资现金流关系悖异的原因，也必然使得上市公司投资项目资金的主要来源不是依赖股权融资，而是主要来自银行信贷等债权融资方式，从而使得偏离基本面股价并不显著影响公司投资行为。最后，从上市公司的股权结构来看，尽管已经完成了股权分置改革，但是大部分股份仍然不能自由流通，对小非和大非的减持有严格的管制政策，具有控制权的股东很难从股价短期泡沫中获取利益。如果管理者不通过投资安排来迎合短线投资者，企业并不存在被二级市场收购兼并的威胁，而且中国并没有形成有效的职业经理人市场。因此，理性管理者通过投资安排来迎合短线投资者的动机可能并不存在，理性管理者可能最大化具有控制权股东的利益，而不是迎合短线投资者利益。

第三，尽管本书发现了偏离基本面的股价是否显著影响公司投资行为与中国上市企业融资约束程度无关，但是高新技术企业技术的研发投资面临的融资约束与一般企业资本投资受到的融资约束不同，这是因为企业研发投入的回报和收益具有不确定性、高风险性和波动性，容易出现道德风险和逆向选择问题。因此，高新技术企业研发投入的这种特征不适合债务合约的结构（斯蒂格利茨，1985），研发投资较难获得外源负债资金的支持，因而容易受到融资约束。本书研究发现，偏离基本面股价缓解了研发投资所需要的股权融资资金约束，从而促进了高新技术上市公司的研发投入，并且这种正向影响对规模小的研发密集型企业更为明显。

第四，偏离基本面的股价对公司投资行为的影响与中国上市公司经理薪酬契约制度设计差异有关，即与企业异质性特征有关。主要表现在：（1）错误定价对公司投资行为的影响并没有受高管货币薪酬差异的显著影响，但是高管货币薪酬和错误定价对公司投资行为存在交互效应，这一关系在实际控制人性质不同的企业中具有一定的差异性，这种差异来自于民营企业具有更有效的公司治理机制。（2）高管持股与股价高估对公司投资的影响存在交互效应，证券市场的投机行为会诱使高管为增加从股权激励中得到的收入，而致力于更多的投资，这种关系在不同性质的企业中具有一定差异，这种差异源自国有企业高管持有微乎其微的股票以及关注政治升迁的结果。这种交互效应的产生是证券市场摩擦（资本市场错误定价）与其他市场摩擦共同作用于公司投资的结果。

第四，考虑到宏观经济周期和政策是微观企业行为的先行指标，第八章实证检验了偏离基本面股价对公司投资行为的影响是否与宏观经济环境有关。结果发现：（1）宏观经济上行加强了错误定价对公司投资行为的影响，宏观经济冲击与错误定价之间存在替代效应；（2）在不同的政策区间，融资"机会窗口"的变化显著影响了公司投资行为，再融资条件管制政策减弱了错误定价对公司投资行为的影响；（3）偏离基本面股价对公司投资行为的影响与实际基准贷款利率水平变化无关。

本书的研究具有重要的政策含义。首先，无论是按中国上市公司总量层面，还是按融资约束程度分类企业，本书没有发现偏离基本面股价显著影响上市公司投资行为的证据，这意味着偏离基本面股价对公司投资的作用受制度层面的政府控制因素的影响，资产价格波动不是通过影响公司投资行为来影响实体经济。本研究为金融监管部门的决策提供了理论依据。其次，由于高新技术企业研发投资具有高度的资产专用性、高风险性和收益的弱相关性，因此应当为高新技术企业构建良好的融资平台和金融工具创新、提供多种融资渠道和金融工具。股票市场的信息甄别和信息揭示功能，不但能够解决企业信息不对称问题，而且也能够提供企业研发投入所需要的长期资金，因此应该让更多的研发密集型中小企业上市。最后，鉴于上市公司的高管持股可能诱发经理人的投资冲动，在产权结构多元化和股权激励改革过程中，要完善上市公司股权激励机制设计，注重发挥长期股权激励机制的治理效应。

第二节　研究局限与研究展望

虽然本书从选题、查阅文献、收集数据、统计处理到最后出版历时5年多时间，但是限于本人的研究能力和研究方法以及时间精力的限制，文中可能在诸多方面存在局限和不足之处，也是与本研究相关的未来研究方向。下面据笔者对本领域文献的认识和能力，做简要评述列举如下。

第一，本书缺乏一个一致性的框架理论模型。国外现有文献已有相关主题的理论研究，早期斯坦（1996）把证券市场的无效与信息不对称引起的融资摩擦纳入一个静态分析框架，从理论上证明了投资者有限理性所导致的错误定价是否影响公司投资行为与两个因素有关：一是经理的目光长短；二是企业是否存在融资约束。在斯坦（1996）的静态分析框架基础上，贝克、斯坦和沃格勒（2003）放松了融资约束假设，建立了股权融资渠道分析框架，波尔克和萨皮恩泽尔（2009）建立了迎合机制分析框架。贝克和沃格勒（2008，2012）把市场择时和迎合方法纳入了一个分析框架，建立了投资者非理性静态分析框架，但是没有考虑税收、财务困境、代理问题和信息不对称问题，因而不能用来分析公司的投资、融资、股利决策和现金持有决策。上述理论模型都是采用比较静态分析方法，最近的文献博尔顿、陈和王（2011，2012）建立了市场择时、投资和风险管理的动态分析框架，这个模型放松了企业面临的外部融资约束是不变的假设条件，假定企业面临的外部融资机会是一个随机过程。这个理论分析框架里分析了公司的投资、融资、现金持有和风险管理决策。公司的股利政策、投资决策、现金持有政策和再融资决策不是相互独立的，而是相互联系在一起的。笔者在写作过程中也曾经考虑这个问题，尝试构建公司各种决策的框架性动态模型，但是终因笔者的水平和能力有限，这个模型最终没有成形，因而没有正式写入本书。

第二，本书第二个研究局限在于，本书的结论可能与错误定价或投资者情绪的测度有关。尽管本书采用了错误定价的3个代理变量来检验研究结论的稳健性，但是度量错误定价的代理变量可能与真实投资机会相关，从而产生系统 GMM 估计也无法解决的内生性问题。如何测度错误定价或从微观公司层面度量投资者情绪，一直困扰行为公司金融研究学者。一些学者尝试从资本市场资金供给方角度来寻找错误定价或投资者情绪的代理变量贝克尔、伊夫和怀斯伯纳（Becker, Ivlovic and Weisbenner, 2011），限于笔者的研究能力和时间，没有做这方面的研究。

第三，基于行为金融视角的市场择时理论和经理人信念假说都属于资金需求方面的理论，隐含假定资金供给完全弹性，企业融资条件与企业财务决策无关。但是，蒂特曼（2002）和格雷厄姆和哈维（Graham and Harvey, 2001）的调查表明，实践者把金融市场的资金供给条件变化看作影响企业融资和投资决策的重要因素。企业投融资决策受资金供给面因素的影响可能远比受企业自身特有因素（firm-specific factors）的影响程度更深（科林，2001）。2007 年美国次贷危机以来，学界开始关注资本市场通过影响金融中介机构（银行、风险投资公司）资金供给对企业投融资决策产生影响。因此，从资金供给角度研究企业融资策略和投资决策是本书作者后续的研究方向。

参 考 文 献

1. 安德瑞·史莱佛：《并非有效的市场：行为金融学导论》，中译本，中国人民大学出版社 2003 年版。

2. 卞江、李鑫：《非理性状态下的企业投资决策：行为公司金融对非效率投资行为的解释》，《中国工业经济》2009 年第 7 期。

3. 陈冬华、陈信元和万华林：《国有企业中的薪酬管制与在职消费》，《经济研究》2005 年第 2 期。

4. 陈冬华、梁上坤和蒋德权：《不同市场化进程下高管激励契约的成本与选择：货币薪酬与在职消费》，《会计研究》2010 年第 11 期。

5. 崔巍：《行为公司金融：理论研究及在我国的实践意义》，《中国软科学》2010 年第 4 期。

6. 崔晓蕾、何婧和徐龙炳：《投资者情绪对企业资源配置效率的影响：基于过度投资的视角》[J]，《上海财经大学学报》2014 年第 16 (3) 期。

7. 丁守海：《托宾 q 值影响投资了吗？——对我国投资理性的另一种检验》，《数量经济技术经济研究》2006 年第 12 期。

8. 丁丹：《中国的金融改革是否缓解了企业的融资约束？》硕士学位论文，复旦大学，2008 年。

9. 丁志国、赵振全和苏治：《有效市场理论的思考》，《经济学动态》2005 年第 5 期。

10. 方军雄：《我国上市公司高管的薪酬存在粘性吗？》，《经济研究》2009 年第 3 期。

11. 郭鹏飞、孙培源：《资本结构的行业特征：基于中国上市公司的实证研究》，《经济研究》2003 年第 5 期。

12. 郭丽虹、马文杰：《融资约束与企业投资：现金流量敏感度的再检验：来自中国上市公司的证据》，《世界经济》2009 年第 2 期。

13. 黄伟彬：《非理性股价与企业投资行为：来自中国上市公司的经验证据》，《经济管理》2008 年第 16 期。

14. 郝颖、刘星：《大股东控制下的股权融资依赖与投资行为研究：基于行为财务视角》，《商业经济与管理》2009a 年第 10 期。

15. 郝颖、刘星：《大股东自利动机下的资本投资与配置效率研究》，《中国管理科学》2011b 年第 1 期。

16. 郝颖、胡梦云和刘星：《股票市价、所有权特征与公司投资行为研究：基于股权融资依赖视角》，《管理学报》2010 年第 5 期。

17. 花贵如：《投资者情绪对企业投资行为的影响研究》博士学位论文，南开大学，2010 年。

18. 姜付秀、黄继承：《市场化进程与资本结构动态调整》，《管理世界》2011 年第 3 期。

19. 姜付秀、伊志宏、苏飞和黄磊：《管理者背景特征与企业过度投资》，《管理世界》2009 年第 1 期。

20. 姜付秀、张敏、陆正飞和陈才东：《管理者过度自信、企业扩张与财务困境》，《经济研究》2009 年第 1 期。

21. 姜国华、饶品贵：《宏观经济政策与微观企业行为：拓展会计与财务研究新领域》，《会计研究》2011 年第 3 期。

22. 解维敏、方红星：《金融发展、融资约束与企业研发投入》，《金融研究》2011 年第 5 期。

23. 况学文、施臻懿和何恩良：《中国上市公司融资约束指数设计与评价》，《山西财经大学学报》2010 年第 5 期。

24. 李春涛、宋敏：《中国制造业企业的创新活动：所有制和 CEO 激励的作用》，《经济研究》2010 年第 5 期。

25. 李捷瑜、王美今：《上市公司的真实投资与股票市场的投机泡沫》，《世界经济》2006 年第 1 期。

26. 李胜楠：《基于委托代理理论的非效率投资行为述评：以融资方式为主线》，《中南财经政法大学学报》2008 年第 4 期。

27. 李维安、徐业坤和宋文洋：《公司治理评价研究前沿探析》，《外国经济与管理》2011 年第 8 期。

28. 李云鹤、李湛：《自由现金流代理成本假说还是过度自信假说？——中国上市公司投资：现金流敏感性的实证研究》，《管理工程学报》2011 年第 3 期。

29. 李远勤、郭岚和张祥建：《企业非效率投资行为影响因素的前沿研究综述》，《软科学》2009 年第 7 期。

30. 李云鹤、李湛：《行为公司金融研究新进展：管理者过度自信的视角》，《经济评论》2010 年第 6 期。

31. 连玉君、彭方平和苏治：《融资约束与流动性管理行为》，《金融研究》2010 年第 10 期。

32. 连玉君、苏治：《上市公司现金持有：静态权衡还是动态权衡》，《世界经济》

2008 年第 10 期。

33. 连玉君、苏治和丁志国：《现金：现金流敏感性能检验融资约束假说吗?》，《统计研究》2008 年第 10 期。

34. 刘端和陈收：《股票价格对中国上市公司投资行为的影响：基于不同股权依赖型公司的实证》，《管理评论》2006a 年第 1 期。

35. 刘端和陈收：《中国市场管理者短视、投资情绪与公司投资行为扭曲研究》，《中国管理科学》2006b 年第 2 期。

36. 刘慧龙、张敏、王亚平和吴联生：《政治关联、薪酬激励与员工配置效率》，《经济研究》2010 年第 9 期。

37. 刘松：《股票错误定价背景下我国上市公司非效率投资研究》博士学位论文，南开大学，2010 年。

38. 刘志远、靳光辉：《投资者情绪与公司投资效率：基于股东持股比例及两权分离调节作用的实证研究》，《管理评论》2013 年第 5 期。

39. 刘志远、花贵如：《投资者情绪与企业投资行为研究述评及展望》，《外国经济与管理》2009 年第 6 期。

40. 刘志远、张西征：《投资：现金流敏感性能反映公司融资约束吗？——基于外部融资环境的研究》，《经济管理》2010 年第 5 期。

41. 林朝南、林怡：《高层管理者背景特征与企业投资效率：来自中国上市公司的经验证据》，《厦门大学学报》（哲学社会科学版）2014 年第 2 期。

42. 陆正飞、祝继高和樊铮：《银根紧缩、信贷歧视与民营上市公司投资者利益损失》，《金融研究》2009 年第 8 期。

43. 罗党论、甄丽明：《民营控制、政治关系与企业融资约束：基于中国民营上市公司的经验证据》，《金融研究》2008 年第 12 期。

44. 罗富碧、冉茂盛和杜家廷：《高管人员股权激励与投资决策关系的实证研究》，《会计研究》2008 年第 8 期。

45. 吕长江、严明珠、郑慧莲和许静静：《为什么上市公司选择股权激励计划?》，《会计研究》2011 年第 1 期。

46. 闵亮、沈悦：《宏观冲击下的资本结构动态调整：基于融资约束的差异性分析》，《中国工业经济》2011 年第 5 期。

47. 潘敏、朱迪星：《企业的投资决策在迎合市场情绪吗？——来自我国上市公司的经验证据》，《经济管理》2010 年第 11 期。

48. 屈文洲、谢雅璐和叶玉妹：《信息不对称、融资约束与投资：现金流敏感性：基于市场微观结构理论的实证研究》，《经济研究》2011 年第 6 期。

49. 权小锋、吴世农和文芳：《管理层权力、私有收益与薪酬操纵》，《经济研究》2010 年第 11 期。

50. 饶华春：《中国金融发展与企业融资约束的缓解：基于系统广义矩估计的动态面板数据分析》，《金融研究》2009 年第 9 期。

51. 饶品贵、姜国华：《货币政策波动、银行信贷与会计稳健性》，《金融研究》2011 年第 3 期。

52. 邵新建、巫和懋、覃家琦和王道平：《中国 IPO 市场周期：基于投资者情绪与政府择时发行的分析》，《金融研究》2010 年第 11 期。

53. 沈红波、寇宏和张川：《金融发展、融资约束与企业投资的实证研究》，《中国工业经济》2010 年第 6 期。

54. 束景虹：《机会窗口、逆向选择成本与股权融资偏好》，《金融研究》2010 年第 4 期。

55. 苏冬蔚、林大庞：《股权激励、盈余管理与公司治理》，《经济研究》2010 年第 11 期。

56. 苏冬蔚、曾海舰：《宏观经济因素与公司资本结构变动》，《经济研究》2009 年第 12 期。

57. 吴世农、汪强：《迎合投资者情绪·过度保守·还是两者并存：关于公司投资行为的实证研究》，李维安编：《公司治理评论第一辑》，经济科学出版社 2009 年版。

58. 王俊：《政府 R&D 资助与企业 R&D 投入的产出效率比较》，《数量经济技术经济研究》2011 年第 6 期。

59. 王彦超：《融资约束、现金持有与过度投资》，《金融研究》2009 年第 7 期。

60. 王正位、王思敏和朱武祥：《股票市场融资管制与公司最优资本结构》，《管理世界》2011 年第 2 期。

61. 王正位、赵冬青和朱武祥：《资本市场摩擦与资本结构调整：来自中国上市公司的证据》，《金融研究》2007 年第 6 期。

62. 温军、冯根福和刘志勇：《异质债务、企业规模与 R&D 投入》，《金融研究》2011 年第 1 期。

63. 伍德里奇：《横截面与面板数据的经济计量分析》，中译本，中国人民大学出版社 2007 年版。

64. 吴联生、王亚平：《盈余管理程度的估计模型与经验证据：一个综述》，《经济研究》2007 年第 8 期。

65. 王茂林、何玉润和林慧婷：《管理层权力、现金股利与企业投资效率》，《南开管理评论》2014 年第 2 期。

66. 张戈、王美今：《投资者情绪与中国上市公司实际投资》，《南方经济》2007 年第 3 期。

67. 中国证券监督管理委员会：《中国资本市场发展报告》，中国金融出版社 2008 年版。

68. 辛清泉、林斌和王彦超：《政府控制、经理薪酬与资本投资》，《经济研究》2007年第 8 期。

69. 辛清泉、林斌和杨德明：《中国资本投资回报率的估算和影响因素分析》，《经济学季刊》2007 年第 4 期。

70. 张国清、夏立军和方轶强：《会计盈余及其组成部分的价值相关性：来自沪、深股市的经验证据》，《中国会计与财务研究》2006 年第 3 期。

71. 徐莉萍、辛宇和陈工孟：《股权集中度和股权制衡及其对公司经营绩效的影响》，《经济研究》2006 年第 1 期。

72. 徐龙炳、李科：《政治关系如何影响公司价值：融资约束与行业竞争的证据》，《财经研究》2010 年第 10 期。

73. 杨继生、王少平：《非线性动态面板模型的条件 GMM 估计》，《数量经济技术经济研究》2008 年第 12 期。

74. 杨继伟：《股价信息含量与资本投资效率：基于投资现金流敏感度的视角》，《南开管理评论》2011 年第 5 期。

75. 杨青、黄彤、Steven TOMS 和 Besim Burcin YURTOGLU：《中国上市公司 CEO 薪酬存在激励后效吗?》，《金融研究》2010 年第 1 期。

76. 战明华：《利率控制、银行信贷配给行为变异与上市公司的融资约束》，工作论文，2012 年。

77. 张利兵、吴冲锋和应益荣：《金融泡沫与企业投资》，《管理科学学报》2010 年第 1 期。

78. 张敏、姜付秀：《机构投资者、企业产权与薪酬契约》，《世界经济》2010 年第 8 期。

79. 章晓霞、吴冲锋：《融资约束影响我国上市公司的现金持有政策吗?》，《管理评论》2006 年第 10 期。

80. 赵武阳、陈超：《研发披露、管理层动机与市场认同：来自信息技术业上市公司的证据》，《南开管理评论》2011 年第 4 期。

81. 周仁俊、杨战兵和李礼：《管理层激励与企业经营业绩的相关性：国有与非国有控股上市公司的比较》，《会计研究》2010 年第 12 期。

82. 周振东、徐伟和张邦：《市场时机与中国上市公司投资行为：基于股权融资渠道的实证检验》，《投资研究》2011 年第 9 期。

83. 祝继高、陆正飞：《货币政策、企业成长与现金持有水平变化》，《管理世界》2009 年第 3 期。

84. 祝继高、陆正飞：《产权性质、股权再融资与资源配置效率》，《金融研究》2011年第 1 期。

85. Abel, A., and O. Blanchard, 1986, "The Present Value of Profits and Cyclical Move-

ments in Investment", *Econometrica*, Vol. 54, pp. 249—274.

86. Abel, A. B., and J. Eberly, 1994, "A Unified Model of Investment under Uncertainty", *American Economic Review*, Vol. 84, pp. 1369—1384.

87. Aggarwal, R., and A. Samwick, 2006, "Empire-Builders and Shirkers: Investment, Firm Performance, and Managerial Incentives", *Journal of Corporate Finance*, Vol. 12, pp. 489—515.

88. Aghion, P., and P. Bolton, 1992, "An Incomplete Contracts Approach to Financial Contracting", *Review of Economic Studies*, Vol. 59, Mar., pp. 473—494.

89. Agrawal, A., and Mandelker, G. N., 1987, "Managerial incentives and corporate investment and financing decisions", *Journal of Finance*, Vol. 42, pp. 823—837.

90. Alexander W., Butler, Jess, Cornaggia, Gustavo, and Grullon, James, P. Weston, 2011, "Corporate financing decisions, managerial market timing, and real investment", *Journal of Financial Economics*, Vol. 101, Mar., pp. 666—683.

91. Almeida, H., and M. Campello, 2007, "Financial Constraints, Asset Tangibility, and Corporate Investment", *Review of Financial Studies*, Vol. 20, pp. 1429—1460.

92. Almeida, H., Murillo, C. and Weisbach, M. S., 2004, "The cash flow sensitivity of cash", *Journal of Finance*, Vol. 59, pp. 1777—1804.

93. Amy, K. Dittmar, and Robert, F. Dittmar, 2008, "The timing of financing decisions: An examination of the correlation in financing waves", *Journal of Financial Economics*, Vol. 90, Jan., pp. 59—83.

94. Andreas, B., 2003, "A Comparison of Dynamic Panel Data Estimators: Monte Carlo Evidence and an Application to the Investment Function", *Economic Research Center of the Deutsche Bundesbank*, Mar..

95. Arellano, Manuel, and Stephen R. Bond, 1991, "Some specification tests for panel data: Monte Carlo evidence and an application to employment equations", *Review of Economic Studies* 58, pp. 277—298.

96. Arellano, Manuel, and Olympia Bover, 1995, "Another look at the instrumental-variable estimation of error-components models", *Journal of Econometrics* 68, pp. 29—52.

97. Audretsch, D. B., and J. A. Elston, 2002, "Does Firm Size Matter? Evidence on the Impact of Liquidity Constraints on Firm Investment Behavior in Germany", *International Journal of Industrial Organization*, Vol. 20, pp. 1—17.

98. Baker, M., 2010, "Capital Market-Driven Corporate Finance", *Annual Review of Financial Economics*, Vol. 1, pp. 181—205.

99. Baker, M., and J. Wurgler, 2002, "Market Timing and Capital Structure", *Journal of Finance*, Vol. 57, pp. 1—32.

100. Baker, M., and J. Wurgler, 2004, "A Catering Theory of Dividends", *Journal of Finance*, Vol. 59, pp. 271—288.

101. Baker, M. P., J. C. Stein, and J. Wurgler, 2003, "When Does the Market Matter? Stock Prices and the Investment of Equity Dependent Firms", *Quarterly Journal of Economics*, Vol. 118, pp. 969—1006.

102. Baker, Malcolm, and Jeffrey, Wurgler, 2012, Behavioral corporate finance: An Updated Survey, forthcoming in Handbook of the Economics of Finacne: Volume 2. Elsevier Press, 2012.

103. Baker, Malcolm, Richard, S. Ruback, and Jeffrey, Wurgler, 2008, Behavioral corporate finance, in B. Espen Eckbo, ed.: Handbook of Corporate Finance: Empirical Corporate Finance (North-Holland, Amsterdam), pp. 145—188.

104. Baker, Malcolm, Robin, Greenwood, and Jeffrey, Wurgler, 2009, "Catering Through Nominal Share Prices", *Journal of Finance* 64, pp. 2559—2590.

105. Bakke, Tor-Erik, and Toni, M. Whited, 2010, "Which Firms Follow the Market? An Analysis of Corporate Investment Decisions", *Review of Financial Studies*, Vol. 23, Mar., pp. 1941—1980.

106. Barro, R, 1990, "The Stock Market and Investment", *The Review of Financial Studies*, Vol. 3, pp. 115—131.

107. Bean, C. R., 1981, "An Econometric Model of Manufacturing Investment in the UK," *Economic Journal 91*, pp. 106—121.

108. Beaudry P., M. Caglayan, F. Schiantarell. i, 2001, "Monetary Instability, the Predictability of Prices, and the Allocation of Investment: An Empirical Investigation Using U. K. Panel Data", *The American Economic Review*, Vol. 91, pp. 648—662.

109. Bernanke B. S., K. N. Kuttner, 2005, "What Explains the Stock Market's Reaction to Federal Reserve Policy?". *Journal of Finance*, Vol. 60, pp. 1221—1257.

110. Bhattacharya, Utpal, and Xiaoyun, Yu, 2008, "The Causes and Consequences of Recent Financial Market Bubbles: An Introduction," *The Review of Financial Studies* 21 (5), 3—10.

111. Blanchard, O., Rhee, C., Summers, L., 1993, "The stock market, profit, and investment", *The Quarterly Journal of Economics*, Vol. 108, pp. 115—136.

112. Blanchard, Olivier, Chanyong Rhee, and Lawrence Summers, 1990, "The stock market, profit, and investment", *Quarterly Journal of Economics*, Vol. 108, pp. 115—136.

113. Blanchard, O., C. Rhee, and L. Summers, 1993, "The Stock Market, Profit and Investment", *Quarterly Journal of Economics*, Vol. 108, Jan., pp. 115—136.

114. Blundell, Richard, and Stephen Bond, 1998, "Initial conditions and moment restrictions in dynamic panel data models", *Journal of Econometrics* 87, pp. 115—143.

115. Bolton P, Scheinkman J, Xiong W, 2006, "Executive Compensation and Short-Termist Behaviour in Speculative Markets", *Review of Economic Studies*, Vol. 73, Iss. 3, pp. 577—610.

116. Bolton P, Hui Chen, and Neng Wang, 2011, "A unified theory of Tobin's q, corporate investment, financing, and risk management," *Journal of Finance*, 66 (5), pp. 1545—1578.

117. Bolton P, Hui Chen and Neng Wang, 2012, "Market Timing, Investment, and Risk Management", working paper, http: //papers. ssrn. com/sol3/papers. cfm? abstract_id = 1571149.

118. Bond, Stephen, and Costas Meghir, 1994, "Dynamic investment models and the firm's financial policy", *Review of Economic Studies* 61, pp. 197—222.

119. Bond, S., Elston, J., Mairesse, J. and Mulkay, B., (2003). "Financial factors and investment in Belgium, France, Germany, and the United Kingdom: A comparison using company panel data", *Review of Economics and Statistics* 85, pp. 153—165.

120. Bond S., 2002, "Dynamic Panel Data Models: A Guide to Micro Data Methods and Practice", Working Paper 09/02, Institute for Fiscal Studies, London.

121. Brown, J. R., S. M. Fazzari and B. C. Petersen, 2009, "Financing Innovation and Growth: Cash Flow, External Equity and the 1990s R&D Boom", *Journal of Finance*, Vol. 64, pp. 151—185.

122. Brown, James R., Gustav Martinsson, and Bruce C. Peterson, 2011, "Do Financing Constraints Matter for R&D? New Tests and Evidence", 2011 ASSA annual meeting paper.

123. Bruce, D. Grundy, and Hui, Li, 2010, "Investor sentiment, executive compensation, and corporate investment", *Journal of Banking & Finance*, Vol. 34, Oct., pp. 2439—2499.

124. Caballero, Ricardo J., Farhi, Emmanuel, and Hammour, Mohamad L., 2006, "Speculative Growth: Hints from the U. S. Economy", *American Economic Review* 96, Sep., pp. 1159—1192.

125. Caballero, Ricardo J., 1999, Aggregate investment, in Taylor, John B. and Michael Woodford, eds.: *Handbook of Macroeconomics* (North-Holland, Amsterdam).

126. Carpenter, Robert E., and Bruce C. Petersen, 2002, "Capital market imperfections, high-tech investment, and new equity financing", *Economic Journal* 112, pp. 54—72.

127. Chava, S., and M. R. Roberts, 2008, "How Does Financing Impact Investment? The

Role of Debt Covenants", *Journal of Finance*, Vol. 63, pp. 2085—2121.

128. Chen, H., 2010, "Macroeconomic Conditions and the Puzzles of Credit Spreads and Capital Structure", *Journal of Finance*, Vol. 65, pp. 2171—2212.

129. Chen, Q., I. Goldstein, and W. Jiang, 2007, "Price Informativeness and Investment Sensitivity to Stock Price", *Review of Financial Studies*, Vol. 20, pp. 619—650.

130. Chi, J. D., Gupta, M., 2009, "Overvaluation and earnings management", *Journal of Banking & Finance*, Vol. 33, pp. 1652—1663.

131. Chirinko, R., and H. Schaller, 1996, "Bubbles, Fundamentals, and Investment: A Multiple Equation Testing Strategy", *Journal of Monetary Economic*, Vol. 38, pp. 47—76.

132. Chirinko, R., and H. Schaller, 2001, "Business Fixed Investment and (Bubbles): The Japanese Case," *American Economic Review*, Vol. 91, pp. 663—680.

133. Cleary, S., Povel, P. and Raith, M., 2000, "The U-shaped investment curve: Theory and evidence", Journal of Financial and Quantitative Analysis 42: 1—40.

134. Cohen, G., and Yagil J., 2010, "Sectarian Differences in Corporate Financial Behavior: An International Survey", *European Journal of Finance*, 16, pp. 245—262.

135. Cook, D., and T. Tang, 2010, "Macroeconomic Conditions and Capital Structure Adjustment Speed", *Journal of Corporate Finance*, Vol. 16, pp. 73—87.

136. Czarnitzki, D., and H. L. Binz, 2008, "R&D Investment and Financing Constraints of Small and Medium-Sized Firms", *Centre for European Economic Research Discussion Paper*, NO. 08—047.

137. D'Avolio, E. Gildor, and A. Shleifer, 2002, Technology, Information Production, and Market Efficiency, *Economic Policy For The Information Economy*, A Symposium Sponsored by The Federal Reserve Bank of Kansas City.

138. Daniel, K., and S. Titman, 2006, "Market Reactions to Tangible and Intangible Information", *Journal of Finance*, Vol. 61, Apr., pp. 1605—1643.

139. Datta, S., Iskandar-Datta, M., Raman, K., 2001, "Executive compensation and corporate acquisition decisions", *Journal of Finance*, Vol. 56, pp. 2299—2336.

140. David B. Audretsch and Julie Ann Elston, 2002, "Does firm size matter? Evidence on the impact of liquidity constraints on firm investment behavior in Germany", *International Journal of Industrial Organization* 20, pp. 1—17.

141. DeAngelo, H., L. DeAngelo, and R. Stulz, 2010, "Seasoned equity offerings, market timing, and the corporate lifecycle", *Journal of Financial Economics*, pp. 275—295.

142. DeLong, J. B., Shleifer, A., Summers, L. H., Waldmann, R. J., 1990, "Noise

trader risk in financial markets", *Journal of Political Economy*, Vol. 98, pp. 703—738.

143. Dittmann, I. , Maug, and E. , Spalt, O. , 2010, " 'Sticks or carrots?', Optimal CEO compensation when managers are loss-averse", *Journal of Finance*, forthcoming.

144. Dong, M. , Hirshleifer, and D. A. , Teoh, S. H. , "Stock market misvaluation and corporate investment", Available at SSRN (2007), http: //ssrn. com/abstract =972765.

145. Dongmei, Li and Lu, Zhang, 2010, "Does q-theory with investment frictions explain a-nomalies in the cross section of returns", *Journal of Financial Economics*, Vol. 98, Issue 2, pp. 297—314.

146. Dow, J. , and G. Gorton, 1997, "Stock Market Efficiency and Economic Efficiency: Is There a Connection?", *Journal of Finance*, Vol. 52, pp. 1087—1129.

147. Erickson, T. , and T. M. Whited, 2000, "Measurement Error and the Relationship between Investment and Q", *Journal of Political Economy*, Vol. 108, pp. 1027—1057.

148. Erickson, T. , and T. M. Whited, 2002, "Two-Step GMM Estimation of the Errors-in-Variables Model Using High-Order Moments", *Econometric Theory*, Vol. 18, pp. 776—799.

149. Erickson, T. , and T. M. Whited, 2006. "On the Accuracy of Different Measures of Q", *Financial Management*, Vol. 35, pp. 5—33.

150. Erwan Morellec and Norman SchÜrhoff, 2010, "Corporate investment and financing under asymmetric information", *Journal of Financial Economics* Vol. 99, pp. 262—288.

151. Fama, E. , 1970, "Efficient Capital Markets: A Review of Theory and Empirical Work", *Journal of Finance*, Vol. 25, pp. 383—423.

152. Fama, E. , and J. MacBeth. 1973. "Risk, Return, and Equilibrium: Empirical Tests", *Journal of Political Economy* 81, pp. 607—36.

153. Fama, E. , and K. French, 1993, "Common Risk Factors in the Returns on Stocks and Bonds", *Journal of Financial Economics*, Vol. 33, pp. 3—56.

154. Farhi, E. and S. Panageas, "The Real Effects of Stock Market Mispricing at the Aggregate: Theory and Empirical Evidence", Available at SSRN (2004), http: //papers. ssrn. com/sol3/papers. cfm? abstract_ id =720462.

155. Faxxari, S. M. , R. G. Hubbard and B. C. Petersen, 1988a, "Financing Constraint and Corporate Investment", *Brooking Papers on Economic Activity* Vol. 1, pp. 141—195.

156. Faxxari, S. M. , R. G. Hubbard and B. Petersen, 2000b, "Investment-Cash flow Sensitivities Are Useful: A Commen on Kaplan and Zingales", *Quarterly Journal of Economics* 115, May. , pp. 695—705.

157. Fischer, Stanley, and Robert C. Merton, 1984, "Macroeconomics and finance: The

role of the stock market", Carnegie-Rochester Conference Series on Public Policy, Vol. 21, pp. 57—108.

158. Firth, M., P. Fung, and O. Rui, 2006, "Corporate Performance and CEO Compensation in China", *Journal of Corporate Finance*, Vol. 12, pp. 693—714.

159. Francesco A., Franzoni, 2009, "Underinvestment vs. Overinvestment: Evidence from Price Reactions to Pension Contributions", *Journal of Financial Economics*, Vol. 92, Issue 3, pp. 491—518.

160. Gaspar, J. M., M. Massa, and P. Matos, 2005, "Shareholder Investment Horizons and the Market for Corporate Control", *Journal of Financial Economics*, Vol. 76, Jan., pp. 135—165.

161. Gilchrist, S., C. P. Himmelberg, and G. Huberman, 2005, "Do Stock Price Bubbles Influence Corporate Investment?" *Journal of Monetary Economics*, Vol. 4, pp. 805—827.

162. Gilchrist, S., and C. Himmelberg, 1995, "Evidence on the Role of Cash Flow for Investment", *Journal of Monetary Economics*, Vol. 36, pp. 541—572.

163. Goel, Anand M., and Anjan V. Thakor, 2008, "Overconfidence, CEO Selection and Corporate Governance", *Journal of Finance*, Vol. 63, pp. 2737—2784.

164. Gomes, J. F., 2001, "Financing Investment", *American Economic Review* 91, pp. 1263—1285.

165. Goyal, V., and T. Yamada, 2004, "Asset Price Shocks, Financial Constraints, and Investment: Evidence from Japan", *Journal of Business*, Vol. 77, pp. 175—199.

166. Graham, J. R., and M. Campello, 2007, "Do Stock Prices Influence Corporate Decisions? Evidence from the Technology Bubble", working paper, Duke University.

167. Hackbarth, D., 2009, "Determinants of corporate borrowing: A behavioral perspective", *Journal of Corporate Finance*, Vol. 15, pp. 389—411.

168. Hackbarth, D., Mauer, D., 2010, "Optimal priority structure, capital structure, and investment", working paper, University of Illinois.

169. Hadlock, C., and J. Pierce, 2010, "New Evidence on Measuring Financial Constraints: Moving Beyond the KZ Index", *Review of Financial Studies* 23, pp. 1909—1940.

170. Hall, B. H., 1992, "Investment and Research and Development at the Firm Level: Does the Source of Financing Matter", Working Paper No. 4096, NBER.

171. Hall, Bronwyn H., 2002, "The financing of research and development", *Oxford Review of Economic Policy* 18, pp. 35—51.

172. Hall, B. H., and J. Lerner, 2010, The Financing of R&D and Innovation, In Hand-

book of the Economics of Innovation, ed. Bronwyn H. Hall and Nathan Rosenberg. Elsevier-North Holland.

173. Hall, P. , and Horowitz, J. L. , 1996, "Bootstrap Critical Values for Tests Based on Generalized-Method-of-Moment Estimators", *Econometrica*, Vol. 64, pp. 891—916.

174. Hart, O. , and J. Moore. , 1998, "Default and Renegotiation: A Dynamic Model of Debt", *Quarterly Journal of Economics*, Vol. 113, Jan. , pp. 1—41.

175. Harry DeAngelo, Linda DeAngelo, Rene' M. Stulz. , 2010, "Seasoned equity offerings, market timing, and the corporate lifecycle", *Journal of Financial Economics* 95 pp. 275—295.

176. Hayashi, F. , 1982, "Tobin's Marginal and Average Q: A Neoclassical Interpretation", *Econometrica*, Vol. 50, pp. 213—224.

177. Hennessy, C. A. , 2004, "Tobin's Q, Debt Overhang, and Investment", *Journal of Finance*, Vol. 59, pp. 1717—1742.

178. Hennessy, C. A. , and T. M. Whited, 2007, "How Costly Is External Financing? Evidence from a Structural Estimation", *Journal of Finance*, Vol. 62, pp. 1705—1745.

179. Hertzel, Michael G. and Zhi, Li, 2010, "Behavioral and rational explanations of stock price performance around SEOs: Evidence from a decomposition of market-to-book ratios", *Journal of Financial and Quantitative Analysis*, Vol. 45, pp. 935—958.

180. Himmelberg, Charles P. , and Bruce C. Petersen, 1994, "R&D and internal finance: A panel study of small firms in high-tech industries", *Review of Economics and Statistics* 76, pp. 38—51.

181. Holmstro̎m, B. , and J. Ricart i Costa, 1986, "Managerial incentives and capital management", *Quarterly Journal of Economics*, Vol. 101, pp. 835—860.

182. Hong, H. , T. Lim, and J. Stein, 2000, "Bad News Travels Slowly: Size, Analyst Coverage, and the Profitability of Momentum Strategies", *Journal of Finance*, Vol. 55, pp. 265—295.

183. Hou, K. , and T. J. Moskowitz, 2005, "Market Frictions, Price Delay, and the Cross-Section of Expected Returns", *Review of Financial Studies*, Vol. 18, pp. 981—1020.

184. Hribar, P. , and D. Collins, 2002, "Errors in Estimating Accruals: Implications for Empirical Research", *Journal of Accounting Research*, Vol. 40, pp. 105—134.

185. Hubbard, R. Glenn, 1998, "Capital-Market Imperfections and Investment", *Journal of Economic Literature*, Vol. 36, Mar. , pp. 193—225.

186. Huntley Schaller, "Do Bubbles Lead to Overinvestment? ——A Revealed Preference Approach", 2011, http: //papers. ssrn. com/sol3/papers. cfm? abstract _ id = 1865173.

187. Jafee, D., and T. Russell, 1976, "Imperfect Information, Uncertainty, and Credit Rationing." *Quarterly Journal of Economics* 90 (4): 651—666.

188. Jensen, M., and W. Meckling, 1976, "Theory of the Firm: Managerial Behavior, Agency Costs, and Ownership Structure", *Journal of Financial Economics*, Vol. 3, pp. 305—360.

189. Jenter, Dirk, Katharina, Lewellen, and Jerold B. Warner, 2011, "Security Issue Timing: What Do Managers Know, and When Do They Know It?", *Journal of Finance*, Vol. 66, Apr., pp. 413—443.

190. Jermann, Urban J., and Quadrini, Vincenzo, 2007, "Stock market boom and the productivity gains of the 1990s", *Journal of Monetary Economics* 54, Mar., pp. 413—432.

191. Johnson, T. C., 2004, "Forecast Dispersion and the Cross-Section of Expected Returns", *Journal of Finance*, Vol. 59, pp. 1957—1978.

192. Jones, J., 1991, "Earnings Management During Import Relief Investigation", *Journal of Accouting Research*, Vol. 29, pp. 193—228.

193. Kang, S., P. Kumar, and H. Lee, 2006, "Agency and Corporate Investment: The Role of Executive Compensation and Corporate Governance", *Journal of Business*, Vol. 79, pp. 1127—1147.

194. Kaplan, S., and L. Zingales, 1997, "Do Financing Constraints Explain Why Investment is Correlated with Cash Flow?", *Quarterly Journal of Economics*, Vol. 112, pp. 168—216.

195. Kaplan, S. N., and L. Zingales, 1997, "Do Investment-Cash Flow Sensitivities Provide Useful Measures of Financing Constraints?", *Quarterly Journal of Economics*, Vol. 112, pp. 169—215.

196. Kaplan, S. N., and L. Zingales, 2000, "Investment-cash flow sensitivities are not valid measures of financing constraints", *Quarterly Journal of Economics*, Vol. 115, pp. 707—712.

197. Kazuhiko Hayakawa, 2009, "First Difference or Forward Orthogonal Deviation- Which Transformation Should be Used in Dynamic Panel Data Models? ——A Simulation Study", *Economics Bulletin*, Vol. 29, No. 3, pp. 2008—2017.

198. Keynes, J. M., 1936, *The General Theory of Employment, Interest and Money*, London: Macmillan and Co.

199. Kim, W., and Weisbach, M., 2008, "Motivations for public equity offers: an international perspective", *Journal of Financial Economics* 87, pp. 281—307.

200. Kiridaran, Kanagaretnam, 2011, "Sudipto Sarkar Managerial compensation and the un-

derinvestment problem", *Original Research Article Economic Modelling*, Vol. 28, pp. 308—315.

201. Klepper, S., and E. E. Leamer, 1984, "Consistent Sets of Estimates for Regressions with Errors in All Variables", *Econometrica*, Vol. 52, pp. 163—183.

202. Korajczyk R., A. Levy, 2003, "Capital Structure Choice: Macroeconomic Conditions and Financial Constraints", *Journal of Financial Economics*, Vol. 68, pp. 75—109.

203. Kraus, A., and R. H. Litzenberger, 1973, "A State-preference Model of Optimal Financial Leverage", *Journal of Finance*, Vol. 28, Apr., pp. 911—922.

204. Lamont, O., 2000, "Investment Plans and Stock Returns", *Journal of Finance*, Vol. 55, pp. 2719—2745.

205. Lamont, Owen A., and Jeremy, C. Stein, 2006, "Investor Sentiment and Corporate Finance: Micro and Macro", *American Economic Review*, Vol. 96, Feb., pp. 147—151.

206. Laura, Xiaolei, Liu, Toni, Whited and Lu, Zhang, 2009, "Investment-Based Expected Stock Returns", *Journal of Political Economy*, Vol. 117, Jun., pp. 1105—1139.

207. Laveven, Luc, 2003, "Does Financial Liberalization Reduce Financing Constraints", Financial Management, Vol. 32, pp. 5—34.

208. Leahy, J. V., and T. M. Whited, 1996, "The Effect of Uncertainty on Investment: Some Stylized Facts", *Journal of Money, Credit, and Banking*, Vol. 28, pp. 64—83.

209. Levy, A. and C. Hennessy, 2007, "Why does Capital Structure Choice Vary with Macroeconomic Conditions", *Journal of Monetary Economics*, Vol. 54, pp. 1545—1564.

210. Li, Feng, 2010, "Managers' self-serving attribution bias and corporate financial policies", working paper, University of Michigan.

211. Lintner, J., 1956, "The Distribution of Incomes of Corporations among Dividends, Retained Earnings and Taxes", *American Economic Review*, Vol. 46, pp. 97—113.

212. Liu, Laura, X. L., Toni M. Whited, and Lu, Zhang, 2009, "Investment-Based Expected Stock Returns", *Journal of Political Economy*, Vol. 117, Jun., pp. 1105—1139.

213. Luigi Benfratello, Fabio Schiantarelli, Alessandro Sembenelli, 2008, "Banks and innovation: Microeconometric evidence on Italian firms", *Journal of Financial Economics*, Vol. 90, pp. 2197—2217

214. Luo, Y., 2005, "Do Insiders Learn from Outsiders? Evidence from Mergers and Acquisitions", *Journal of Finance*, Vol. 60, pp. 1951—1982.

215. Lyandres, Evgeny, Le Sun, and Lu, Zhang, 2008, "The New Issues Puzzle: Testing

the Investment-Based Explanation", *Review of Financial Studies*, Vol. 21, Jun. , pp. 2825—2855.

216. Maines, L. , and J. Hand, 1996, "Individuals' Perceptions and Misperceptions of the Time Series Properties of Quarterly Earnings", *The Accounting Review*, Vol. 71, pp. 317—336.

217. Malmendier, U. , Tate, G. , 2005, "Over confidence and corporate investment", *Journal of Finance*, Vol. 60, pp. 2661—2700.

218. Malmendier, Tate, 2008, "Who Makes Acquisitions? CEO Overconfidence and the Market's Reaction", *Journal of Finance*, Vol. 89, pp. 20—43.

219. Mayer, C. , 1988, "A New Test of Capital Structure", *European Economic Review*, Vol. 32, pp. 1167—1189.

220. Merton, R. C. , and S. Fischer, 1984, Macroeconomics and Finance: The Role of the Stock Market, *Carnegie-Rochester Conference Series on Public Policy*, Vol. 21, pp. 57—108.

221. Michael R. Roberts and Toni M. Whited, 2011, "Endogeneity in Empirical Corporate Finance", *the Handbook of the Economics of Finance*, Vol. 2.

222. Miller, M. , and F. Modigliani, 1961, "Dividend policy, growth, and the valuation of shares", *Journal of Business*, Vol. 34, pp. 411—433.

223. Morck, R. , A. Shleifer, and R. Vishny, 1990, "The Stock Market and Investment: Is the Market a Side Show?", *Brookings Papers on Economic Activity*, Vol. 2, pp. 157—215.

224. Morellec, E. , Sch ̈urhoff, N. , 2010, "Dynamic investment and financing under personal taxation", *Review of Financial Studies*, Vol. 23, pp. 101—146.

225. Mork, R. , Shlefier, A. , Vishny, R. W. , 1990, "The stock market and investment: Is the market a sideshow? ", *Brookings Papers on Economic Activity*, pp. 157—215.

226. Newey, W. K. , and K. D. West, 1987, "A Simple, Positive Semi-Definite, Heteroskedasticity and Autocorrelation Consistent Covariance Matrix", *Econometrica*, Vol. 55, Mar. , pp. 703—708.

227. Oliner, S. , G. Rudebusch, and D. Sichel, 1995, "New and Old Models of Business Investment: A Comparison of Forecasting Performance," *Journal of Money, Credit and Banking* 27, pp. 806—826.

228. Panageas, S. , 2005a, The Neoclassical Theory of Investment in Speculative Markets, working paper, University of Pennsylvania.

229. Panageas, S. , 2005b, Speculation, Overpricing and Investment: Empirical Evidence, working paper, University of Pennsylvania.

230. Patrick Bolton, Jose Scheinkman and Wei Xiong, 2006, "Pay for Short-Term Performance: Executive Compensation in Speculative Markets", *The Review of Economic Studies*, Vol. 73, pp. 577—561.

231. Petersen, M. A., 2009, "Estimating Standard Errors in Finance Panel Data Sets: Comparing Approaches", *Review of Financial Studies*, Vol. 22, pp. 435—480.

232. Polk, C., and P. Sapienza, 2009, "The Stock Market and Corporate Investment: A Test of Catering Theory", *Review of Financial Studies*, Vol. 22, pp. 187—217.

233. R. Morck, A. Shleifer, and R. W. Vishny, 1990, "The Stock Market and Investment: Is the Market a Sideshow?", *Brooking Papers on Economic Activity*, Vol. 2, pp. 157—215.

234. R. Bird, G. Menzies, P. Dixon, M. Rimmer, 2010, "The economic costs of US stock mispricing", *Journal of Policy Modeling*, In Press, Corrected Proof, Available online 14 October 2010.

235. Rajan, R., and L. Zingales, 1995, "What DoWe Know about Capital Structure? Some Evidence from International Data", *Journal of Finance*, Vol. 50, pp. 1421—1460.

236. Rajan, Raghuram G., and Luigi Zingales, 1998, "Financial dependence and growth", *American Economic Review* 88, pp. 559—586.

237. Rajan, Raghuram G., Henri Servaes, and Luigi Zingales, 2000, "The cost of diversity: The diversification discount and inefficient investment", *Journal of Finance*, Vol. 55, pp. 35—80.

238. Rand, Sembenelli and Zanettib, 1994, "Is excess sensitivity of investment to financial factors constant across firms? Evidence from panel data on Italian companies", *Journal of Empirical Finance*, Vol. 1, pp. 365—383.

239. Rauh, J. D., 2006, "Investment and Financing Constraints: Evidence from the Funding of Corporate Pension Plans", *Journal of Finance*, Vol. 6, pp. 33—71.

240. Rhodes-Kropf, M., Robinson, R. M. D., Viswanathan, S., 2005, "Valuation waves and merger activity: the empirical evidence", *Journal of Financial Economics*, Vol. 77, pp. 561—603.

241. Roll, R., 1988, "R^2", *Journal of Finance*, Vol. 43, pp. 541—563.

242. Roodman D., 2006, "How to Do Xtabond2: An Introduction to 'Difference' and 'System' Gmm in Stata, Center for Global Development", working paper No. 103, NBER.

243. Roodman D., 2009, "A Note on the Theme of Too Many Instruments", Oxford Bulletin of Economics and Statistics 71 (1), pp. 135—158.

244. Ryan, H., and R. Wiggins, 2002, "The Interactions between R&D Investment Decisions and Compensation Policy", *Financial Management*, Vol. 31, pp. 5—29.

245. Sadka, R. , and A. Scherbina, 2007, "Analyst Disagreement, Mispricing, and Liquidity", *Journal of Finance*, Vol. 62, pp. 2367—2403.

246. Scott, J. , 1976, "A Theory of Optimal Capital Structure", *The Bell Journal of Economics and Management Science*, Vol. 7, Jan. , pp. 33—54.

247. Shefrin, H. , 2005, *Behavioral Corporate Finance* Burr Ridge: McGraw-Hill.

248. Shleifer, A. , and R. Vishny, 1990, "Equilibrium Short Horizons of Investors and Firms", *American Economic Review Papers and Proceedings*, Vol. 80, pp. 148—153.

249. Shleifer, A. , and R. Vishny, 2003, "Stock Market Driven Acquisitions", *Journal of Financial Economic*, Vol. 70, pp. 295—311.

250. Shleifer, Andrei, and Robert Vishny. Unstable banking. Journal of Financial Economics 2010 (97): 99—318

251. Sloan, R. , 1996, "Do Stock Prices Fully Reflect Information in Accruals and Cash Flows about Future Earnings?", *The Accounting Review*, Vol. 71, pp. 289—315.

252. Song, Fenghua, Anjan, V, Thakor, 2006, "Information Control, Career Concerns, and Corporate Governance", *Journal of Finance*, Vol. 61, pp. 1845—1896.

253. Stambaugh, R. F. , 1999, "Predictive Regressions", *Journal of Financial Economics*, Vol. 54, pp. 375—421.

254. Stein, J. , 1988, "Takeover Threats and Managerial Myopia", *Journal of Political Economy*, Vol. 96, pp. 61—80.

255. Stein, J. , 1996, "Rational Capital Budgeting in an Irrational World", *Journal of Business*, Vol. 69, pp. 429—455.

256. Stein, J. C. , 2003, "Agency, information and corporate investment", *Handbook of the Economics of Finance*, Vol. 1, Part A, pp. 111—165.

257. Stein, Jeremy C. , 1996, "Rational capital budgeting in an irrational world", *Journal of Business*, Vol. 69, pp. 429—455.

258. Stephenc. Vogt, 1994, "The Role of Internal Financial Sources in Firm Financing and Investment Decisions", *Review of Financial Economics*, Vol. 4, No. 1, pp. 1—24.

259. Stiglitz, Joseph E. , and Andrew Weiss, 1981, "Credit rationing in markets with imperfect information", *American Economic Review* 71, pp. 393—410.

260. Stiglitz, Joseph E. , 1985, "Credit markets and capital control", *Journal of Money, Credit and Banking* 17, pp. 133—152.

261. Subrahmanyam, A. , and S. Titman, 1999, "The Going-Public Decision and the Development of Financial Markets", *Journal of Finance*, Vol. 54, pp. 1045—1082.

262. Summers, L. H. , 1981, "Taxation and Corporate Investment: A Q-Theoretic Approach", *Brookings Papers on Economics Activity*, Vol. 1, pp. 67—140.

263. Teoh, S. H. , I. Welch, and T. J. Wong. 1998a, "Earnings Management and the Long-term Market Performance of Initial Public Offerings", *Journal of Finance*, Vol. 53, pp. 1935—1974.

264. Teoh, S. H. , I. Welch, and T. J. Wong, 1998b, "Earnings Management and the Underperformance of Seasoned Equity Offerings", *Journal of Financial Economics*, Vol. 50, pp. 63—99.

265. Titman, S. , 2001, "The Modigliani and Miller Theory and Market Efficiency", *Financial Management*, Vol. 31, Spr. , pp. 101—115.

266. Titman, S. , K. C. J. Wei, and F. Xie, 2004, "Capital Investments and Stock Returns", *Journal of Financial and Quantitative Analysis*, Vol. 39, pp. 677—700.

267. Tor-Erik, Bakke and Toni, M. Whited, 2010, "Which Firms Follow the Market? An Analysis of Corporate Investment Decisions", *Review of Financial Studies*, Vol. 23, Issue5, pp. 1941—1980.

268. Vogt S C, 1994," The cash flow/investment relationship: Evidence from US manufacturing firms" [J]. *Financial Management*, 23 (2), pp. 3—20.

269. Whited, T. M. , and G. Wu, 2006, "Financial Constraints Risk", *Review of Financial Studies*, Vol. 19, pp. 531—559.

270. Wu, X. and C. Yeung (2010): "Macroeconomic Conditions and Capital Structure Adjustment Speed ", CUHK Working Paper.

271. Xin, Chang, Lewis, H. K. Tam, Tek, Jun, Tan, George, Wong, 2007, "The real impact of stock market mispricing — Evidence from Australia, Original Research Article", *Pacific-Basin Finance Journal*, Vol. 15, Issue 4, Sep. , pp. 388—408.

272. Yaping Wang, Liansheng Wu and Yunhong Yang, 2009, "Does the stock market affect firm investment inChina? A Price informativeness Perspective", *Journal of Banking & Finance*, pp. 53—62.

致　　谢

人到中年，在职攻读博士学位，倍感艰辛和吃力。曾经因论文构思难以展开沮丧退缩过，梦中被厘不清的思路梦魇过，也有过数十日百思不得其解不能书一字的痛苦。博士论文写作过程中有多少个不眠之夜，个中滋味，只有经历了才能体会。加上读博期间我父亲病重去世，2010年10月宝贝女儿的出生。这四年半的时间，我经历了人生大悲大喜之事。一路走来，恩师指路和预答辩中各位老师的指点，朋友相伴，家人支持，心中无限感恩。

首先，我要感谢我的导师不嫌我资质笨愚，宽容地接纳了我。因为我要完成工作单位的教学科研考核，和导师的交流大都是通过邮件和电话完成。即使人在国外，导师也在繁忙的工作中抽时间耐心细致地指导我，从博士论文选题、框架的构建，到文章细节的修改和博士论文部分章节的投稿，都倾注了导师大量心血。自己生性愚钝，给导师平添许多担忧和麻烦，为此深感惭愧。师恩难忘，铭记于心。

其次，感谢戴国强老师、李曜老师、奚君羊老师、施兵超老师、韩其恒老师和陈利平老师等在课堂上传授金融领域知识。感谢艾春荣老师、周亚虹老师和金洪飞老师把我领进了计量经济学学习的大门。没有金融学专业知识和计量经济学知识的积累，我是不可能完成博士论文写作的。感谢徐晓萍老师、刘莉亚老师、徐龙炳老师、郭丽虹老师、王甄老师、曹志广老师和张新德老师在开题报告和论文预答辩中给予的指导。感谢刘尧成博士和2008级金融学博士班陈鹄飞博士、徐小君博士、李进军博士等全体同学在学习上的讨论和帮助。他们各具不同的专业背景和研究特长开阔了我的研究视野和研究思路。

此外，我要特别感谢我的同仁浙江理工大学经济管理学院副院长战明华教授提供了投资—现金流关系方面的大量资料，与战教授的讨论让我受益匪浅。感谢浙江省人文社会科学应用经济学重点研究基地以及陆根尧研究员给我提供了一间单独的办公室。感谢我的学生朱瑶斐、王莉、屠震元和洪骢等同学帮我手工收集企业研发投入数据。

感谢我的家人对我的理解和支持，感谢宝贝女儿夏雯淋琳给我带来的快乐。我因忙于博士论文和后续论文的研究工作，陪伴、照顾母亲和女儿的时间比较少。妻子文燕飞女士和大嫂除了承担家务，还要照顾幼女和年迈多病的母亲。最后，谨以此文纪念攻读博士学位期间去世的父亲。因忙于博士论文写作，我未能在父亲病重期间一直尽孝照顾父亲，内心一直愧疚没有带父亲到上海和北京的大医院治病，晚上经常梦到父亲，这是我一辈子无法弥补的愧疚。

最后感谢浙江省社会科学规划办资助本专著出版，感谢浙江理工大学引进人员科研启动基金对本研究的资助。